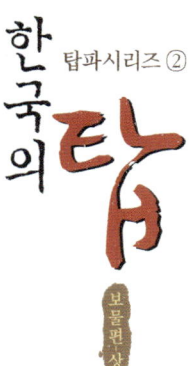

탑파시리즈 ②

한국의 탑

보물편·상

탑파시리즈 ②

한국의 탑

김환대 · 김성태 지음

보물편-상

KSI 한국학술정보㈜

1. 이 책은 한국의 보물 중 탑을 대상으로 선정하였다.

   1) 2008년 12월 현재 지정된 보물 157점 중 대구·
      경북·부산·울산·경남·강원도 지역의 85기의
      탑을 중심으로 설명하였다.

   2) 각 지역별로 정리하여 지정 순번과는 차이가 있다.

   3) 탑의 명칭은 공식 문화재 지정 명칭을 사용하였다.

2. 문안 내용은 현장에 설치된 문화재 안내문과 최근 연
   구 성과를 중심으로 하였다.

3. 기존 책과 일부 내용이 다른 것은 현장 확인을 통해
   달라진 사항들이 반영되었기 때문이다.

4. 사진은 최근에 직접 현장 촬영한 것을 사용하였다.

탑은 불교 조형물로서 신앙의 예배 대상물이다. 우리나라는 전국에 시대별로 다양한 양식의 탑이 있다. 주로 석탑이 많이 조성되어 석탑의 나라라 할 만큼 화강암 석탑이 지역별로 독특한 문화를 꽃 피웠다.

이 책은 『한국의 탑』 국보편에 이어 보물로 지정된 탑들을 중심으로 지역을 나누어 엮은 것이다.

탑 속에서 출토된 사리 관련 장엄 유물이 있으면 알아보기 쉽게 함께 정리하였고, 내용은 간략하게 일반적인 사항들만 설명하였다.

기존 책들은 발행된 지 오래된 것이 많아 잘못된 기록들은 확인을 거쳐 바로잡아 개선하였고, 여러 차례 현장 답사를 하여 주변 발굴이나 정비로 인하여 달라진 사항과 최근 연구 결과를 바탕으로 정리하였다.

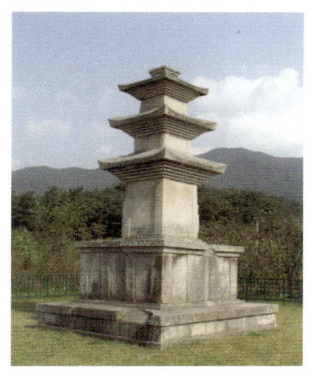

　전국의 많은 석탑 중 보물급 석탑만으로 한정하여 정리하다 보니 지방 문화재 및 비지정 탑들이 제외된 점이 아쉬움으로 남는다. 추후 여건이 된다면 각 지역의 이런 문화재들도 정리하고자 한다.

　부족한 점은 많지만 오랜 기간에 걸쳐 작업한 만큼 앞으로 탑을 찾아 공부하고자 하는 이들은 물론 일반 독자 여러분에게 도움이 되고, 많은 사람들이 자료로 인용할 수 있는 그런 책이 되길 기대해 본다. 아울러 이 책이 우리 문화재를 아끼는 모든 분들과 함께하길 바란다. 끝으로 이 책이 나오기까지 도움을 주신 출판사 관계자 및 주위 여러분들께 고마움을 표한다.

2009년 1월

김환대 · 김성태

차 례

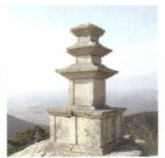

대구·경북 11

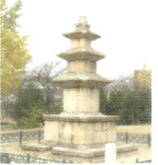

부산·울산·경남 161

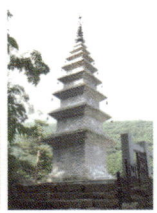

강원도 215

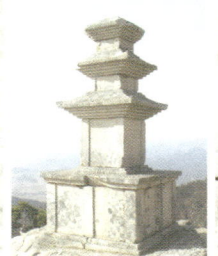

대구·경북

동화사 비로암 삼층석탑

桐華寺毘盧庵三層石塔

보물 제247호

소재지 대구광역시 동구 도학동 산124 동화사

이 탑은 동화사 비로암 대적광전 앞에 세워져 있으며, 이중 기단(基壇) 위에 3층의 탑신(塔身)을 세워 올린 형태이다.

기단에는 탱주(撑柱)와 우주(隅柱)가 새겨져 있다. 탑신부(塔身部)는 몸돌과 지붕돌이 각각 한 돌로 이루어져 있고, 지붕돌은 밑면의 층급받침이 4단이며, 처마는 네 모퉁이에서 살짝 반전되어 있다. 상륜부(相輪部)에는 노반(露盤), 복발(覆鉢), 보주(寶珠)가 올려져 있다. 1966년 도굴로 사리기구 일부가 도난당했으나, 없어지지 않은 납석제 사리돌 그릇에 통일신라 경문왕 3년(863)에 신라 제44대 민애왕의 명복을 빌고자 이 탑을 세웠다는 기록이 남아 있다.

이 사리호는 보물 제741호로 지정되어 현재 동국대학교 박물관에 소장되어 있다. 금동제의 사방불이 새겨진

불판은 현재 국립대구박물관에 소장되어 있다.

　1967년 해체 보수할 때 사리공이 발견되고, 그 안에서 금동함의 밑부분과 목조, 금박, 소탑, 3기 등이 발견되었다.

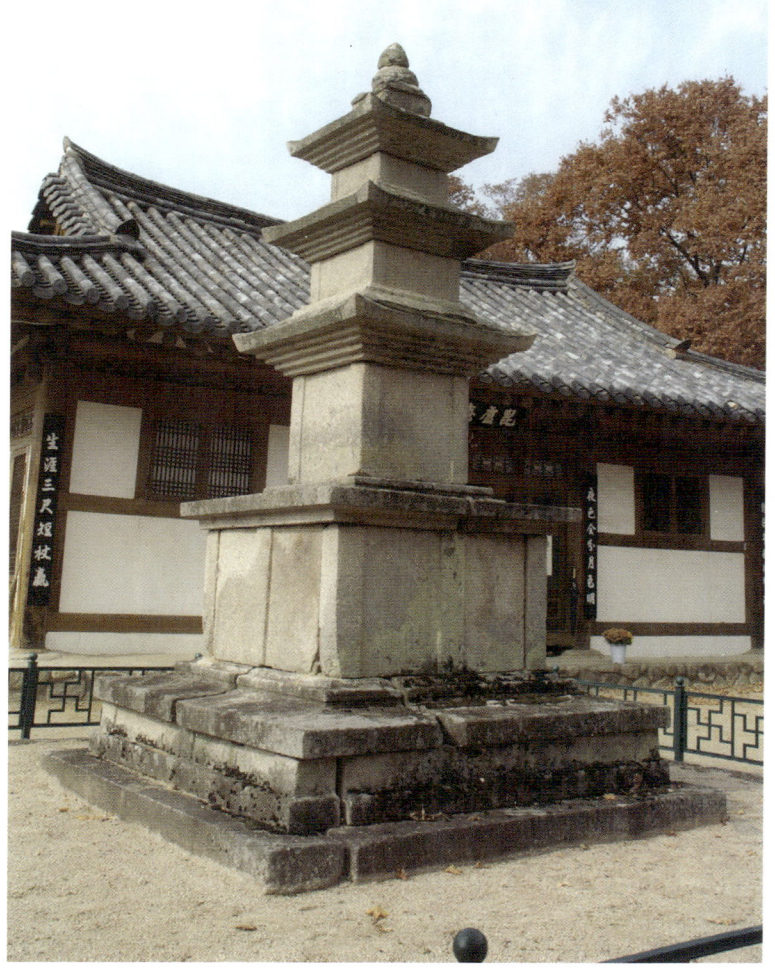

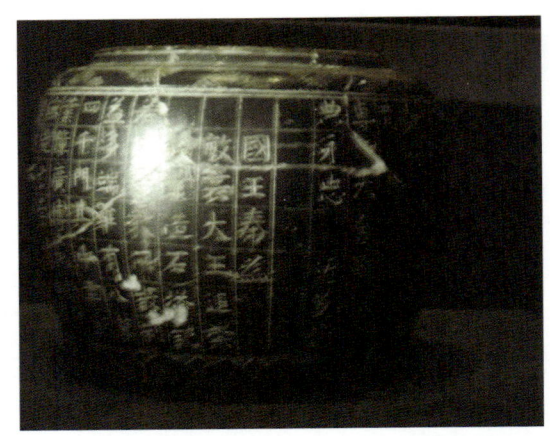

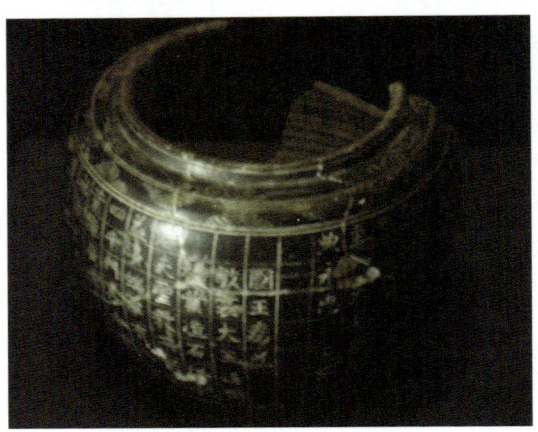

납석제 사리호(동국대학교박물관 소장)

7자 38행의 글자 명문 내용 『민애대왕추숭복업조석탑
기(敏哀大王追崇福業造石塔記)』로 시작되고 끝이 『함통
사년세재계미(咸通四年歲在癸未)』로 되어 있다.

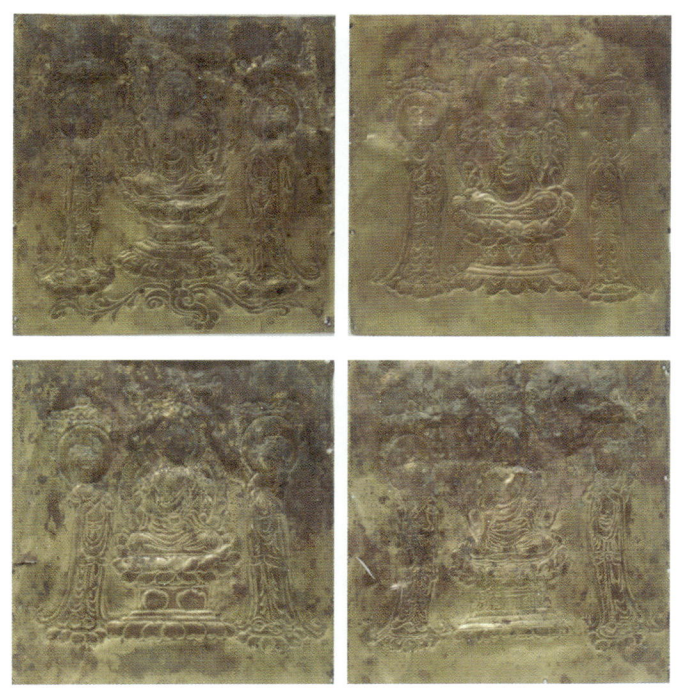

금동제 사방불판(국립대구박물관 소장)

　동방에는 아축볼, 서방에는 아미타불, 남방에는 보생
불, 북방에는 비로자나불이 새겨진 것으로 추정된다.

동화사 금당암 삼층석탑
桐華寺金堂庵三層石塔

보물 제248호

소재지 대구광역시 동구 도학동 산124 동화사

이 탑은 동화사 금당암의 극락전 앞에 동·서로 있는 2기의 석탑으로 두 탑 모두 이중 기단(基壇) 위에 3층 탑신(塔身)을 세워 올렸다. 현재 참선을 위한 공간으로 평상시 출입이 허용되지 않는 구역에 있다.

동탑은 기단 대부분이 후에 보수된 것으로 보인다. 상층 기단의 각 면에는 탱주(撑柱)와 우주(隅柱)를 새겼다. 탑신부(塔身部)는 몸돌과 지붕돌을 하나의 돌로 구성하여 쌓아 올렸으며, 각 몸돌에는 모서리마다 우주(隅柱)를 새겼을 뿐 별다른 장식은 없다. 지붕돌은 밑면의 층급받침이 4단씩 새겨져 있다. 상륜부(相輪部)에는 노반(露盤), 복발(覆鉢), 앙화(仰花), 보륜(寶輪), 보주(寶珠)가 올려져 있다.

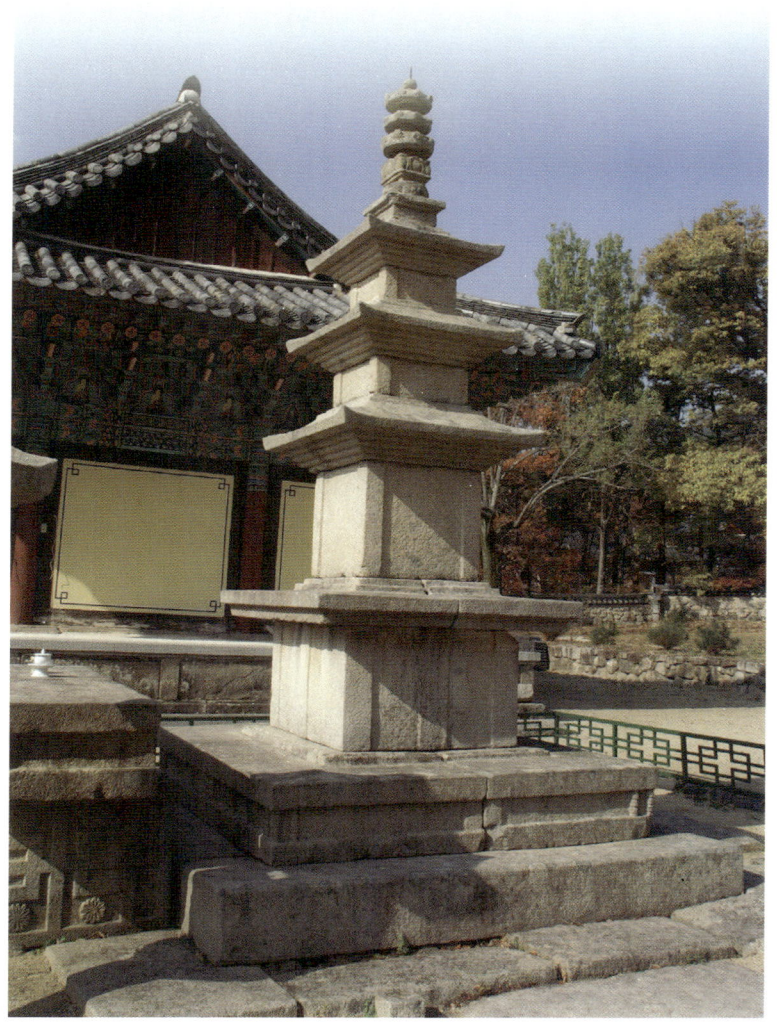

서탑은 탑신부(塔身部)의 각 층 몸돌과 지붕돌은 각각 한 돌로 이루어져 있으며, 몸돌은 모서리마다 우주(隅柱)를 새겨 두었다. 지붕돌은 밑면의 층급받침이 4단씩이다.

상륜부(相輪部)에는 노반(露盤)만 남아 있고, 그 위로 철제찰주(擦柱)가 솟아 있다. 1957년에 탑을 해체하여 복원하였는데, 그 속에서 소탑 99개와 부처님의 사리를 담아두는 장치가 나왔다. 전체적인 조각 수법으로 보아 통일신라 후기 9세기 작품으로 추정된다.

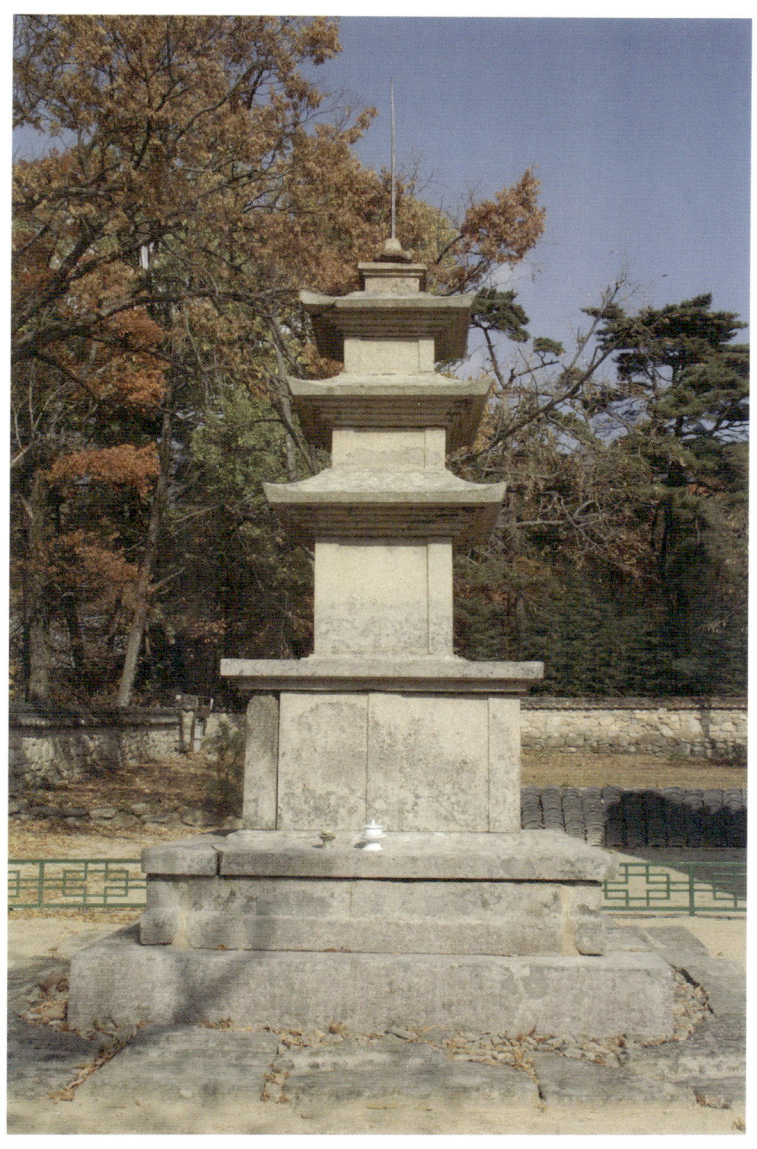

정도사지 오층석탑
淨兜寺址五層石塔

보물 제357호

소재지 대구광역시 수성구 황금로 200 국립대구박물관

　　이 탑은 원래 경북 칠곡군 약목면 복성동 정도사터에
있던 것으로, 1909년에 이루어진 고적조사 기록에는 이
석탑의 소재지가 서울 철도국 관사로 되어 있다. 이후
1924년에 경복궁으로 이전되었다가, 1994년에 현재 위
치로 다시 옮겨 세워 놓았다.

　　이 탑은 이중 기단(基壇)에 하층 기단 각 면에는 3구
씩 안상(眼象)을 조각하였는데, 중앙에 귀꽃 장식이 잘
표현되어 있다.

　　상층 기단 면석에는 태평십일년(고려 현종 22년(1031))
의 연호 및 연대가 있어 신라 석탑의 양식을 이어받은
고려시대의 석탑임을 알 수 있다. 탑신부(塔身部)는 몸돌
과 지붕돌이 각각 한 돌로 되어 있다.

　　1층 몸돌의 정면에는 문비(門扉) 속에 자물쇠가 달린
모양이 새겨져 있고, 지붕돌은 너비가 좁고 두꺼우며 네

귀퉁이가 위로 들려 있다. 지붕돌 밑면 층급받침은 4단으로 줄었고 추녀 밑으로 낙수홈이 새겨져 있다. 5층 지붕돌은 없어지고 몸돌 위에 노반(露盤)만 남아 있다.

1924년 탑 내에서 옮겨질 당시 녹유사리병·동합 2개 등의 사리장치가 발견되었는데, 함께 발견된 형지기(形止記)에는 탑의 인연·시납, 공사의 사실 등을 기재하였고, 글 문투에 이두(吏讀) 식이 많이 사용되고 있어 주목된다.

* 형지기(形止記: 탑을 세우게 된 기록문서)

상층기단 면석에 새겨진 탑명

特爲
家國恒安兵戈永
息百穀豊登敬造
此塔永充
供養
太平十一年 正月 日

백지묵서(白紙墨書) 형지기 내용

太平十一年歲次辛未正月四日高麗國尙州界知京山府事
任若木郡內巽方在淨兜寺五層石塔造成形止記

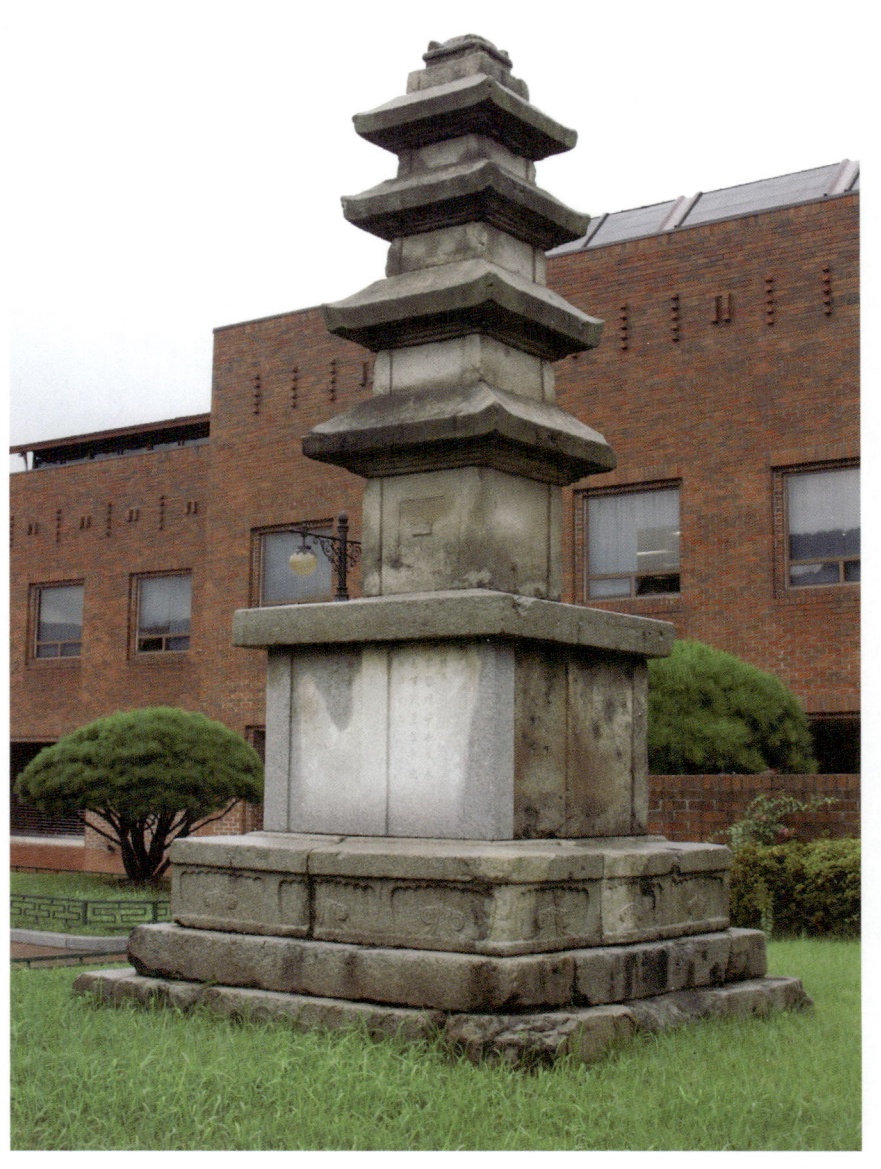

경주 서악리 삼층석탑
慶州西岳里三層石塔

보물 제65호

소재지 **경북 경주시 서악동 92-1**

　이 탑은 전탑을 모방한 모전 석탑 계열에 속하며 기단 (基壇)은 네모난 커다란 석재 8개를 2단으로 쌓아 구성 하였다. 기단 윗면에 1층 몸돌을 받치기 위한 한 장의 평평한 별석을 끼워 놓았다.

　탑신부(塔身部)는 몸돌과 지붕돌이 각각 하나의 돌로 구성되어 있고, 1층 몸돌 남쪽 면에는 감실(龕室)을 얇게 파서 문짝을 표시하였다. 문짝을 자세히 보면 중앙에 네 개의 작은 못 구멍이 보인다.

　문의 좌우에는 인왕상(仁王像)이 문을 향해 조각되어 있 다. 지붕돌은 하나의 돌에 윗면과 아랫면에 층급받침을 다 표시하였다. 각 층 지붕돌에는 처마에 작은 구멍이 있는데 풍탁을 단 흔적으로 보인다. 상륜부(相輪部)는 없어지고 남아 있지 않다. 조각수법으로 보아 경주 남산리 동삼층석 탑(보물 제124호)을 모방한 것으로 여겨지며, 남산리 동삼층석탑에 비해 간략화된 것으로 보아 시대가 떨어진다.

　층의 몸돌에 비하여 지붕돌이 커서 다소 무거운 느낌을 주며 이 주변 일대를 영경사지로 추정하는 견해도 있다. 2004년 국립경주문화재연구소에서 보수작업과 주변 정비를 하였다.

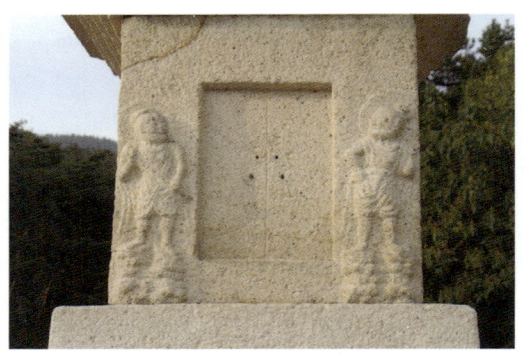

인왕상(仁王像)

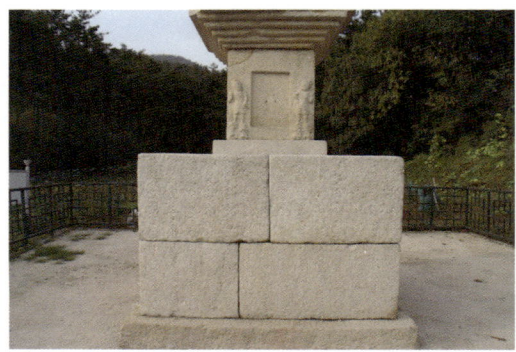

기단(基壇)

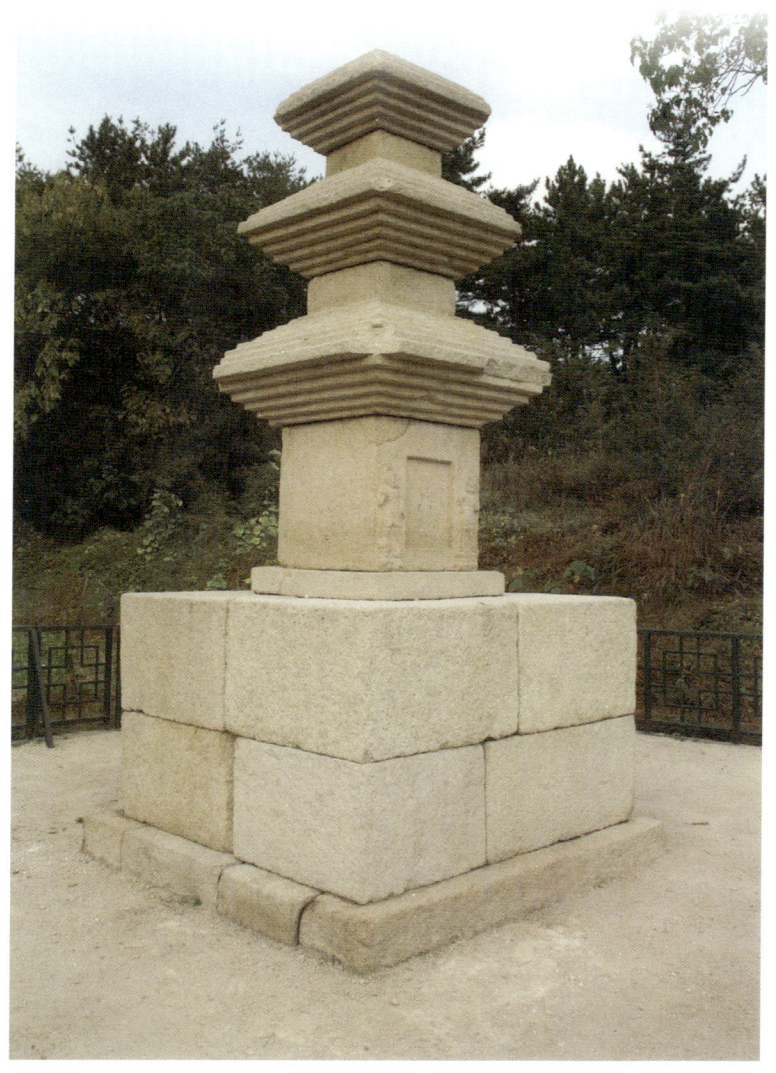

경주 효현리 삼층석탑
慶州孝峴里三層石塔

보물 제67호

소재지 경북 경주시 효현동 420

　이 탑은 이중 기단(基壇) 위에 3층의 탑신(塔身)을 세
웠다. 탑신부(塔身部)는 몸돌과 지붕돌이 각각 하나의 돌
로 되어 있고, 몸돌은 각 층의 모서리마다 우주(隅柱)를
새겼고, 지붕돌은 밑면 층급받침이 4단으로 네 귀퉁이가
살짝 들려 반전을 이루고 있다.

　상륜부(相輪部)는 모두 없어졌으며 1973년에 해체 복
원하였다. 조각수법으로 보아 9세기 후기 통일신라 석탑
으로 추정된다.

　주변에 신라 법흥왕릉이 있어 애공사지(哀公寺址)라
전해지나 현재 절터의 흔적은 찾을 수 없다.

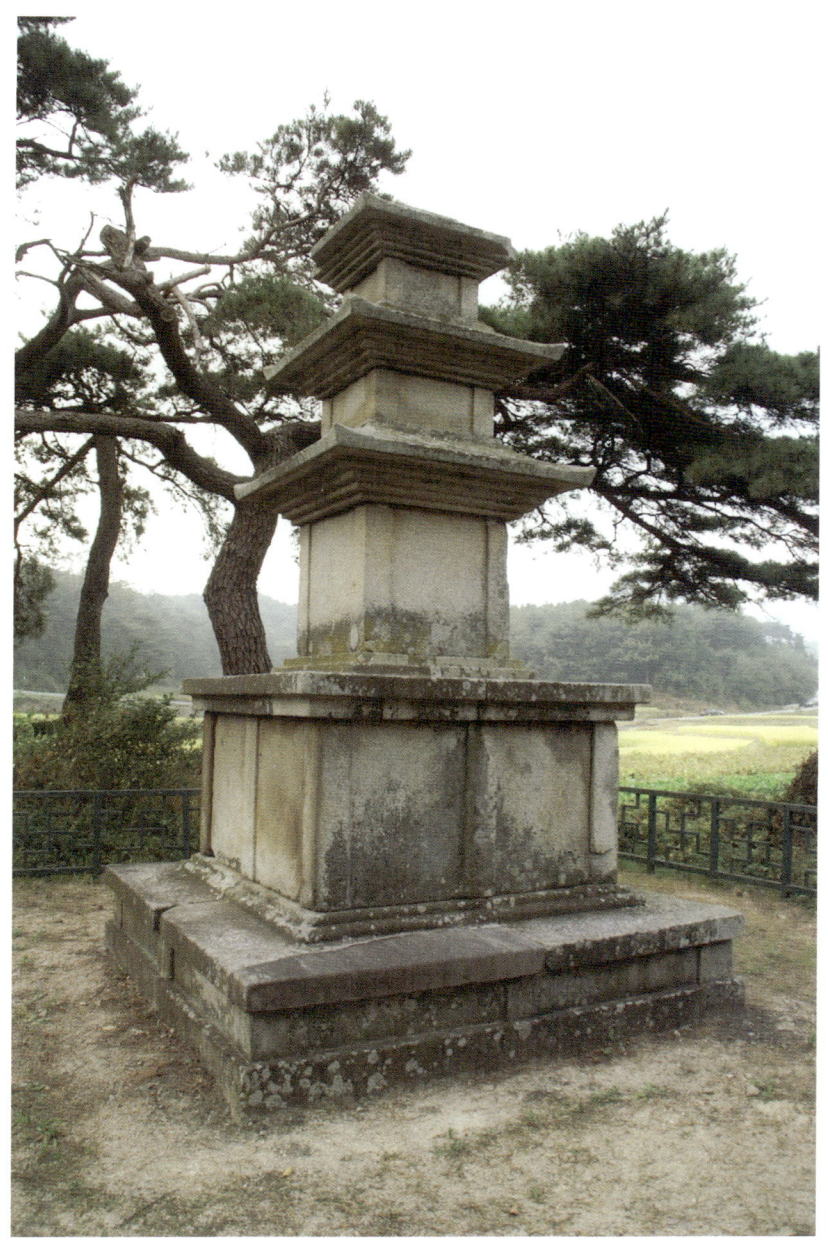

경주 남산리 삼층석탑

慶州南山里三層石塔

보물 제124호

소재지 경북 경주시 남산동 227-2

이 탑은 형식이 서로 다른 쌍탑으로 동·서로 건립되어 있다.

동탑은 모전 석탑의 양식을 하고 있고, 서탑은 전형적인 일반형 3층 석탑이다.

동탑은 기단부가 큰 돌 여덟 개를 한 단처럼 짜 맞추어 구성되어 있고 탑신부(塔身部)는 몸돌과 지붕돌이 각각 하나의 돌로 만들었다. 지붕돌은 모전 석탑처럼 층급받침이 위 아래로 각각 표현되어 있다. 경주 서악리 삼층석탑에서도 이러한 양식이 보이고 있다.

서탑은 이중 기단(基壇) 위에 3층의 탑신을 올렸으며, 기단은 한 면을 둘로 나누어 각 면에 2구씩 팔부신중(八部神衆)을 새겼다.

탑신부는 몸돌과 지붕돌이 각각 하나의 돌로 되어 있고, 각 층에는 우주(隅柱)를 새겼다. 지붕돌 밑면 층급받침은 5단이다. 팔부신중이 나타나는 조각 양식으로 보아 9세기 통일신라시대 석탑으로 추정된다.

　팔부신중은 불법(佛法)을 수호하는 신장(神將)으로 주로 통일신라 후기 석탑에서 나타난다.

　경주지역에는 창림사지 삼층석탑, 숭복사지 삼층석탑에도 새겨져 있다.

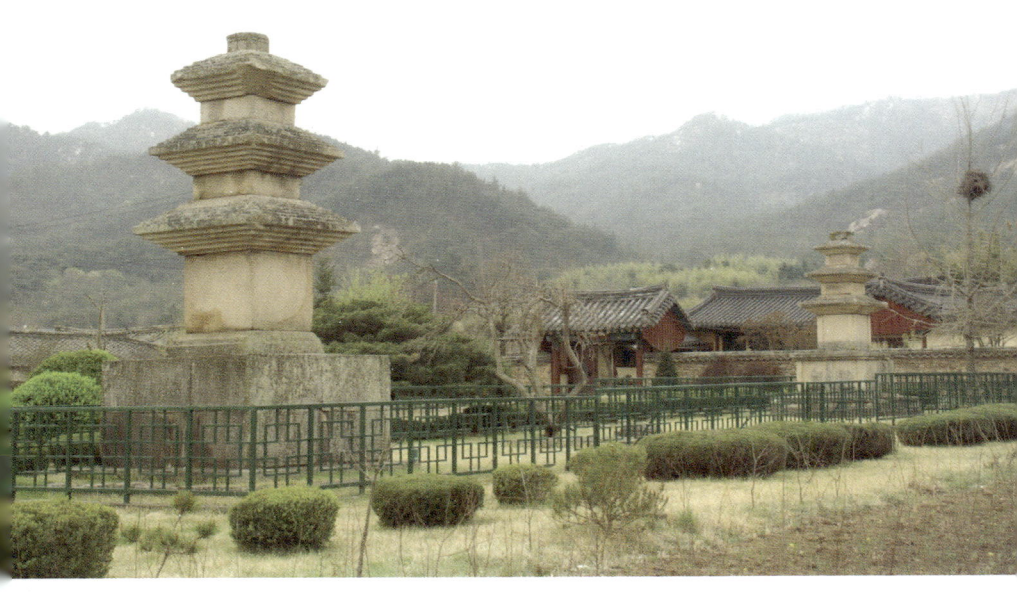

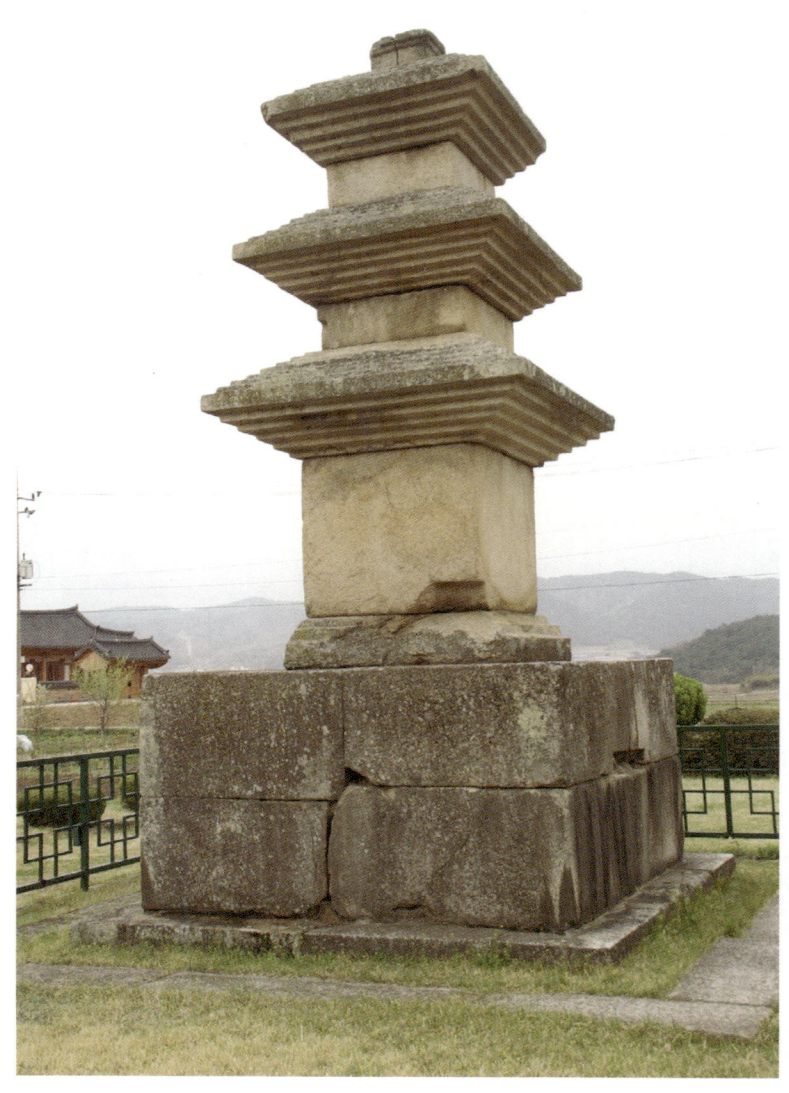

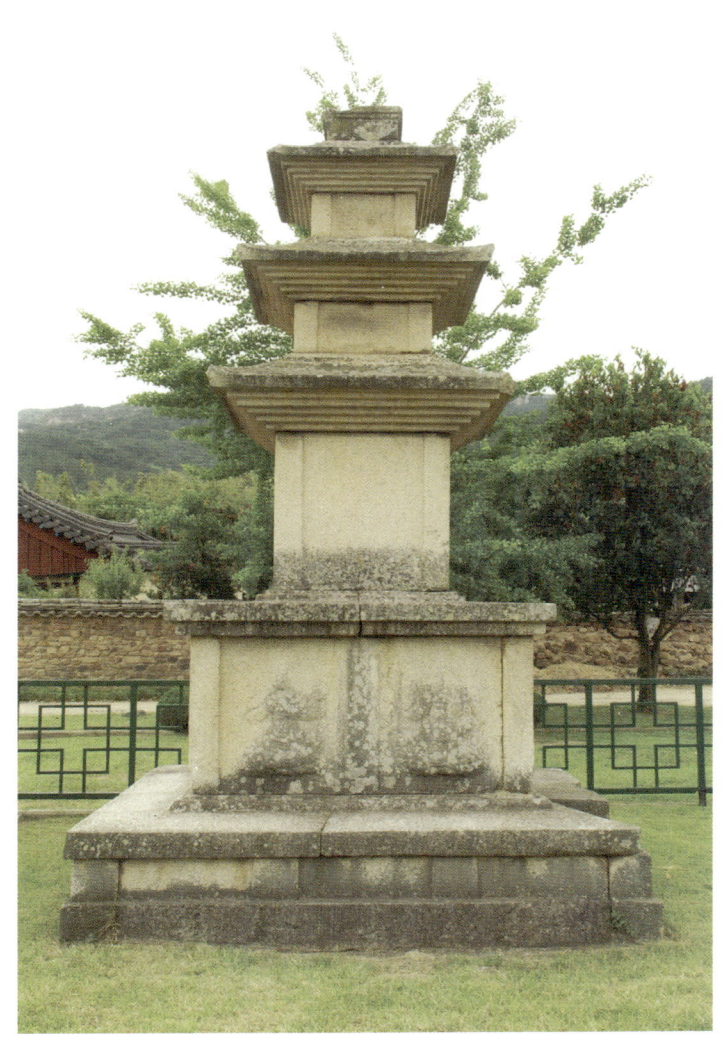

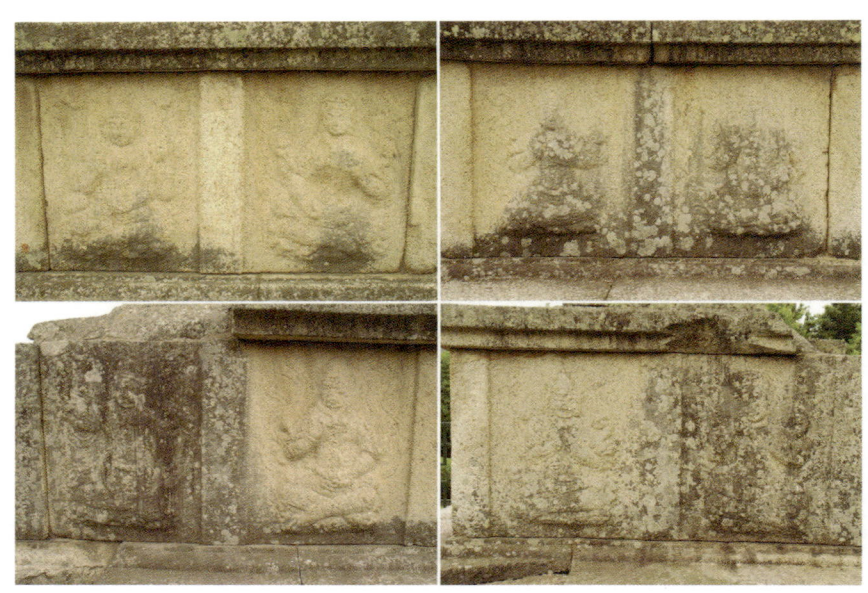

팔부중상

무장사지 삼층석탑
藏寺址三層石塔

보물 제126호

소재지 경북 경주시 암곡동 산1

신라 문무왕이 삼국 통일을 한 후 병기와 투구를 이곳에 매장하여 무장사라고 이름 불린다.

이 탑은 이중 기단(基壇) 위에, 3층 탑신(塔身)을 올린 모습으로, 하층 기단에는 우주(隅柱)와 2개의 탱주(撑柱)를 조각하였다. 상층 기단은 8개의 돌로 짜 맞춘 다음 각 면석에 2개씩의 원형에 가까운 큼직한 안상(眼象)을 조각하였다.

1층 몸돌은 한 개의 돌로 만들어 우주(隅柱)를 조각하였고, 1층 지붕돌도 한 개의 돌로 만들고 아랫면에 5단의 층급받침을 조각하였다.

몸돌 상면 중앙에는 한 변 27.5㎝, 깊이 23㎝의 큼직한 방형사리공이 발견되었다.

2층과 3층도 1층과 같이 몸돌과 지붕돌을 각각 한 개의 돌로 만들고 몸돌에는 우주(隅柱)를 조각하고, 지붕돌에는 5단의 층급받침을 나타내었다. 무너져 있던 탑을 1962년 복원 하면서 상층기단 면석 일부와 상륜부(相輪部)의 노반(露盤)과 복발(覆鉢)을 새로 만들었다. 현재 높이 4.95m이다.

기단에 안상(眼象)을 조각한 수법으로 보아 통일신라 9세기 후기에 만들어진 것으로 추정된다.

주변에는 초석과 석등 부재, 보물 제125호 무장사 아미타불 조상사적비 이수 및 귀부가 남아 있다.

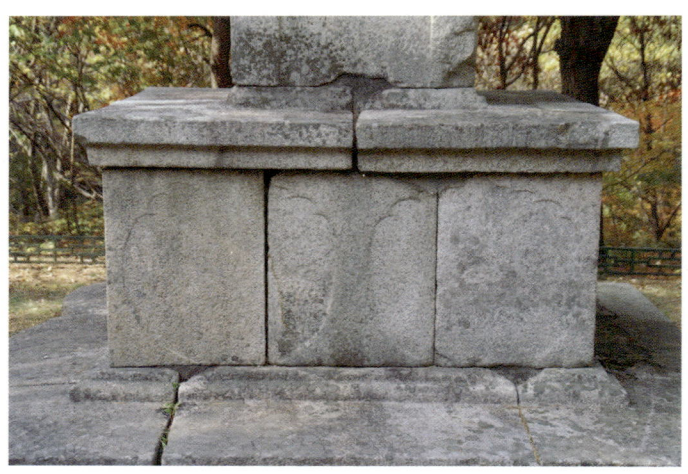

기단의 안상(眼象)

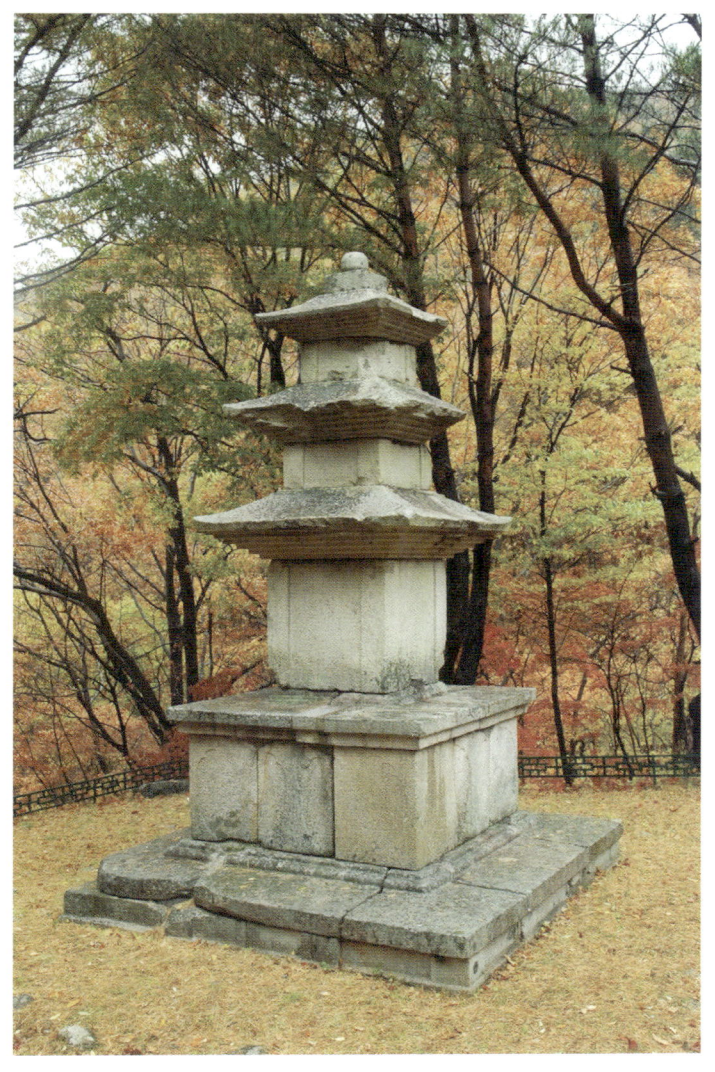

경주 천군리 삼층석탑

慶州千軍里三層石塔

보물 제168호

소재지 경북 경주시 천군동 549, 550

이 탑은 동·서로 마주보고 서 있으며, 주변은 1938년 발굴 조사되어 중문(中門), 금당(金堂), 강당(講堂) 자리가 확인되었다.

예전부터 무너져 있던 것을 1939년에 복원하였으며, 두 탑 모두 이중 기단(基壇) 위에 3층 탑신(塔身)을 세웠다.

상층 기단은 2개의 탱주(撑柱)와 우주(隅柱)를 조각해 두었다. 탑신부(塔身部)의 각 몸돌과 지붕돌은 각각 한 돌로 이루어져 있다.

몸돌에는 우주(隅柱)가 조각되어 있고, 지붕돌은 밑면 층급받침이 5단이며, 처마선은 반듯하게 깎았는데 네 모퉁이에서 살짝 들려 있다. 3층 몸돌에서는 1939년 복원할 때 한 변이 24cm, 깊이가 15cm인 사리를 두는 공간이 발견되었다. 1967년 서탑의 북쪽에서는 일부 잔재가 발견되었다고 한다.

상륜부(相輪部)는 동탑은 없어지고, 서탑에만 노반(露盤)과 복발(覆鉢), 보륜(寶輪) 등 일부만 남아 있다.

전체적인 형태와 조각수법으로 보아 통일신라시대 8세기 후반에서 9세기 초에 건립된 것으로 추정된다.

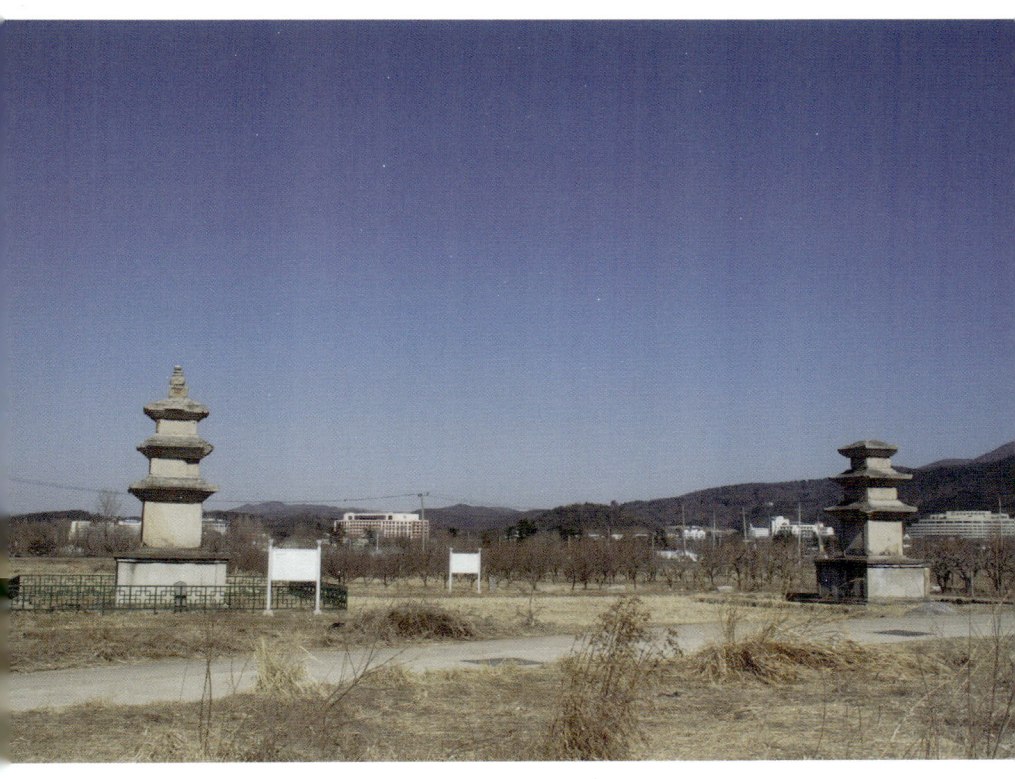

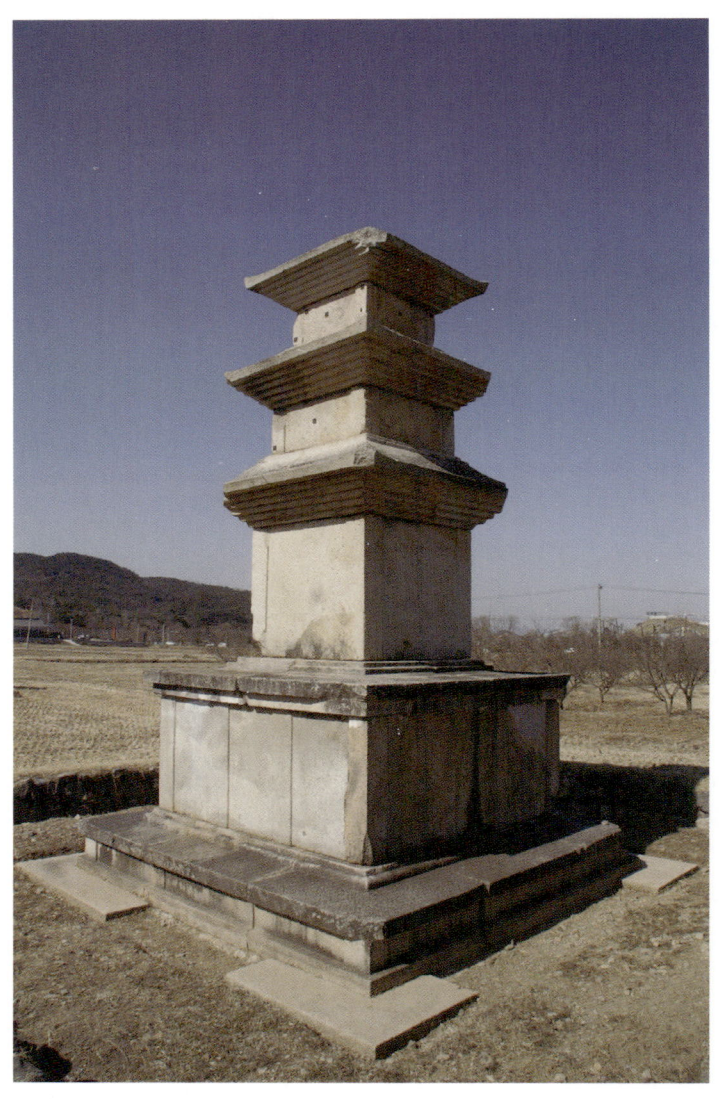

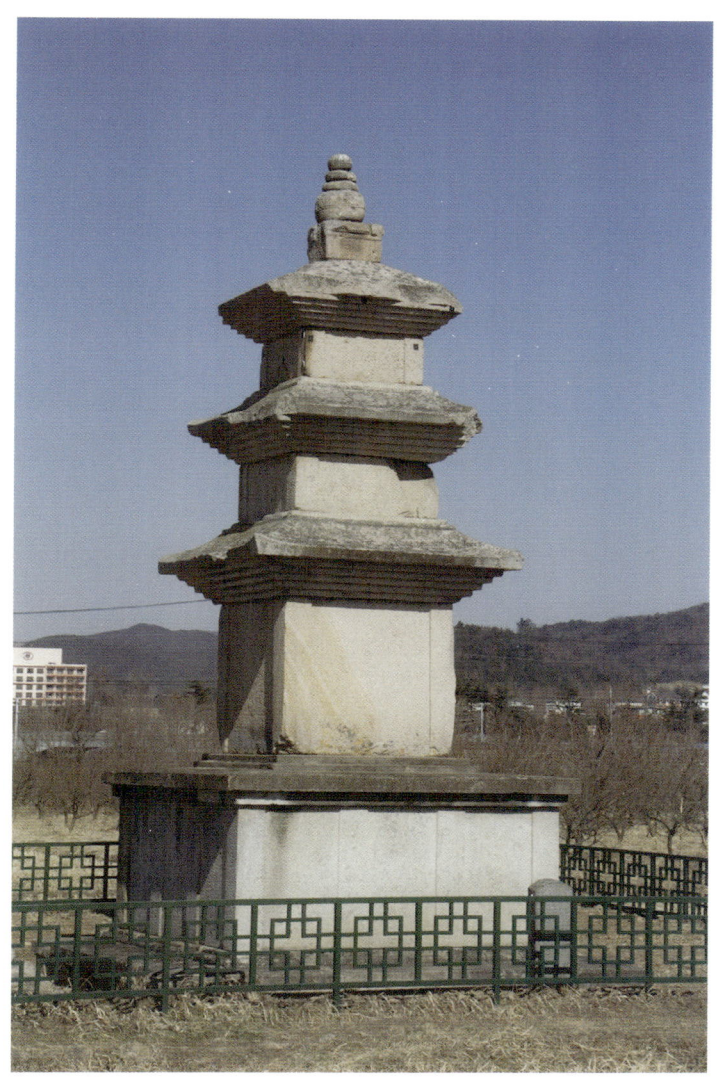

경주남산 용장사곡 삼층석탑
慶州南山茸長寺谷三層石塔

보물 제186호

소재지 경북 경주시 내남면 용장리 산1

이 탑은 경주 남산 서편 정상 봉우리 끝에 있는데, 하층 기단은 자연 암반석 위에 있어 하층 기단을 생략해 보이는 이중 기단(基壇) 위에 세워져 있으나 마치 단층 기단 위에 표현된 것으로도 보인다.

탑신부(塔身部)는 각 층 몸돌과 지붕돌을 각각 하나의 돌로 구성하였다. 1층 몸돌은 상당히 높게 표현하였고, 네 모서리에 우주(隅柱)가 새겨져 있다. 2층부터는 급격히 줄어들고 있다. 지붕돌의 밑면 층급받침은 각 층 4단이고, 처마는 직선을 이루다가 모퉁이에서 살짝 반전되어 있다. 3층 지붕돌 윗면에 원형 찰주공(擦柱孔)이 남아 있다.

상륜부(相輪部)는 없어졌다. 무너져 있던 것을 1924년 재건하였고, 2001년 해체·보수되었다. 주변 자연과 조화를 잘 이루고 높은 산 위에 떠 있는 느낌의 탑으로 통일신라 후기 9세기 것으로 추정된다.

　용장사는 조선시대 매월당 김시습이 『금오신화』를 쓰
며 머물던 곳으로 잘 알려진 곳이다.

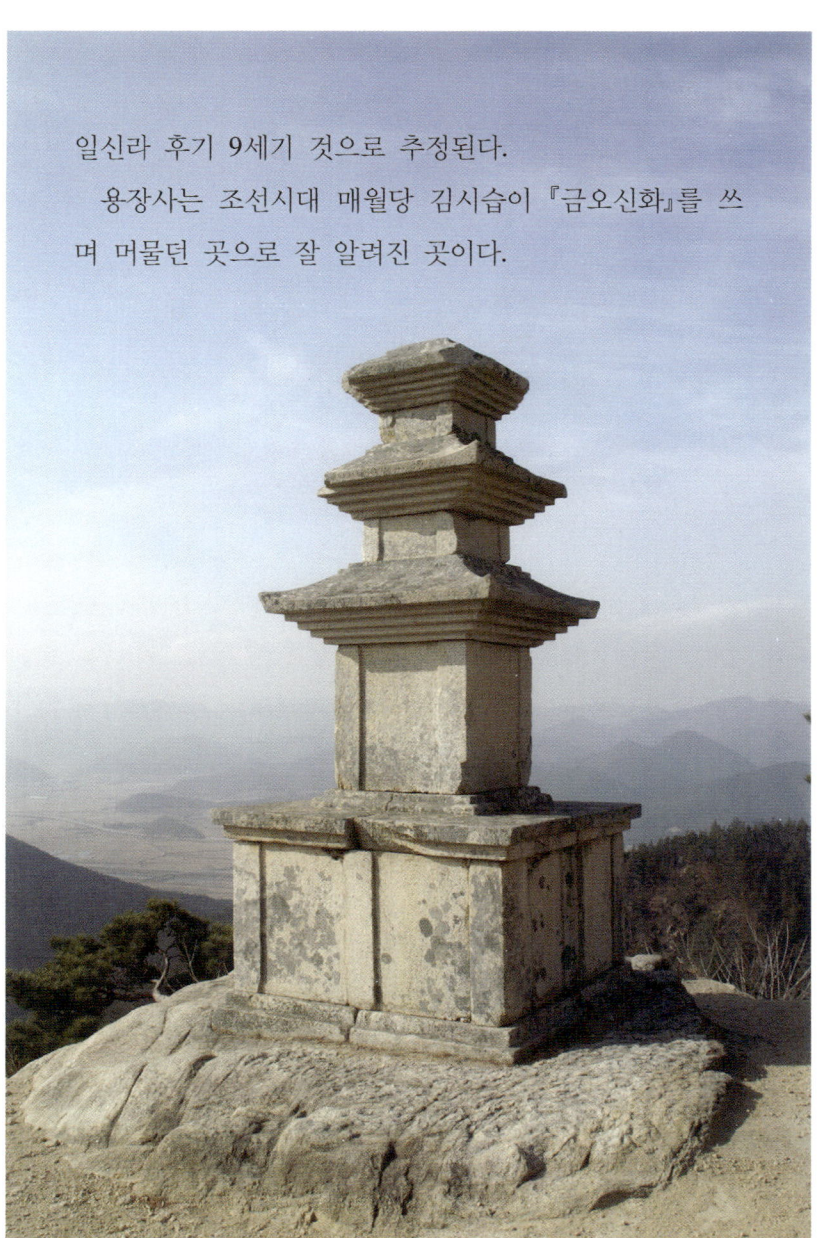

월성 남사리사지 삼층석탑
月城南沙里寺址三層石塔

보물 제907호

소재지 경북 경주시 현곡면 남사리 234-2

　이 탑은 남사리 마을 옛 절터에 남아 있으며, 이중 기단(基壇) 위에 3층의 탑신(塔身)을 올렸다. 1975년에 보수할 때 상층 기단의 북쪽 가운데 돌을 새로 보충했다고 한다. 상층 기단과 하층 기단에는 우주(隅柱)와 탱주(撑柱)가 새겨져 있다. 탑신부(塔身部)는 몸돌과 지붕돌이 각각 한 돌로 되어 있다. 몸돌에는 우주(隅柱)가 새겨져 있고, 지붕돌은 네 모퉁이에서 살짝 반전되어 있으며, 밑면의 층급받침은 각각 4단씩이다. 상륜부(相輪部)는 노반(露盤)만 남아 있다.

　조각수법으로 보아 통일신라 9세기 말에 만들어진 것으로 추정된다. 2006년 주변 정비를 하였으며, 마을입구에는 경상북도 문화재자료 제7호 남사리 북삼층 석탑이 있다.

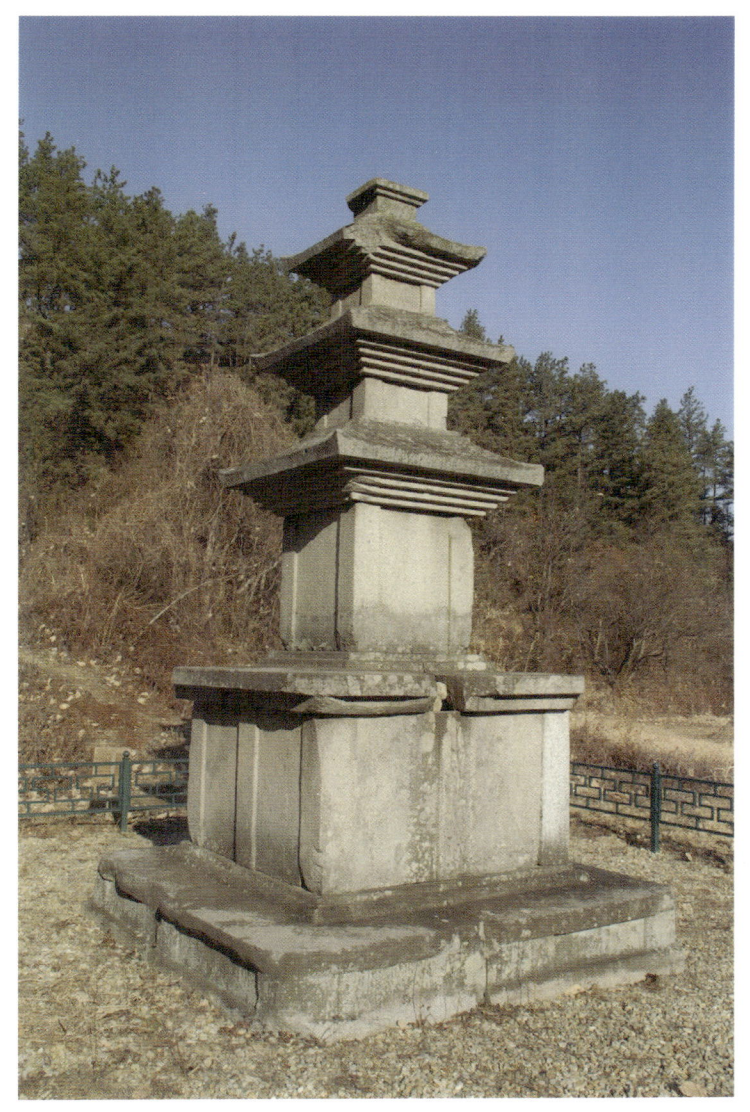

월성 용명리사지 삼층석탑
月城龍明里寺址三層石塔

보물 제908호

소재지 경북 경주시 건천읍 용명리 856-7

이 탑은 이중 기단(基壇) 위에 3층의 탑신(塔身)을 올린 전형적인 일반형 석탑이다. 상하 기단 모두 2개의 탱주(撑柱)와 우주(隅柱)를 새겼다. 탑신부(塔身部)는 몸돌과 지붕돌이 각각 한 돌이고, 각 몸돌마다 네 모서리에 우주(隅柱)를 조각하였다. 지붕돌은 밑면의 층급받침이 5단씩이며, 네 모퉁이에서 살짝 반전되어 있다. 전각 끝에는 풍탁(風鐸)을 매단 못 구멍이 보인다.

1943년 해체 수리할 당시 몸돌에서 청동불상 1구가 발견되어 현재 국립중앙박물관에 소장되어있다. 2005년 4월 13일 상륜부(相輪部)의 노반(露盤)을 찾아 복원하였다.

전체적인 조각수법으로 보아 통일신라 8세기 중엽에 세워진 것으로 추정된다. 일부에서는 대곡사(大谷寺) 석탑으로 추정하기도 하며, 이전에는 이곳이 명장리(明莊里)로 불려서 탑골 명장리 삼층석탑으로도 소개 되었다.

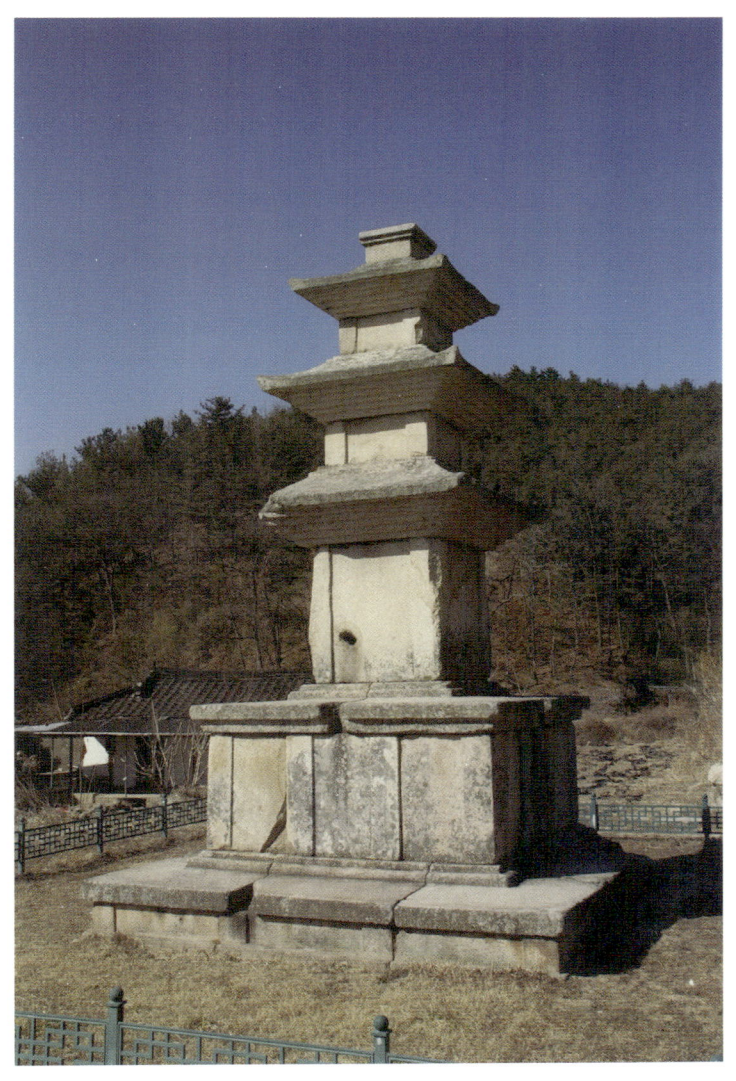

석굴암 삼층석탑

石窟庵三層石塔

보물 제911호

소재지 경북 경주시 진현동 999

이 탑은 석굴암에서 동북쪽으로 약 150미터 정도 떨어진 곳에 있다. 현재 일반인 출입 금지구역이어서 평상시 관람은 어렵다.

이중 기단(基壇)은 원형과 팔각으로 되어 있어 특이하며 그 위로 탑신(塔身)을 3층으로 쌓아 올렸다.

1층 몸돌에 비해 2층과 3층 몸돌이 급격하게 작아진 모습을 하고 있고, 모서리에는 우주(隅柱)를 조각하였다.

지붕돌은 각 층 3단의 층급받침을 이루고 있으며, 낙수면은 경사가 완만하고 네 모퉁이에서 살짝 반전을 주고 있다. 전체적으로 평박하고 얇아 보이며 경쾌한 느낌이다.

상륜부(相輪部)에는 노반(露盤)과 복발(覆鉢)이 남아 있으며, 노반은 3층 지붕돌과 한 돌로 되어 있다. 1963년 해체·보수되었으며, 조각수법으로 보아 통일신라 8세기 말에 만들어진 것으로 추정된다.

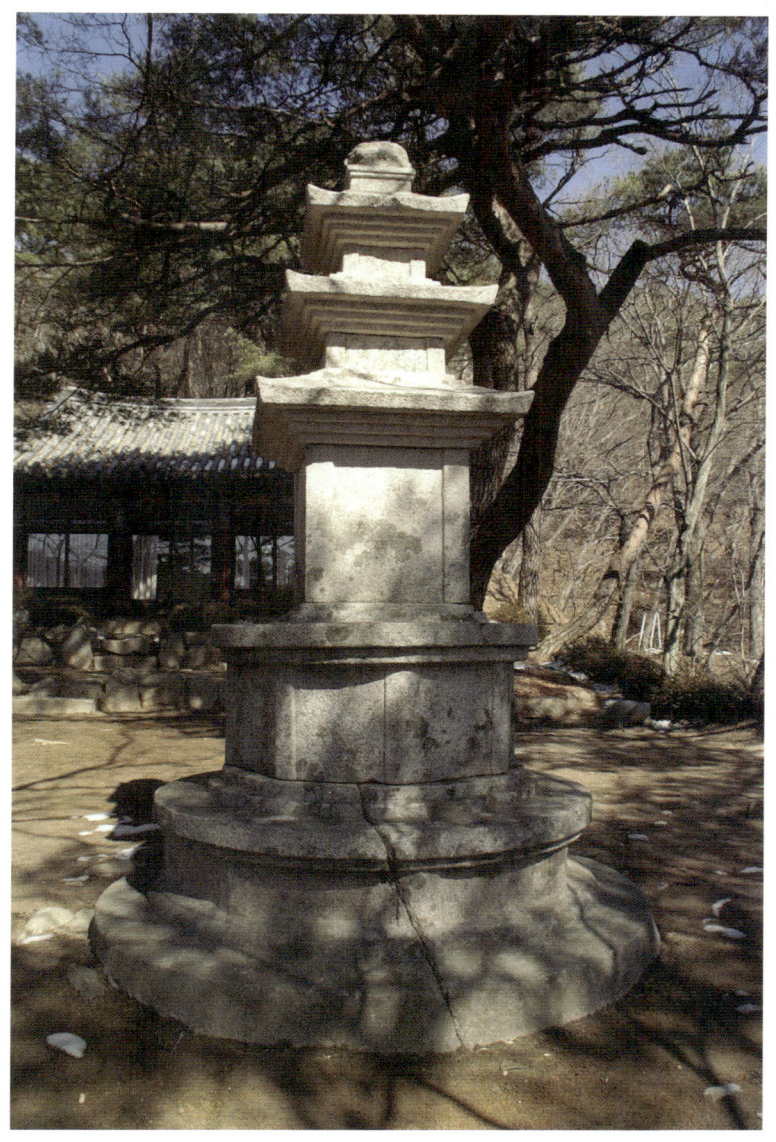

경주 마동사지 삼층석탑
慶州馬洞寺址三層石塔

보물 제912호

소재지 경북 경주시 마동 101-2

이 탑은 이중 기단(基壇) 위에 3층의 탑신(塔身)을 세웠다. 기단부는 상층기단 하층기단 모두 2개의 우주(隅柱)와 탱주(撑柱)를 조각하였다.

탑신부(塔身部)는 몸돌과 지붕돌이 각각 한 돌로 이루어져 있다.

1층 몸돌은 폭과 높이의 비례가 거의 같아 보이며 모서리에는 우주(隅柱)를 조각하였다.

지붕돌은 밑면의 층급받침이 5단이며, 네 모퉁이와 아랫면에는 작은 구멍인 풍탁공(風鐸孔)이 남아 있다. 상륜부(相輪部)는 노반(露盤)만 남아 있다. 조각수법으로 보아 통일신라 8세기 후반의 작품으로 추정되며, 1970년대까지 이곳에는 개인 암자가 있었다고 한다.

이 터에 얽힌 전설이 있는데, 불국사와 석굴암을 처음 건립한 김대성(金大城)이 청년 시절 토함산(吐含山)에서 곰을 잡게 되었다. 꿈에 곰이 나타나 자기를 죽인 까닭을 물었다. 이에 대성이 잘못을 뉘우치고 곰을 위해 절을 짓고 명복을 빌겠다고 약속하였다. 그리하여 꿈을 꾸었던 자리에는 몽성사(夢成寺)를, 곰을 잡았던 곳에는 장수사(長壽寺)를 지었다. 그 절터 가운데 하나가 이곳이라고 전한다.

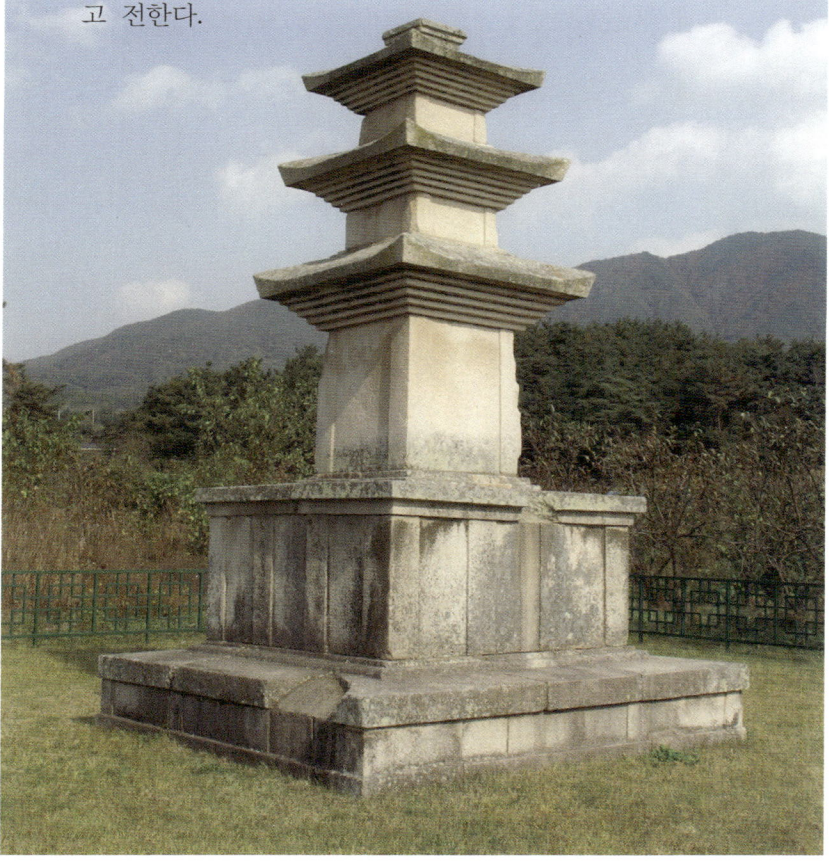

천룡사지 삼층석탑

天龍寺址三層石塔

보물 제1188호

소재지 경북 경주시 내남면 용장리 875-2

　이 탑은 무너져 있던 것을 1990년 탑 주변을 발굴 조
사하여 1991년 복원한 것으로 단층 기단(基壇) 위에 3층
탑신(塔身)을 올렸다.

　탑신부(塔身部)는 몸돌과 지붕돌이 각각 한 돌로 이루
어져 있다.

　몸돌에는 우주(隅柱)가 조각되어 있고, 지붕돌은 밑면
층급받침이 5단으로 새겨져 있다. 상륜부(相輪部)는 부족
한 부재를 보충하여 새로이 복원하였다. 2006년 6월 7일
주변에서 1층 탑신석의 결실된 부분을 찾아냈다. 지붕돌
낙수 면의 부드러운 반전 등 조각 수법으로 보아 통일신
라 후기 9세기에 만들어진 것으로 추정된다.

　천룡사지는 1996년부터 1997년까지 국립경주문화재연
구소에서 발굴 조사를 실시한 결과 7개소의 건물터가 확
인되었다.

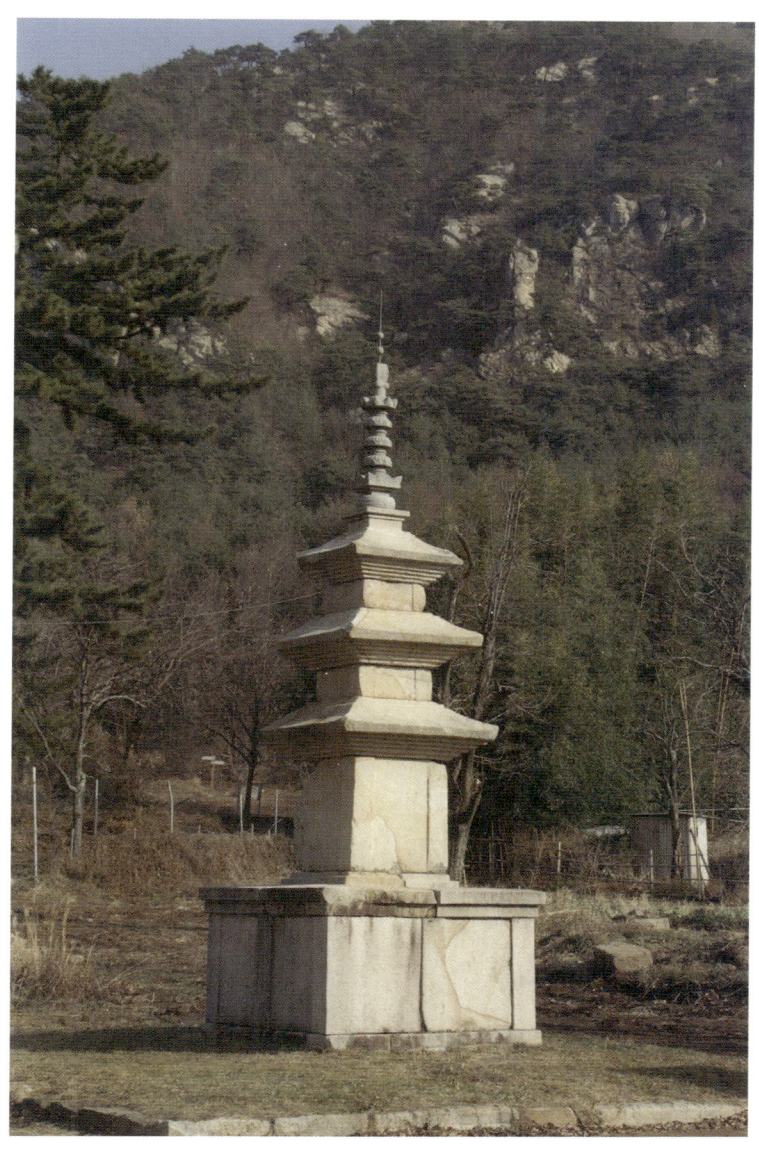

경주 원원사지 삼층석탑
慶州遠願寺址三層石塔

보물 제1429호

소재지 경북 경주시 외동읍 모화리 산8-2

이 탑은 동서로 무너져 있던 것을 1931년 복원하였다. 두 탑은 이중 기단(基壇) 위에 3층 탑신(塔身)을 올렸다.

상·하층 기단의 면석에는 2개의 탱주(撐柱)와 우주(隅柱)가 새겨져 있고, 상층 기단에는 연화좌 위에 앉아 있는 십이지신상이 조각되어 있는 탑으로 유일하여 주목된다. 탑신부(塔身部)는 몸돌과 지붕돌이 각각 한 돌로 이루어져 있다.

1층 몸돌에는 우주(隅柱)가 새겨져 있고, 사면에는 무기를 든 사천왕 입상이 조각되어 있다. 각 층 지붕돌 밑면에는 5단의 층급받침이 있고, 상면에는 각형 2단의 탑신 괴임이 있다. 상륜부(相輪部)에는 노반(露盤)과 앙화(仰花)만이 남아 있으며, 조각수법으로 보아 8세기 중엽에 만들어진 것으로 추정된다. 2002년 수리되었다.

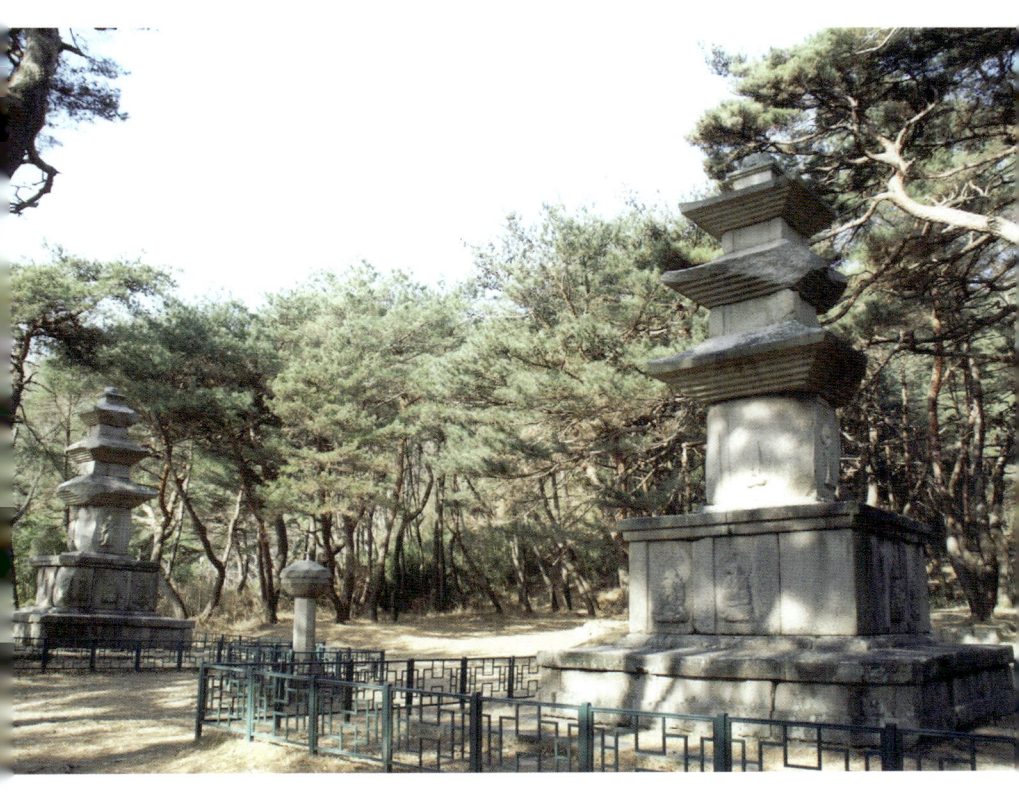

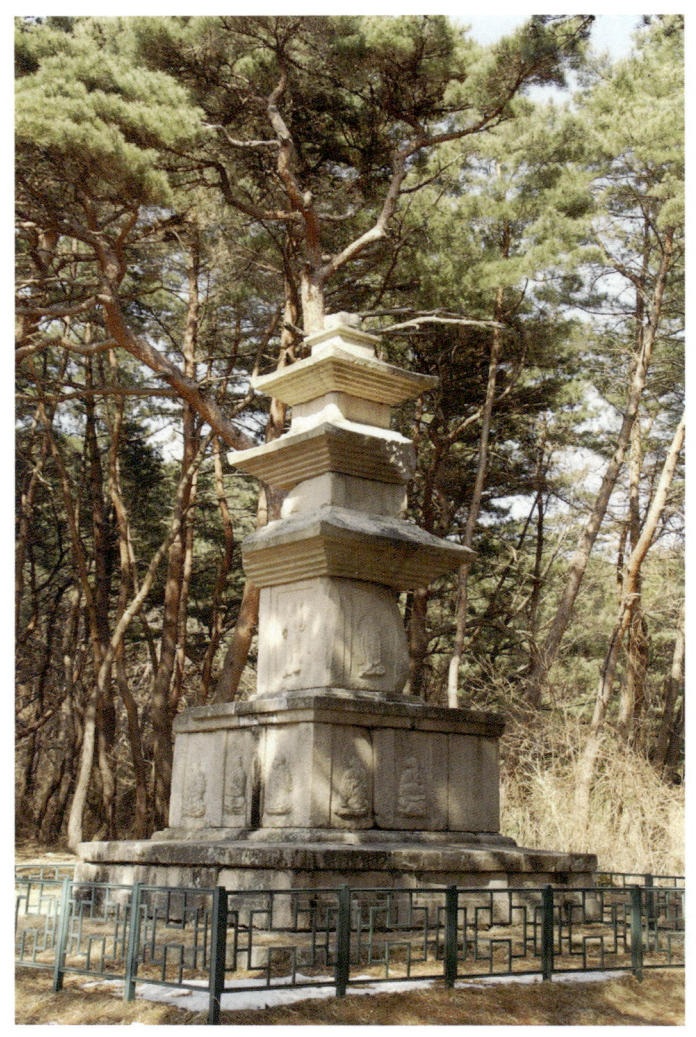

동탑

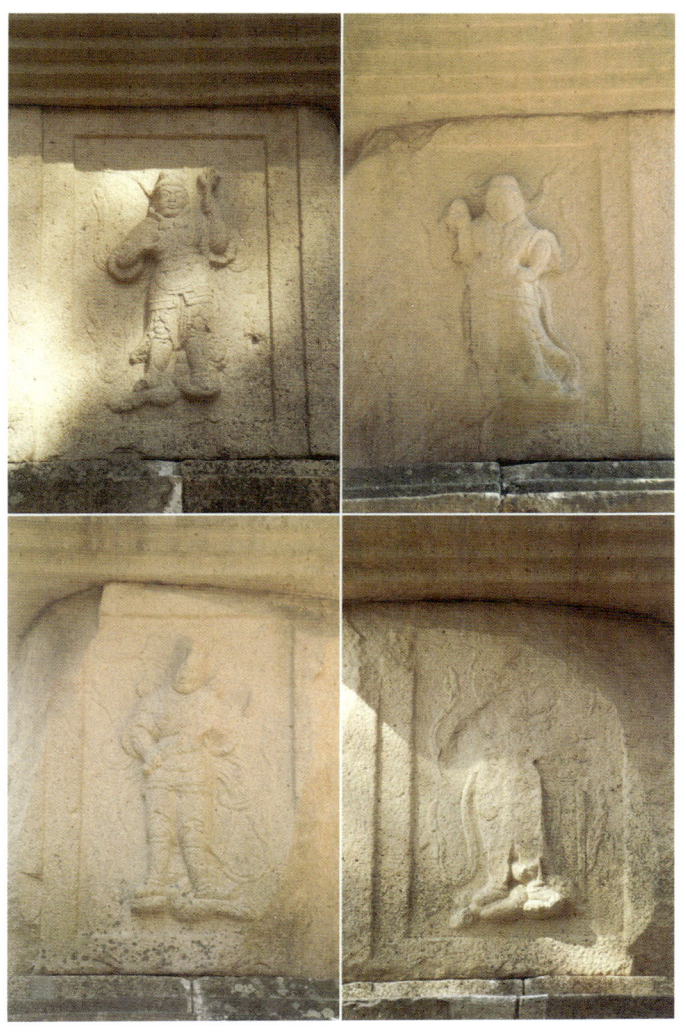

동탑 사천왕상

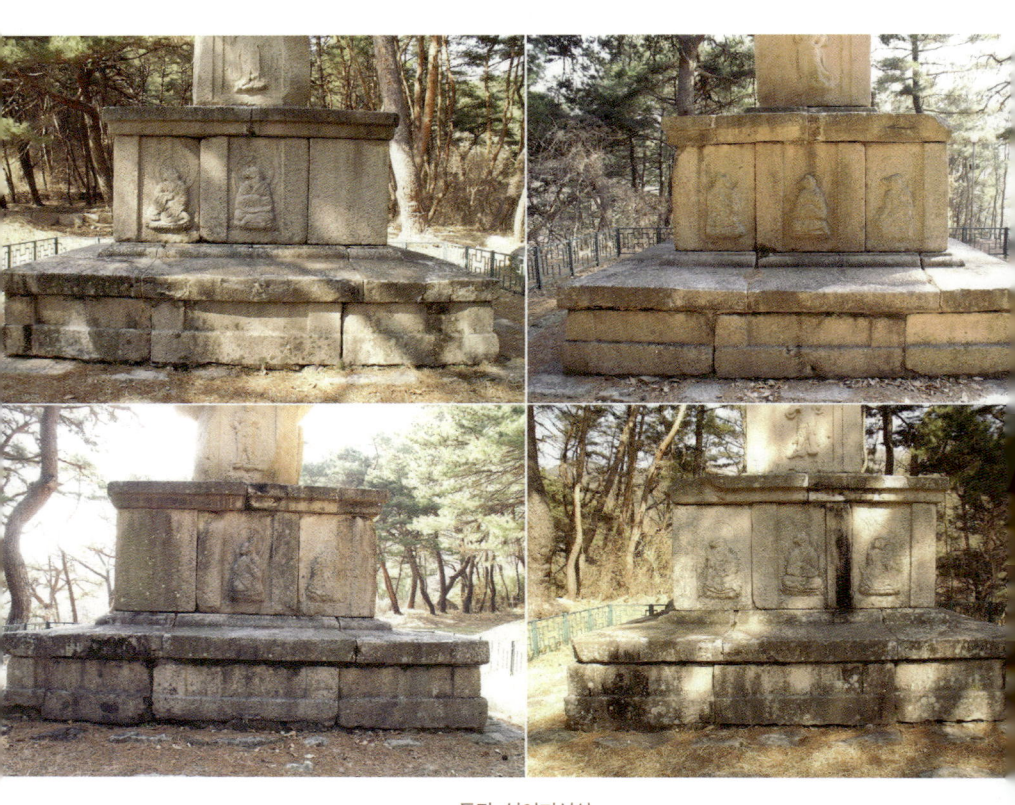

동탑 십이지신상

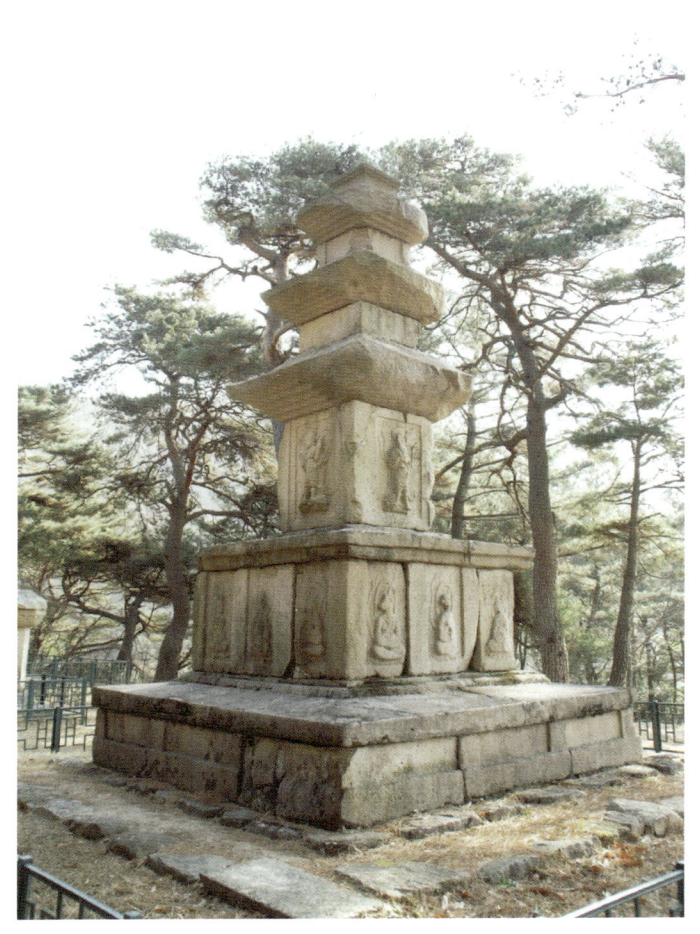

서탑

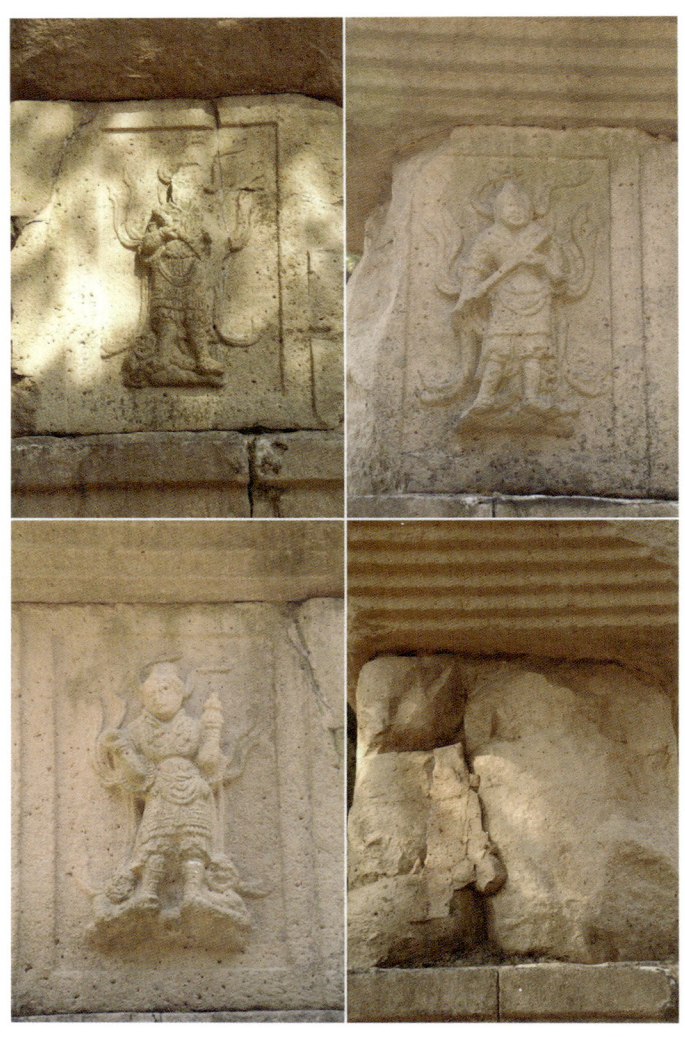

서탑 사천왕상

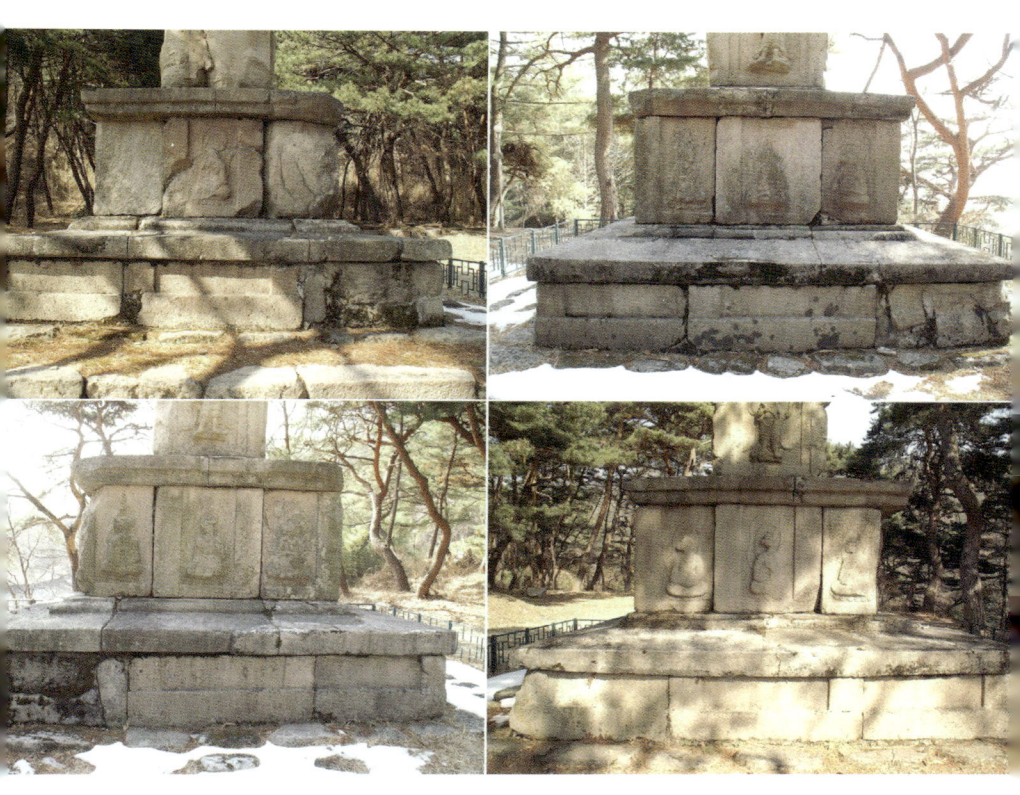

서탑 십이지신상

청도 봉기동 삼층석탑
清道鳳岐洞三層石塔

보물 제113호

소재지 경북 청도군 풍각면 봉기리 719-4

이 탑은 이중 기단(基壇) 위에 3층 탑신(塔身)을 올렸다. 통일신라시대 전형적인 일반형 석탑으로 원래는 쌍탑이었는데, 서탑만 남은 것이라 하며, 주변 일대에 천정사(天井寺)라는 절이 있었다고 한다.

상층 기단과 하층 기단 각 면에는 우주(隅柱)와 2주의 탱주(撐柱)를 새겼다. 상층 기단에는 각형 2단의 몸돌 받침이 표현되어 있다.

탑신부(塔身部)는 몸돌과 지붕돌이 각각 한 돌이고 각 층 몸돌에는 우주(隅柱)가 새겨져 있다. 지붕돌은 각 층 5단의 층급받침이 있고, 처마 끝에는 풍탁(風鐸)을 달았던 작은 구멍이 남아 있다.

상륜부(相輪部)는 없어졌으며 전체적인 조각수법으로 보아 통일신라 8세기 중엽의 작품으로 추정된다. 1960년 해체 수리되었는데 3층 몸돌에서 사리공이 확인되었다.

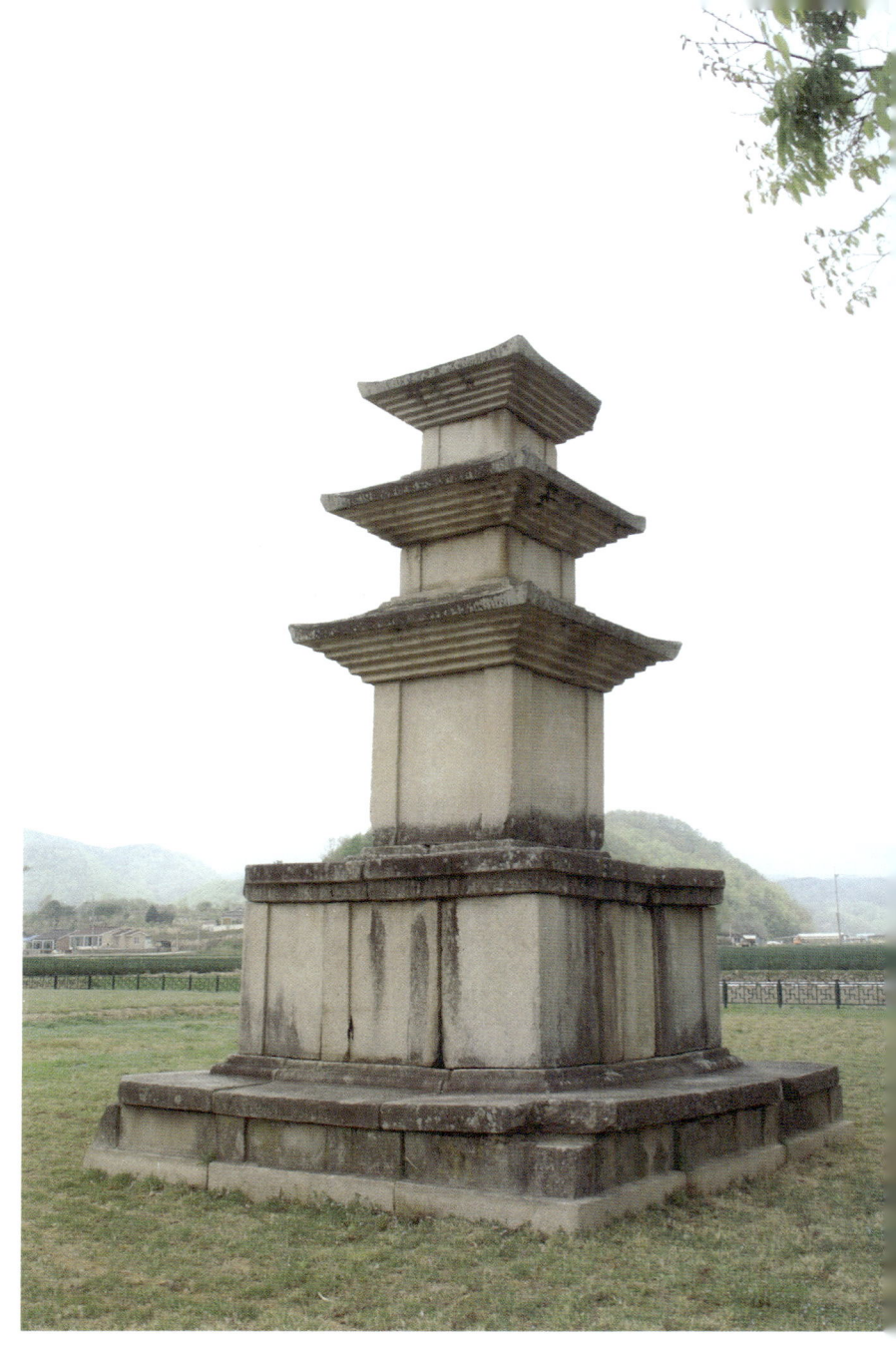

장연사지 삼층석탑
長淵寺址三層石塔

보물 제677호

소재지 **경북 청도군 매전면 장연리 108**

이 탑은 동·서로 세워져 있으며 이중 기단(基壇) 위에 3층의 탑신(塔身)을 올렸으며 거의 같은 양식을 보이고 있다.

동탑은 1984년 12월 해체 보수하였는데, 1층 몸돌에서 사리병을 넣은 나무로 만든 사리합(舍利盒)이 발견되어 국립중앙박물관 소장되어 있다.

서탑은 무너졌던 것을 1979년 12월(혹은 1980년 2월) 원래의 자리에 복원해 놓은 것이다. 기단에는 우주(隅柱)와 탱주(撐柱)가 새겨져 있다. 탑신부(塔身部)는 몸돌과 지붕돌이 각각 하나의 돌로 이루어져 있으며, 각 층 몸돌에는 모서리마다 우주(隅柱)를 새겼다.

지붕돌은 네 모퉁이가 살짝 치켜 올라가 있으며, 밑면의 층급받침은 각 층 4단이다. 상륜부(相輪部)는 동탑은 후대에 올린 돌이 있고, 서탑에만 노반(露盤)과 복발(覆

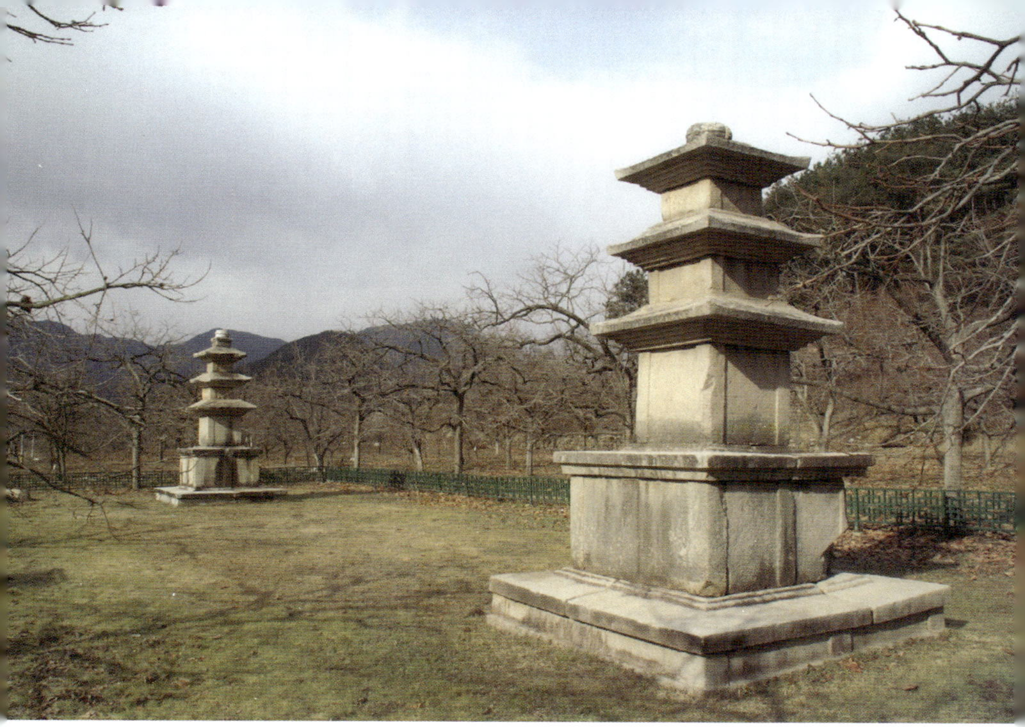

鉢)이 남아 있다. 조각수법으로 보아 9세기 통일신라시
대에 세워진 것으로 추정된다.

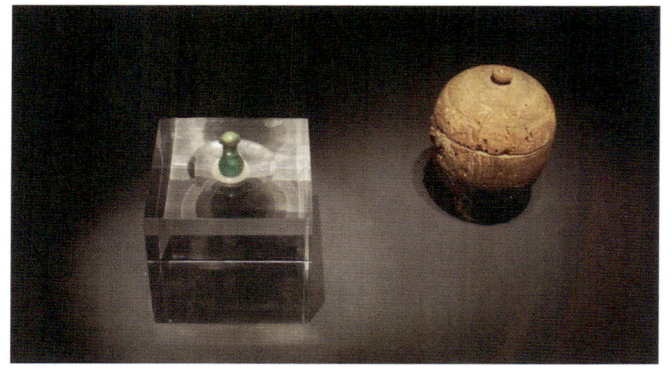

장연사지 동탑 출토 사리장엄구(국립중앙박물관 소장)

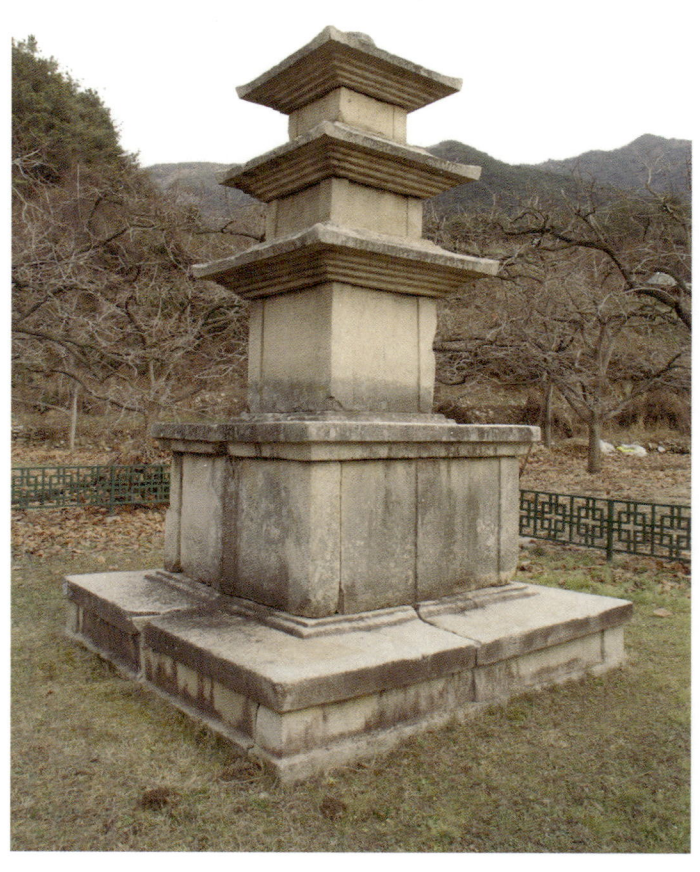

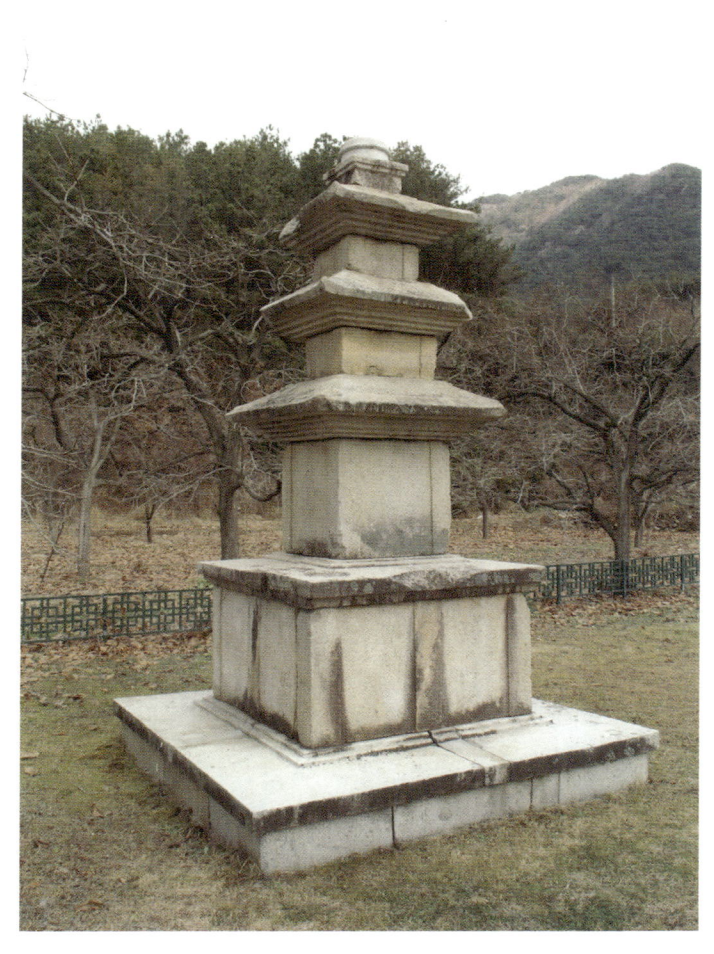

운문사 삼층석탑 雲門寺三層石塔

보물 제678호

소재지 경북 청도군 운문면 신원리 1789

이 탑은 동·서로 서 있으며, 이중 기단(基壇) 위에 3층의 탑신(塔身)을 올렸으며 규모와 양식이 서로 같다.

기단은 일부 보수되었으며, 상층 기단에는 앉아 있는 팔부중상(八部衆像)을 새겨 놓았다. 탑신부(塔身部)는 몸돌과 지붕돌이 각각 하나의 돌로 이루어져 있고, 몸돌에는 우주(隅柱)가 새겨져 있다. 지붕돌은 밑면 층급받침이 5단이며 네 모퉁이에 풍탁공(風鐸孔)이 있다.

상륜부(相輪部)는 노반(露盤), 복발(覆鉢), 앙화(仰花)가 남아 있다. 기단에 팔부중상이 나타나는 점과 조각수법으로 보아 통일신라 9세기 후기 탑으로 추정된다.

한편 지세가 전복하기 쉬운 작은 배와 같다고 하여 지세를 누르기 위해 고려 때 세웠다고도 한다.

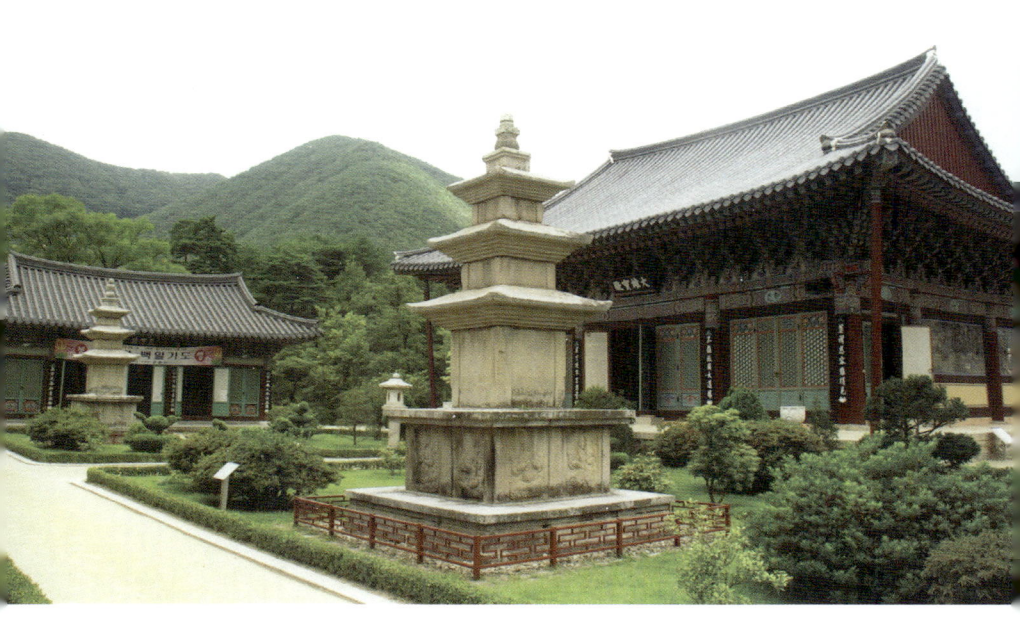

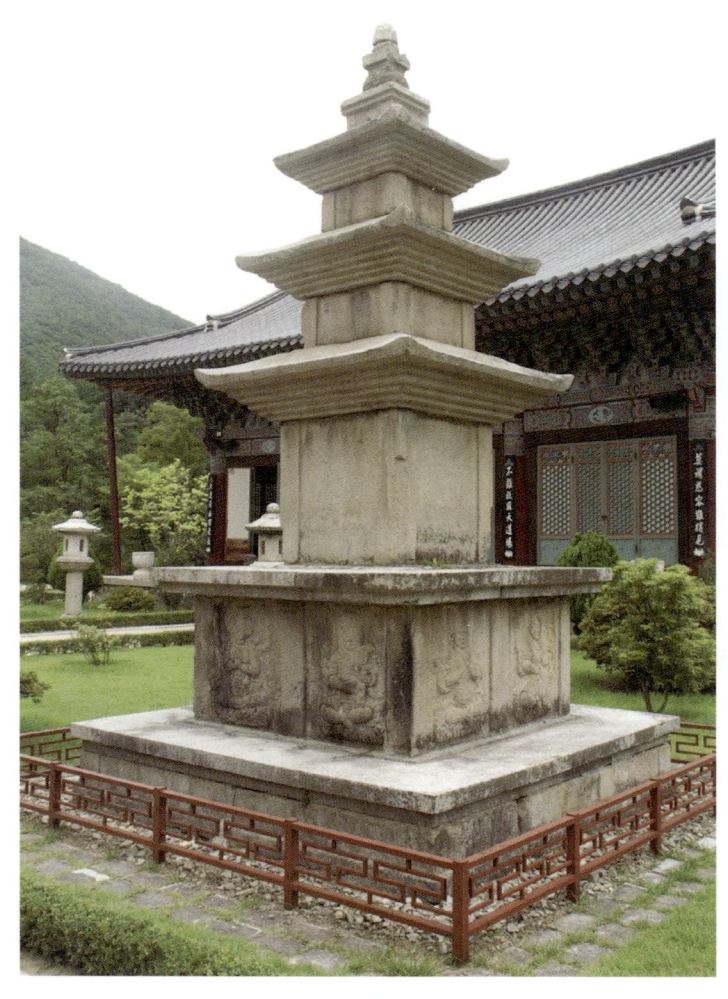

동탑

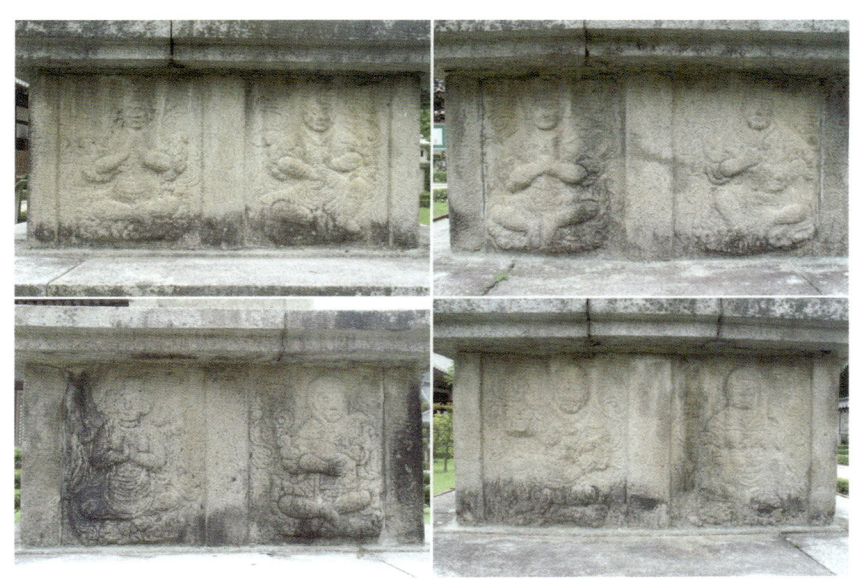

동탑 팔부중상

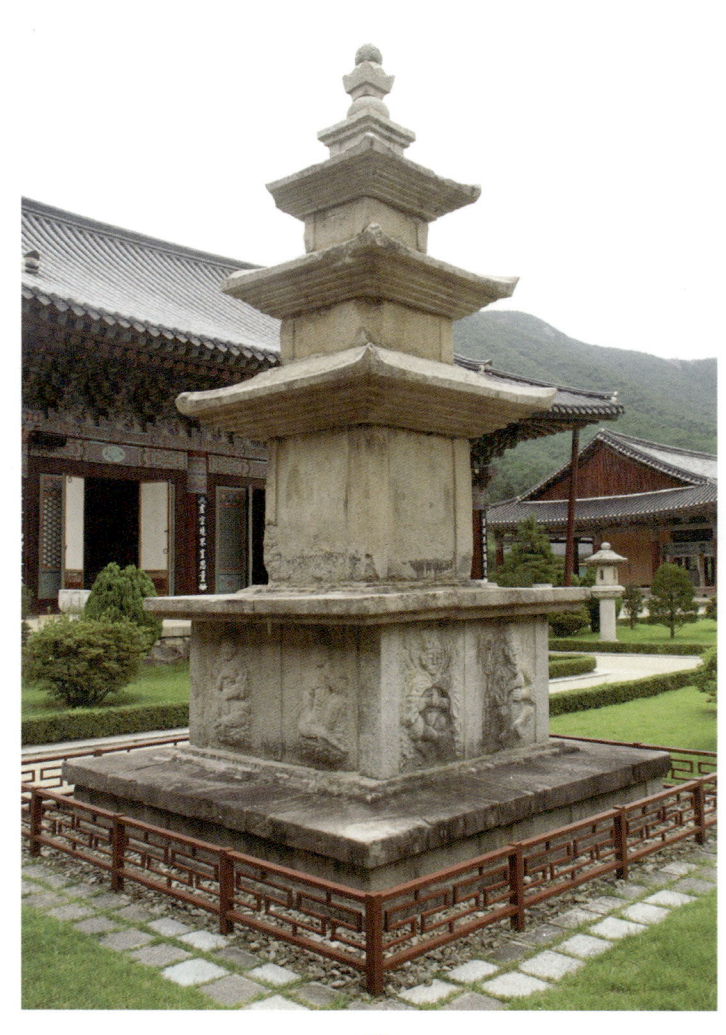

서탑

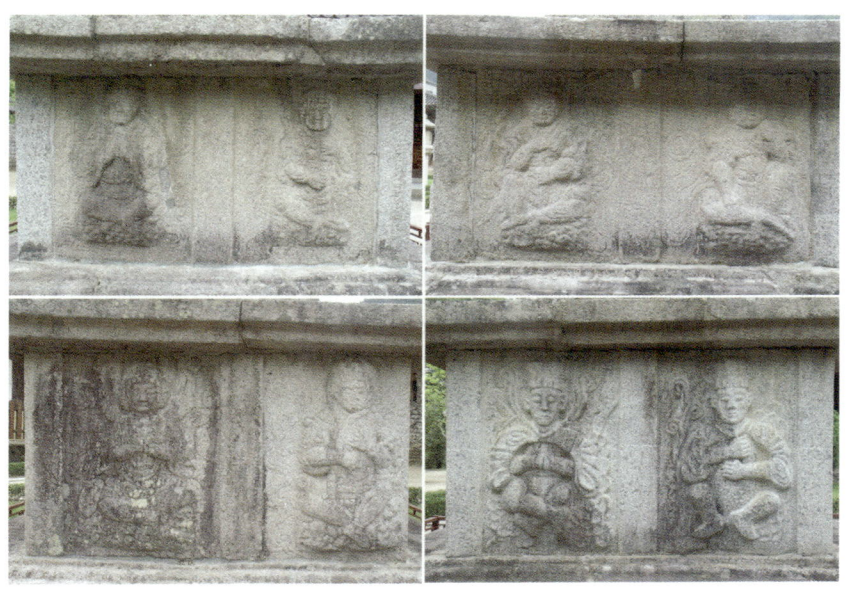

서탑 팔부중상

불굴사 삼층석탑
佛窟寺三層石塔

보물 제429호
소재지 경북 경산시 와촌면 강학리 6

이 탑은 이중 기단(基壇) 위에 3층의 탑신(塔身)을 쌓아 올린 형식으로 전형적인 통일신라 일반형 석탑으로 적멸보궁 앞에 있다.

상층 기단에는 탱주(撑柱)가 하나이고, 하층 기단에는 탱주(撑柱)와 우주(隅柱) 없이 면석에 3구씩의 안상(眼象)을 새긴 것이 독특하다.

탑신부(塔身部)는 몸돌과 지붕돌을 각각 하나의 돌로 구성하였으며, 몸돌에는 우주(隅柱)를 새겼을 뿐 별다른 장식은 없다. 지붕돌은 밑면의 층급받침이 모두 4단씩이며, 네 모퉁이에서 완만한 경사를 보이는데 반전이 상당히 크다. 상륜부(相輪部)는 노반(露盤)과 복발(覆鉢)만 남아 있다. 조각수법으로 보아 통일신라 9세기 후기의 작품으로 추정된다.

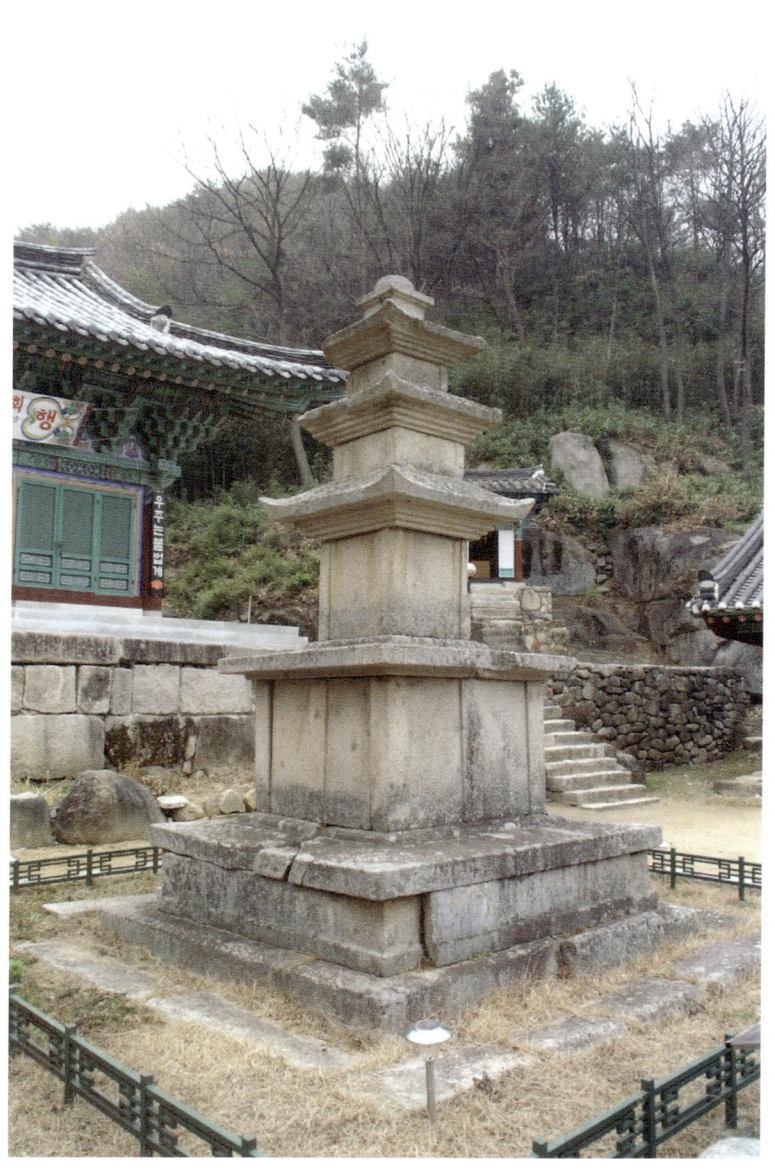

송림사 오층전탑
松林寺五層塼塔

보물 제189호

소재지 경북 칠곡군 동명면 구덕리 91-6

이 탑은 대웅전 앞에 있으며 흙으로 구운 벽돌을 이용
해 쌓아 올린 전탑이다. 기단(基壇) 토단으로 단으로 마
련하였으며, 기단의 4면에는 우주(隅柱)와 탱주(撐柱)가
새겨져 있고, 상면 중앙에는 1단의 탑신 괴임을 만들었다.

탑신(塔身)은 모두 네모난 전돌로 쌓아 올렸다. 2층 이
상의 몸돌은 높이가 줄어들지 않았고 지붕돌은 아래위에
층단을 두었는데, 밑의 받침은 1층부터 9·7·7·6·4단
이다. 낙수 면의 층단은 1층부터 11·9·8·7·5단이다.

상륜부(相輪部)는 청동제 복발(覆鉢), 앙화(仰花), 보륜
(寶輪), 용차(龍車), 보주(寶珠)가 동판(銅板)으로 싼 목심
찰주(擦柱)에 꽂혀 있다. 1959년 해체 복원할 때 많은 유
물이 나왔는데, 1층 탑신에서는 나무와 돌, 청동불상이 각
각 2구씩 나왔고, 2층에서는 금동제 사리탑과 녹색 유리
로 만든 목이 긴 사리병 등 신라시대 사리장치가 나왔다.

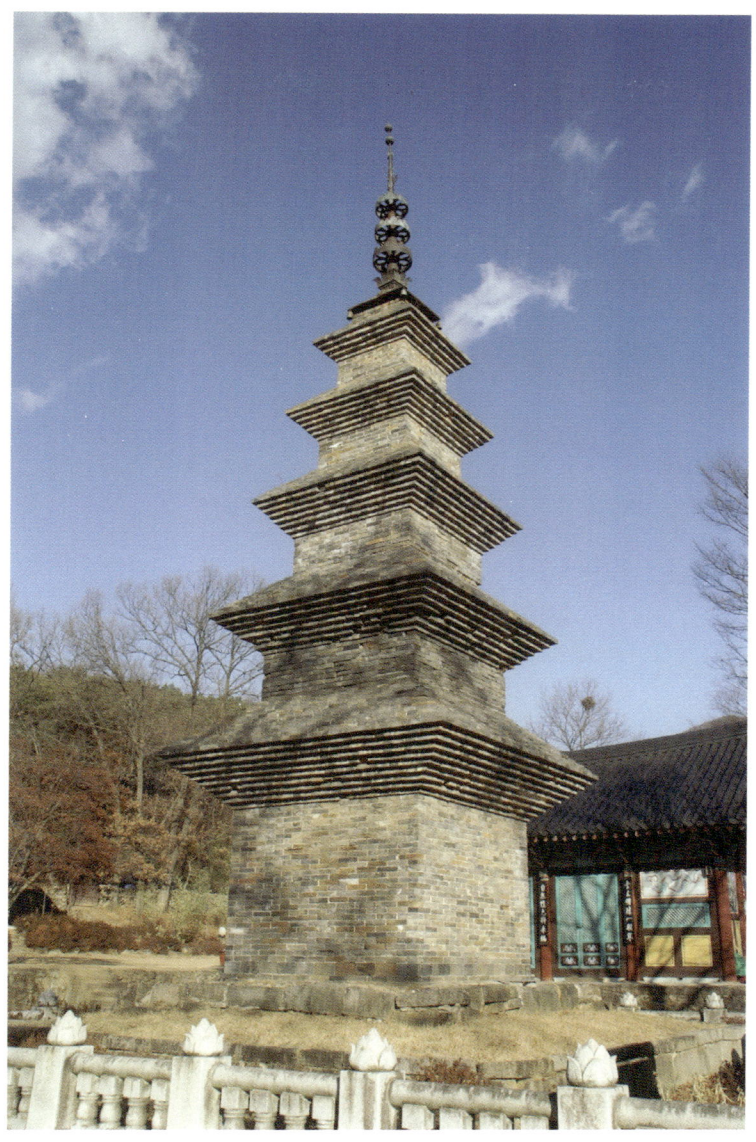

3층에서는 나무 뚜껑이 덮여 있는 돌 상자 안에서 부식된 종이들이 발견되었으며, 5층 위에 있는 복발 안에서는 상감청자로 만든 원형 합과 금동으로 만든 원륜 2개가 발견되었다. 출토된 사리장엄구는 보물 제325호로 현재 국립대구박물관에 소장되어 있다. 이 탑은 통일신라시대에 세워져 고려·조선시대에 걸쳐 보수된 것으로 보인다.

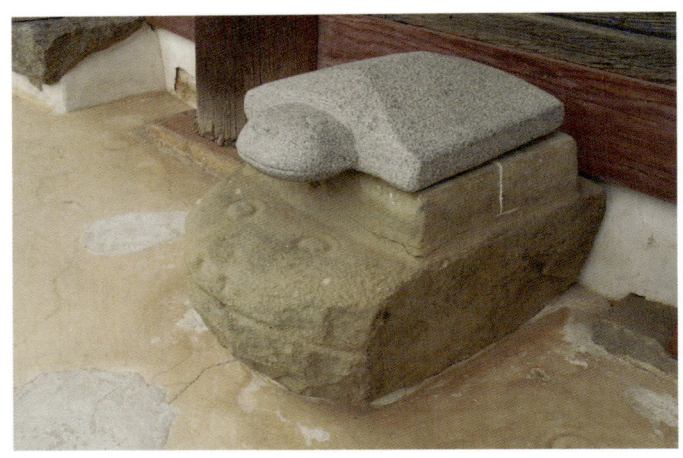

거북형 석함

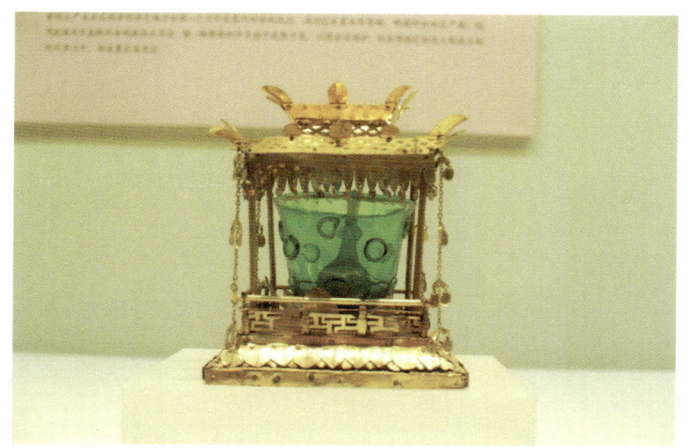

사리장엄구(국립대구박물관 소장)

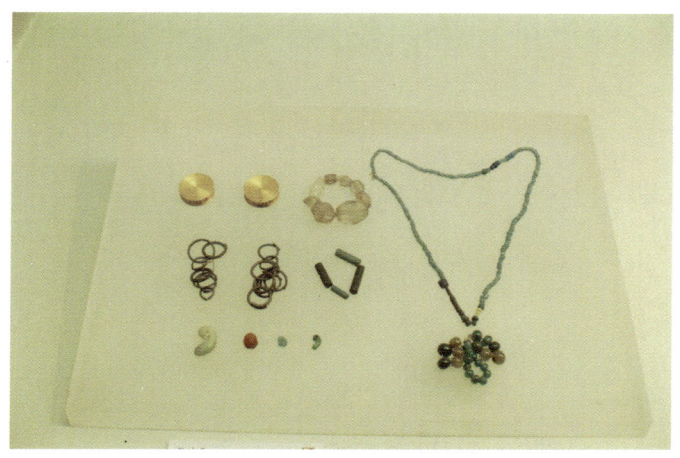

각종 공양품(국립대구박물관 소장)

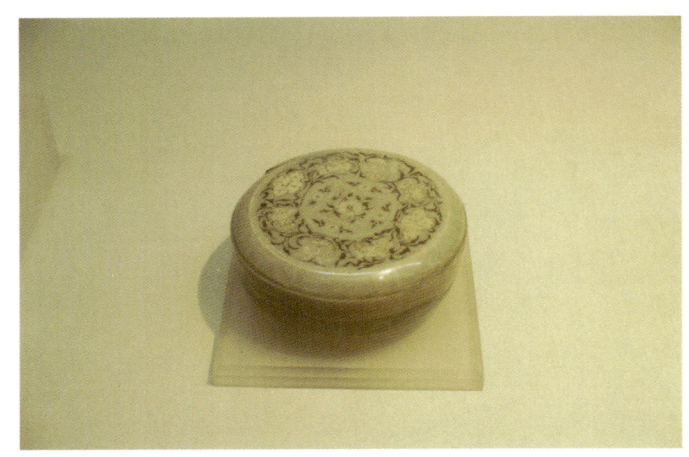

청자사리함(국립대구박물관 소장)

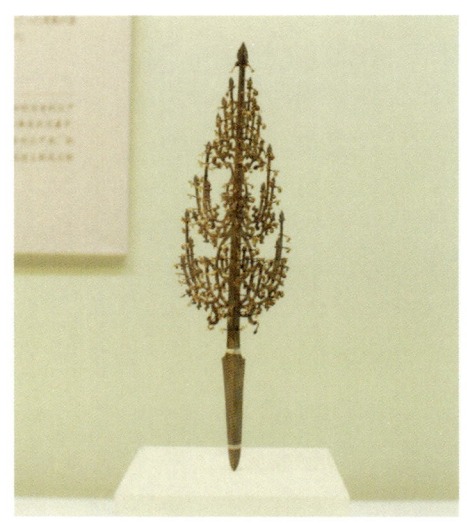

금동제 수지형 장식구(국립대구박물관 소장)

칠곡 기성동 삼층석탑
漆谷箕聖洞三層石塔

보물 제510호

소재지 경북 칠곡군 동명면 기성리 1028

이 탑은 이중 기단(基壇) 위에 3층 탑신(塔身)을 올렸다. 하층 기단 8매의 석재로 구성하여 우주(隅柱)와 탱주(撑柱)를 새겨 놓았고, 상층 기단 면석에는 안상(眼象)이 큼직하게 새겨져 있다. 탑신부(塔身部)는 몸돌과 지붕돌을 각각 하나의 돌로 구성하였으며, 각 층 몸돌에는 우주(隅柱)가 새겨져 있고. 지붕돌은 밑면 층급받침이 5단씩이다.

상륜부(相輪部)에는 노반(露盤)과 앙화(仰花)만 남아 있다. 1971년 무너진 것을 해체·복원하였는데, 당시 2층 지붕돌 윗면 중앙에 방형의 사리공(舍利孔)이 있었다고 한다. 조각수법으로 보아 통일신라 9세기 후기에 작품으로 추정된다. 이곳은 법성사터(法聖寺址)로 알려져 있으나 기록은 전하지 않는다.

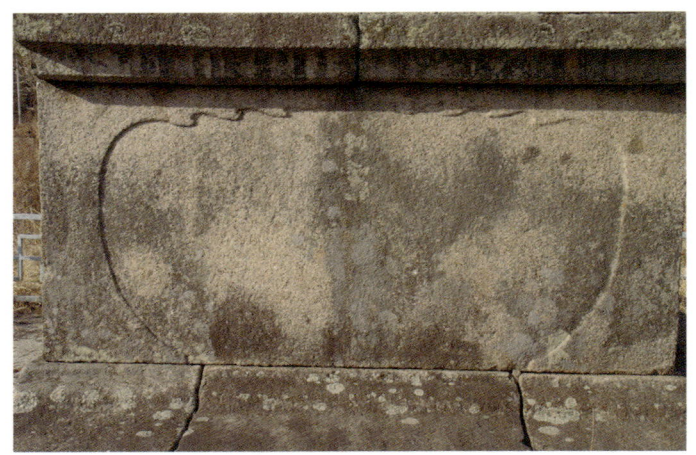

기단에 새겨진 안상(眼象)

　　상층기단 면석에 안상(眼象)이 새겨진 예로는 경주 무
장사지 삼층석탑, 창녕 술정리 서 삼층석탑, 부산 범어사
삼층석탑, 현재 경북대학교 야외에 옮겨져 있는 달성 인
흥사터 삼층석탑이 있다.

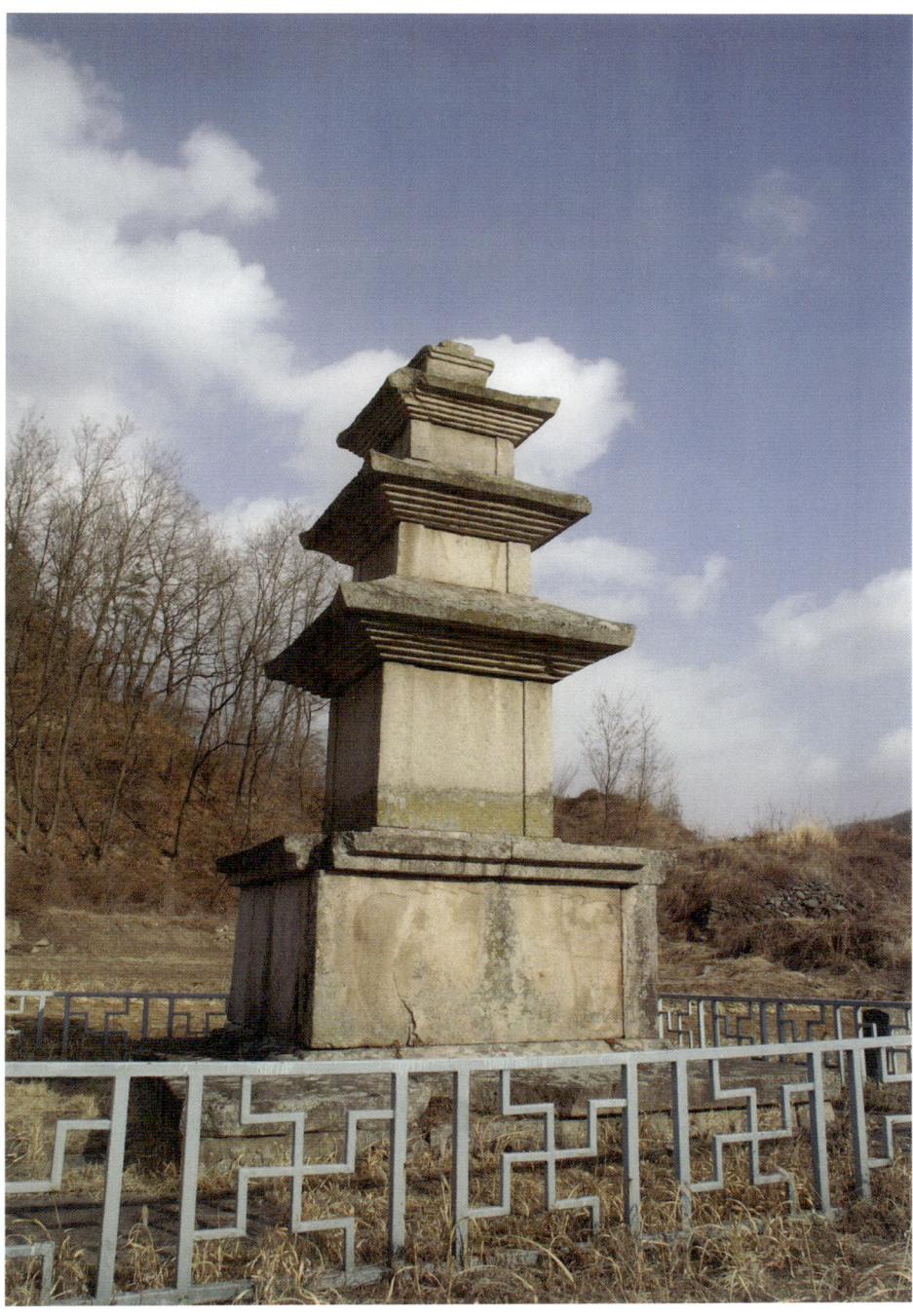

영천 신월동 삼층석탑
永川新月洞三層石塔

보물 제465호

소재지 경북 영천시 금호읍 신월리 205-1 신흥사

이 탑은 이중 기단(基壇) 3층 탑신(塔身)을 쌓아 올렸다. 기단부는 지대석과 중석을 한 돌로 조성하여, 각 면에 탱주(撑柱)와 우주(隅柱)를 새겼다. 상층 기단 각 면에는 팔부중상(八部衆像)을 새겨 놓았다. 탑신부(塔身部)는 각 층의 몸돌과 지붕돌이 각각 하나의 돌로 되어 있고, 몸돌에는 모서리마다 우주(隅柱)를 조각하였다. 1층 몸돌에는 4면에는 모두 문비(門扉)가 새겨져 있는데, 그 안에 자물쇠와 문고리 모양이 조각되어 있다. 4면에 모두 문비가 새겨져 있는 경우는 드물다. 지붕돌은 밑면의 층급받침이 모두 4단으로, 처마선은 수평을 이루다가 네 모퉁이에서 살짝 반전되어 있다. 상륜부(相輪部)는 모두 없어져 남아 있지 않다. 전체적인 조각수법으로 보아 9세기 후기 통일신라시대의 석탑으로 추정되며 높이는 4.7m이다.

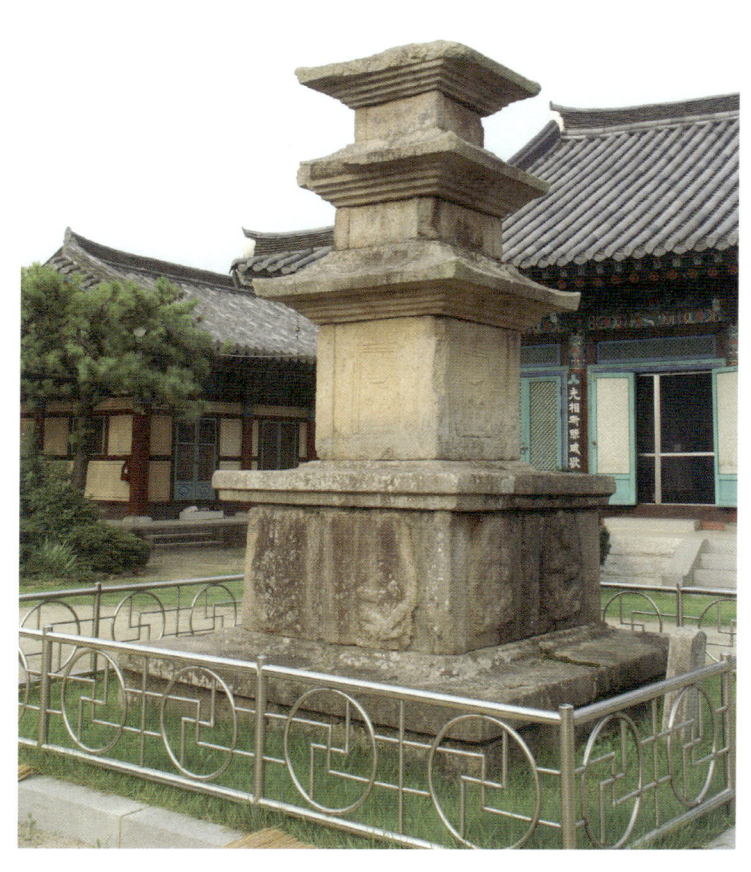

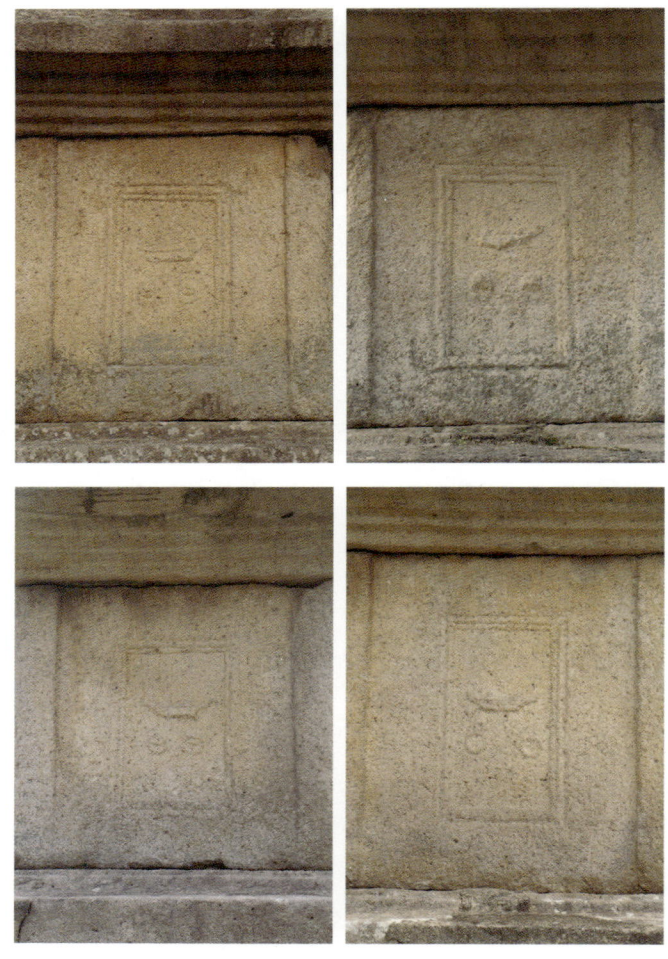

문비(門扉)

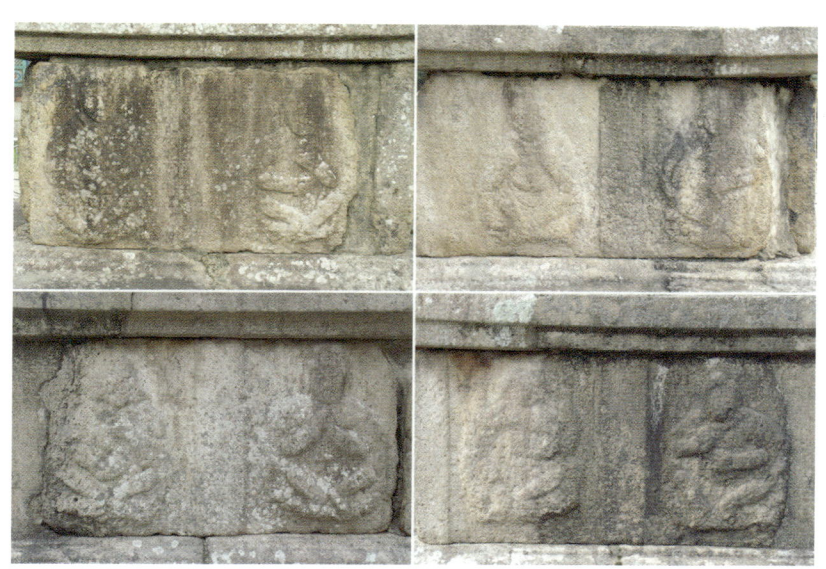

팔부중상(八部衆像)

영천 화남동 삼층석탑

永川華南洞三層石塔

보물 제675호

소재지 경북 영천시 신녕면 화남리 499 한광사

이 탑은 동서로 있던 쌍탑 중 하나로 보이며, 이중 기단(基壇) 위에 3층의 탑신(塔身)을 올렸다. 기단에는 탱주(撑柱)와 우주(隅柱)가 새겨져 있다. 탑신부(塔身部)는 몸돌과 지붕돌이 각각 하나의 돌로 이루어져 있고, 몸돌에는 네 모서리에 우주(隅柱)가 새겨져 있다.

지붕돌은 밑면에 4단의 층급받침이 있으며, 낙수면은 곡선을 잘 표현하였다. 상륜부(相輪部)는 남아 있지 않다.

통일신라시대 전형적인 양식으로 보아 9세기 후기에 만들어진 것으로 추정된다. 주변에는 보물 제676호 석불좌상이 있고, 또 다른 석탑의 부재들이 놓여 있다. 석탑 주변은 2003년 시굴 조사 되었다.

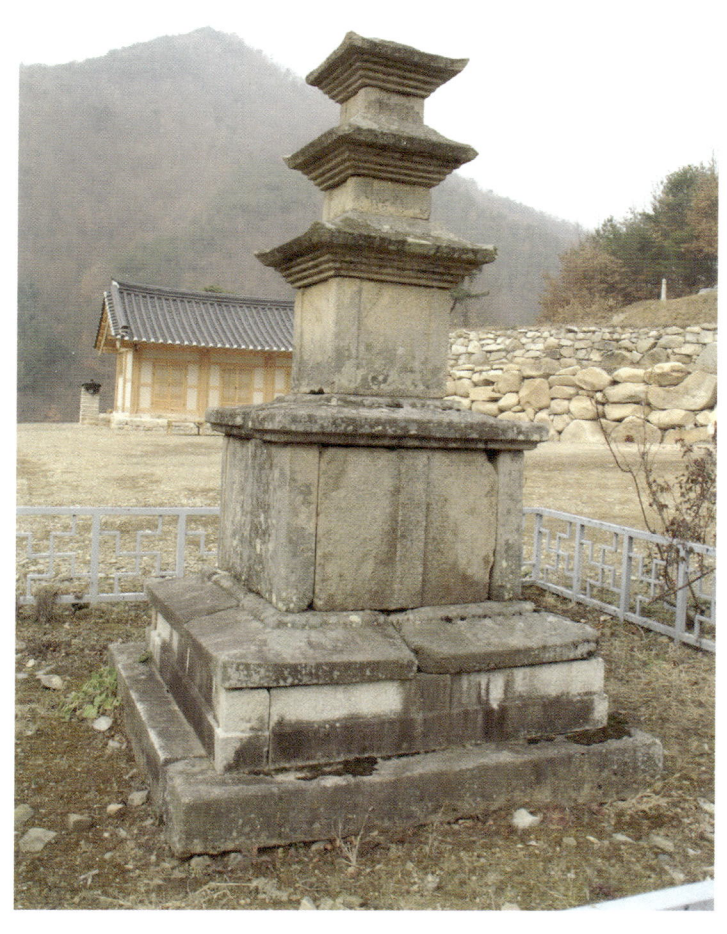

직지사 대웅전 앞 삼층석탑
直指寺大雄殿앞三層石塔

보물 제606호

소재지 경북 김천시 대항면 운수리 216

　이 탑은 원래 경북 문경시 산북면 서중리의 웅창 마을 북쪽 강변, 도천사지(道川寺址)로 전하는 곳에 있던 3기의 석탑을 1974년 직지사로 옮겨 온 것이다. 현재 대웅전 앞에 동서로 마주보고 서 있다.

　단층 기단(基壇) 위에 3층의 탑신을 올렸으며, 기단에는 탱주(撑柱)와 우주(隅柱)를 조각하였다. 탑신부(塔身部)는 몸돌과 지붕돌이 각각 하나의 돌로 이루어져 있으며, 각 몸돌에는 모서리마다 우주(隅柱)를 새겼다.

　지붕돌은 밑면 층급받침이 1·2층은 5단, 3층은 4단이다. 처마는 네 모퉁이에서 살짝 들려 있다. 네 모서리에는 양면으로 각 두 개씩의 구멍이 있는 것으로 보아 사방에 풍탁(風鐸)을 달았던 것으로 보인다.

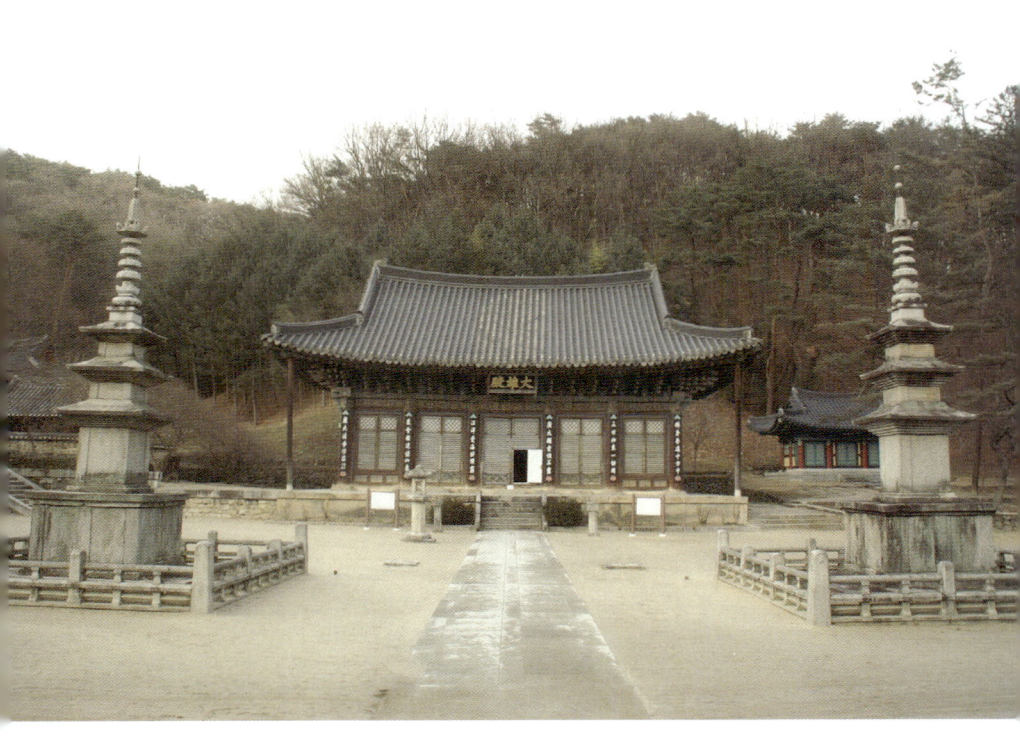

　상륜부(相輪部)는 1976년 복원한 것이다.

　전체적인 조각수법으로 보아 통일신라 9세기 후기의
작품으로 추정되며, 높이는 9m이다.

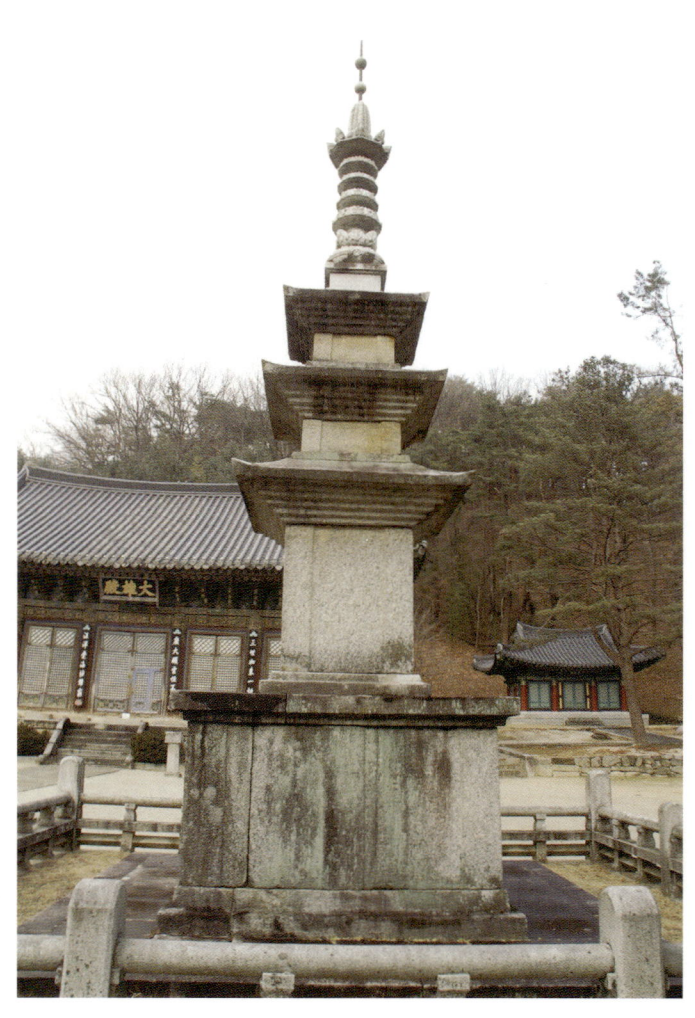

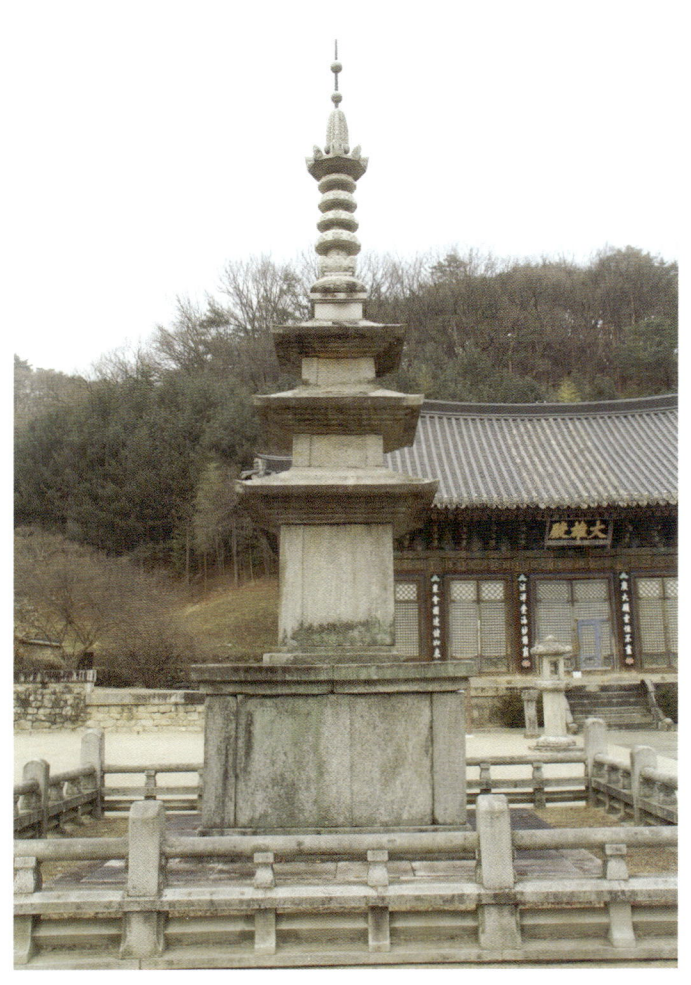

직지사 비로전 앞 삼층석탑

直指寺毘盧殿앞三層石塔

보물 제607호

소재지 경북 김천시 대항면 운수리 216

이 탑은 1974년 대웅전 앞에 있는 3층 석탑 2기와 함께 경북 문경 산북면 서중리의 웅창마을 북방 금강가의 옛 도천사지(道川寺址)에서 옮겨 온 것으로, 단층 기단(基壇) 위에 3층의 탑신(塔身)을 올렸다.

기단은 우주(隅柱)와 탱주(撑柱)를 새겼다. 탑신부(塔身部)는 몸돌과 지붕돌이 각각 한 돌로 되어 있고, 몸돌에는 모서리마다 우주(隅柱)가 새겨져 있다. 지붕돌은 밑면의 층급받침은 1·2층은 5단, 3층은 4단이다. 네 모퉁이는 살짝 들려 있다. 탑신의 1층 몸돌이 2·3층에 비해 높아 보인다. 상륜부(相輪部)는 1976년 복원한 것이다. 전체적으로 비례와 조각수법으로 보아 9세기 후기 통일신라시대 석탑으로 추정된다.

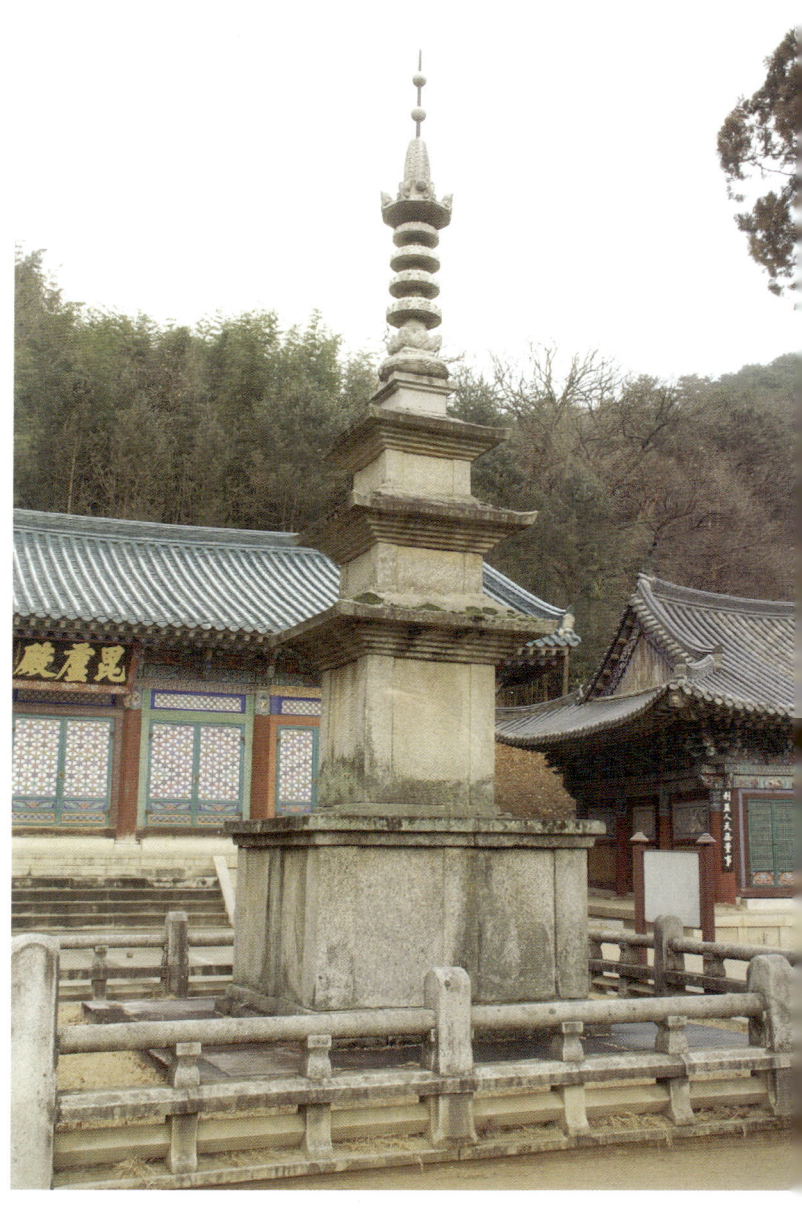

직지사 청풍료 앞 삼층석탑

直指寺清風寮 앞 三層石塔

보물 제1186호

소재지 경북 김천시 대항면 운수리 216 직지사

이 탑은 강락사지(江洛寺址)라고 전해지는 옛 절터에 1920년대 무너져 있던 것을, 1968년 경북 선산 군청에 옮겨 복원하였고, 1980년 10월 다시 현재의 자리로 옮겨 놓았다. 단층 기단(基壇) 위에 3층 탑신(塔身)을 올렸다. 기단은 우주(隅柱)와 탱주(撑柱)를 조각해 두었다. 탑신부(塔身部)는 몸돌과 지붕돌을 각기 한 돌로 구성하였고, 몸돌의 모서리마다 우주(隅柱)를 새겼다. 지붕돌은 밑면의 층급받침이 각 층 모두 5단이며, 낙수 면은 네 모퉁이에서 살짝 치켜 올려져 있다. 상륜부(相輪部)를 복원하였다. 각부의 양식과 조각 수법으로 보아 9세기 통일신라시대 후기 것으로 추정된다.

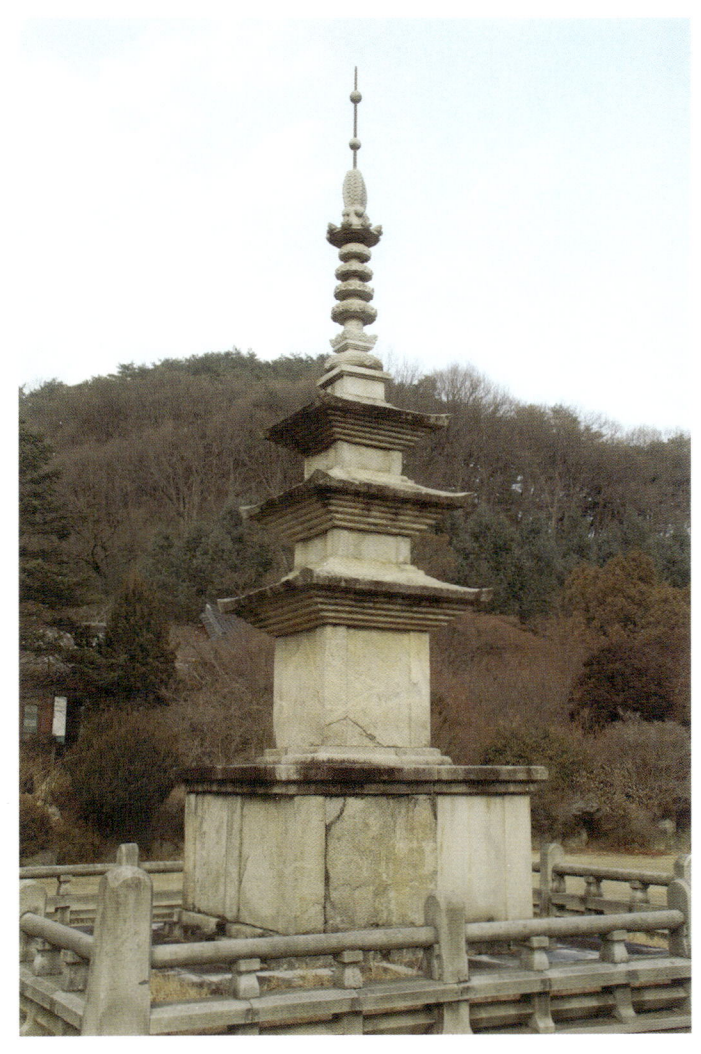

청암사 수도암 삼층석탑
青巖寺修道庵三層石塔

보물 제297호

소재지 경북 김천시 증산면 수도리 513 청암사

이 탑은 동·서로 있는 쌍탑이나 그 형식이 서로 다르고, 탑과 법당의 거리는 가까워 보이나 양 탑의 거리는 너무 멀어, 원래부터 쌍탑인지는 확실히 알 수 없다.

동탑은 단층 기단(基壇) 위에 3층 탑신(塔身)을 올린 것으로 기단의 각 면에 우주(隅柱)를 새겼다. 탑신부(塔身部)에서는 1층 몸돌 각 면에는 4각형의 감실(龕室)을 두고 그 안에 여래좌상을 새겼다. 2·3층의 몸돌에는 각 모서리마다 우주(隅柱)를 새겨 놓았다. 지붕돌은 층급받침이 1·2층은 4단, 3층은 3단이다.

상륜부(相輪部)에는 작은 노반(露盤)과 복발(覆鉢), 보주(寶珠) 하나가 남아 있다.

서탑은 이중 기단(基壇) 위에 3층의 탑신을 올렸다. 1층 몸돌에 비해 2층과 3층 몸돌이 줄었다. 1층 몸돌 각 모서리에는 우주(隅柱)가 새겨져 있고, 그 사이에 여래좌상이 조각되어 있으나 마멸이 심하다.

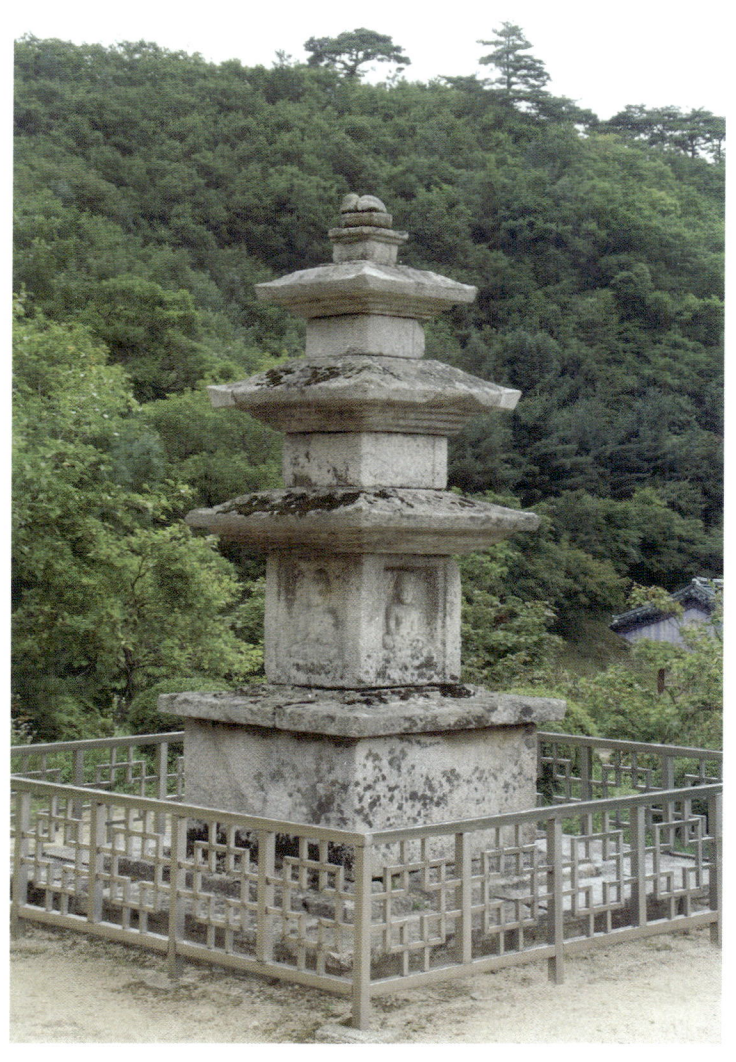

지붕돌은 동탑보다 얇고 넓으며 밑면 층급받침은 5단이다. 상륜부(相輪部)에는 노반(露盤)과 보륜(寶輪), 보주(寶珠) 등이 남아 있다.

조각수법으로 보아 통일신라 9세기 후기 석탑으로 추정된다.

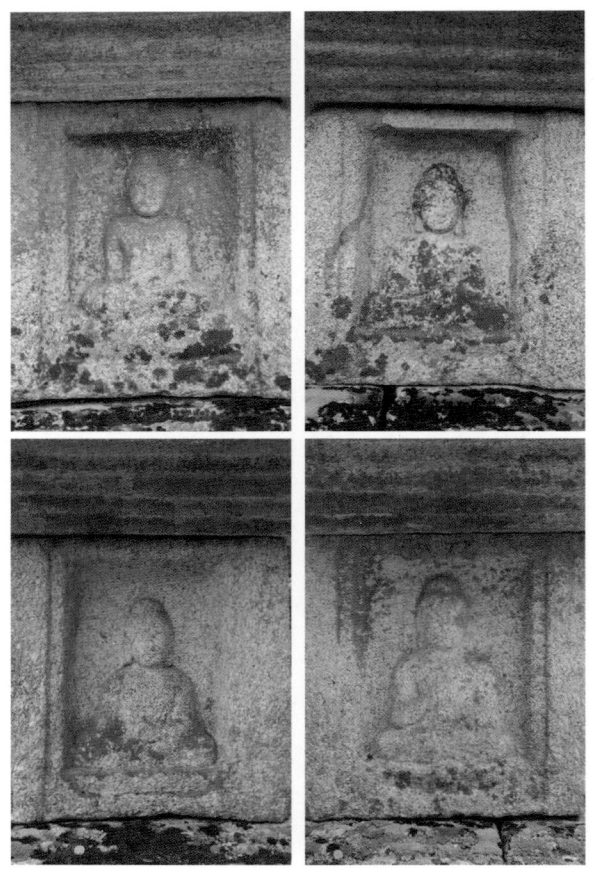

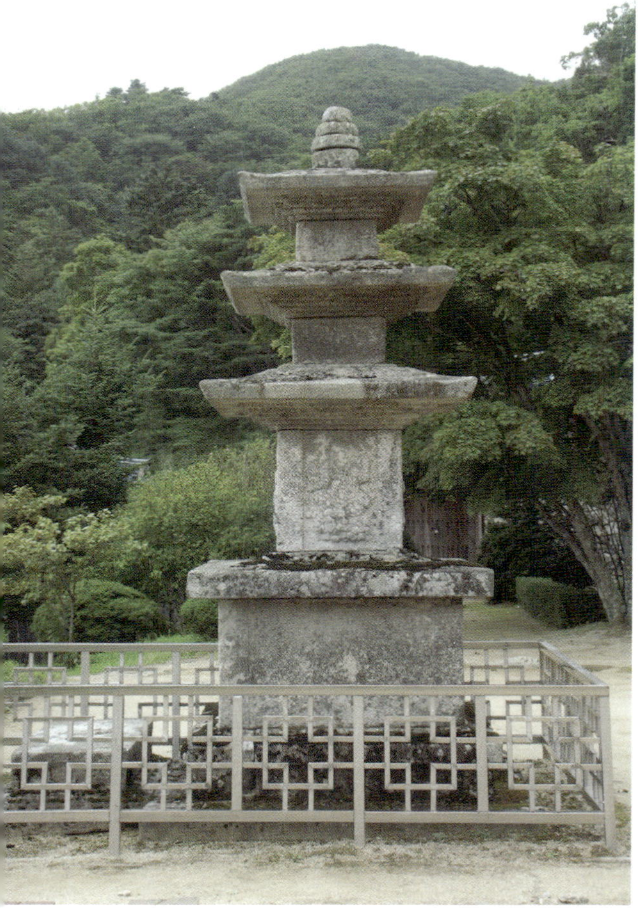

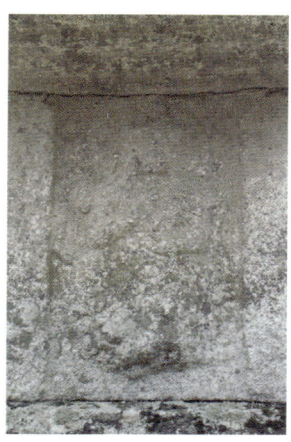

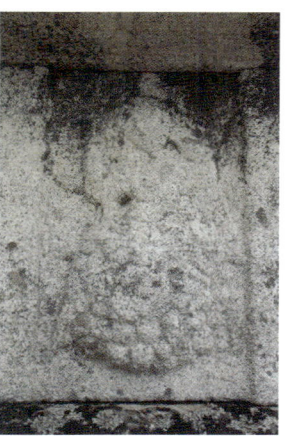

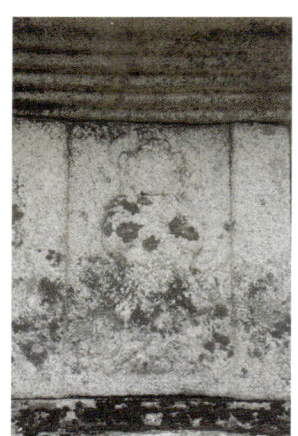

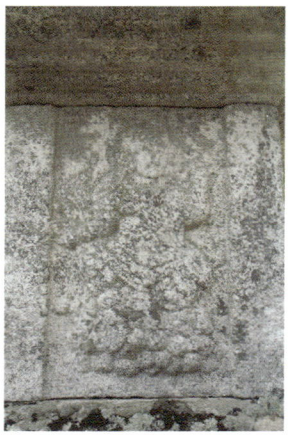

선산 낙산동 삼층석탑

善山洛山洞三層石塔

보물 제469호

소재지 **경북 구미시 해평면 낙산리 837-1**

이 탑은 이중 기단(基壇) 위에 3층 탑신(塔身)을 올린 모습이며, 기단부는 상층 기단에는 우주(隅柱)와 탱주(撑柱) 2개가 새겨져 있고, 하층 기단에도 우주(隅柱)와 탱주(撑柱) 3개 새겨져 있다.

탑신부(塔身部) 몸돌에는 우주(隅柱)가 새겨져 있지 않고, 1층 몸돌 남쪽에 감실(龕室)을 설치하고, 입구에는 문을 달았던 동그란 구멍이 남아 있어, 문을 여닫은 듯 보인다.

지붕돌은 여러 장의 돌로 구성하여 아래받침과 지붕 추녀, 윗면 층단을 표현하였고, 낙수 면은 모두 전탑(塼塔) 양식을 모방하고 있다.

층급받침은 1·2층은 5단, 3층은 4단이다. 반면 낙수 면의 층단은 1층 7단, 2층 6단, 3층 5단으로 줄어들었다. 상륜부(相輪部)는 노반(露盤)만 남아 있다. 이러한 양식

은 선산 죽장동 오층석탑(국보 제130호)에서도 볼 수 있
다. 기단부의 구조와 지붕돌 양식 수법으로 8세기 중엽
에 조성된 것으로 추정된다. 주변에서는 건물지가 조사
되었다.

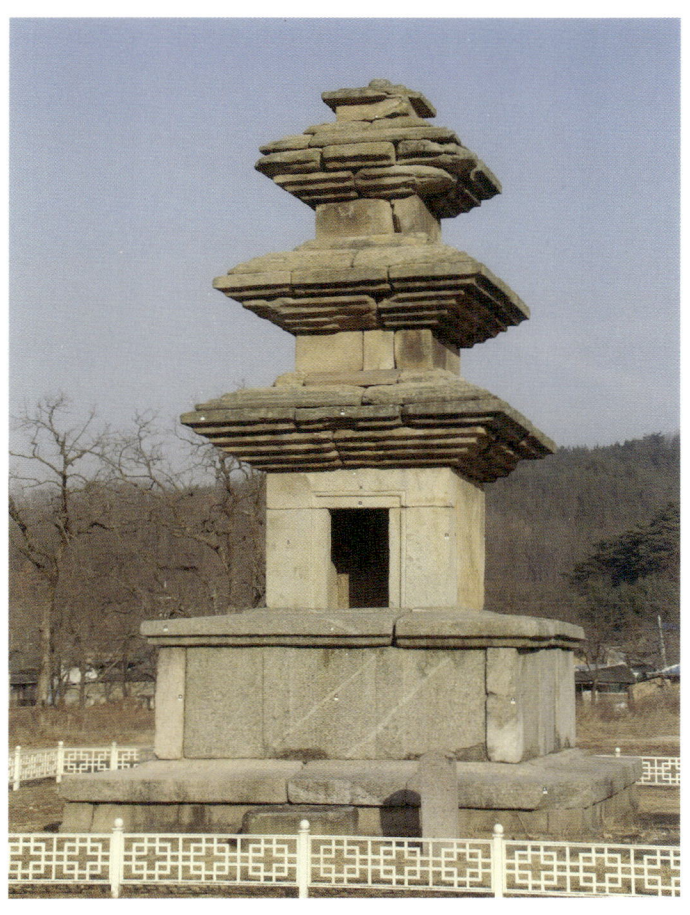

도리사 석탑

桃李寺石塔

보물 제470호

소재지 경북 구미시 해평면 송곡리 403 도리사

이 석탑은 전체적으로 5개 층을 이루고 있는데, 지대석은 10매의 장대석으로 짜였고, 기단부는 네 구석에 네모난 기둥을 세우고 그 사이 각 면에 장방형의 판석을 여러 장씩 세워서 면을 이루고 있는데, 모전석탑(模塼石塔)의 구조와 비슷해 보이기도 한다.

몸돌은 3층으로, 1층은 크기가 서로 다른 네모난 석재들을 삼단으로 쌓았고, 그 위의 지붕돌은 일반 석탑의 지붕돌 형태와 달리 층급받침이 없고 낙수 면도 없다. 상면에 2단의 층단만 마련되어 있다.

2층 몸돌은 각 면마다 2층으로 장방형 석재를 조립하였고 남면에는 중앙에 문비형(門扉形)을 조각한 판석을 세로로 끼우고 그 위에 장대석을 배치하고 석재로 메웠다. 상륜부(相輪部)는 노반(露盤)과 연꽃무늬가 새겨진 앙화(仰花)와 보주(寶珠)가 놓여 있다.

일반적인 탑들과는 매우 다른 특이한 형태로 고려시대 중엽에 만든 것으로 추정된다. 화엄석탑(華嚴石塔)이라 부르나 관련 근거는 없다.

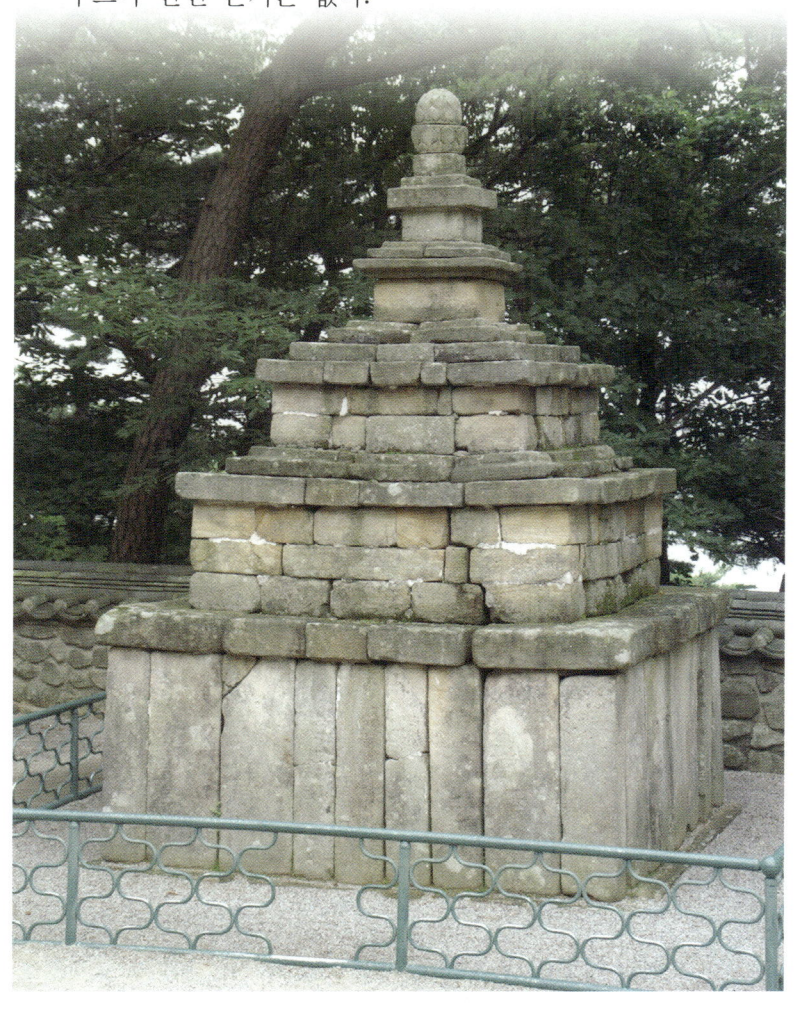

지보사 삼층석탑
持寶寺三層石塔

보물 제682호

소재지 경북 군위군 군위읍 상곡리 280

이 탑은 원래 극락사란 절에 있다가 동부동 절골로 옮겨 갔다가, 다시 이곳으로 옮겨 왔다고 한다.

이중 기단(基壇) 위에 3층 탑신(塔身)을 올린 모습으로 하층 기단 면석에는 탱주(撐柱) 하나를 세웠고, 면석에 사자상을 조각했다. 상층 기단 역시 탱주(撐柱) 하나와 각 면석에 팔부중상(八部衆像)을 새겼다.

기단의 윗면에는 연꽃무늬를 새긴 별도의 돌을 삽입하여 괴임을 하였다. 탑신부(塔身部)는 몸돌과 지붕돌이 각각 한 돌로, 몸돌은 높게 표현하였다. 각 층의 몸돌에는 우주(隅柱)가 새겨져 있으며, 1층 몸돌 4면에는 문비(門扉)가 조각되어 있다. 층급받침은 각 층 4단씩이며 몸돌을 받치기 위한 2단의 괴임이 있다. 상륜부(相輪部)에는 노반(露盤)과 복발(覆鉢)이 남아 있다. 조각수법으로 보아 통일신라 말에서 고려 초기의 석탑으로 추정된다.

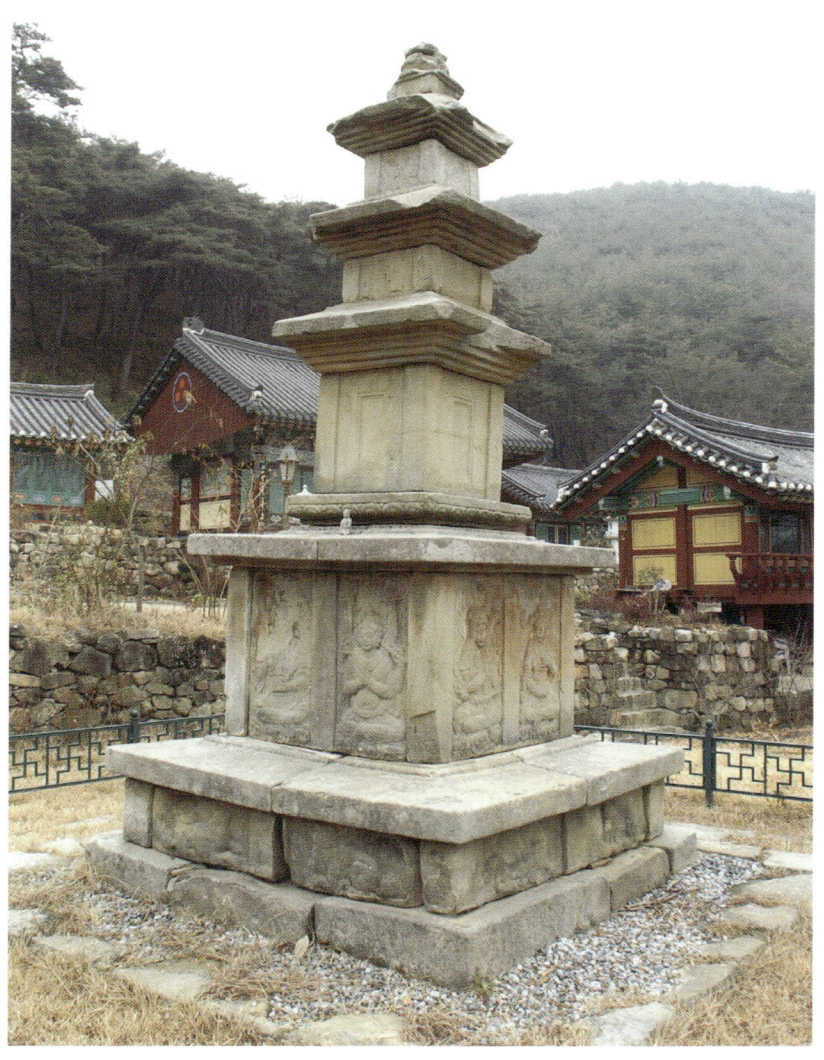

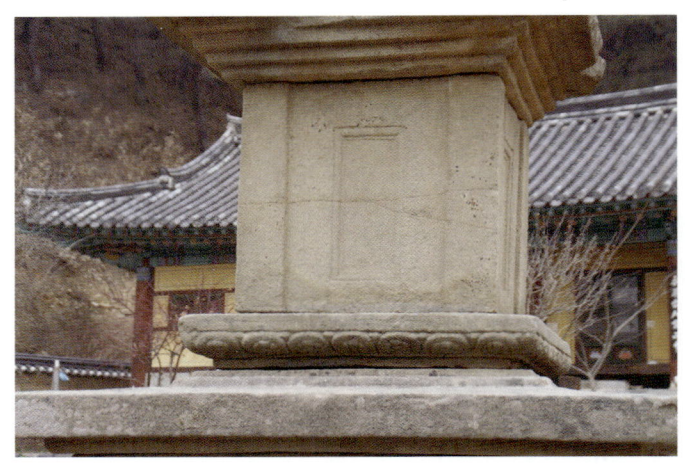

문비

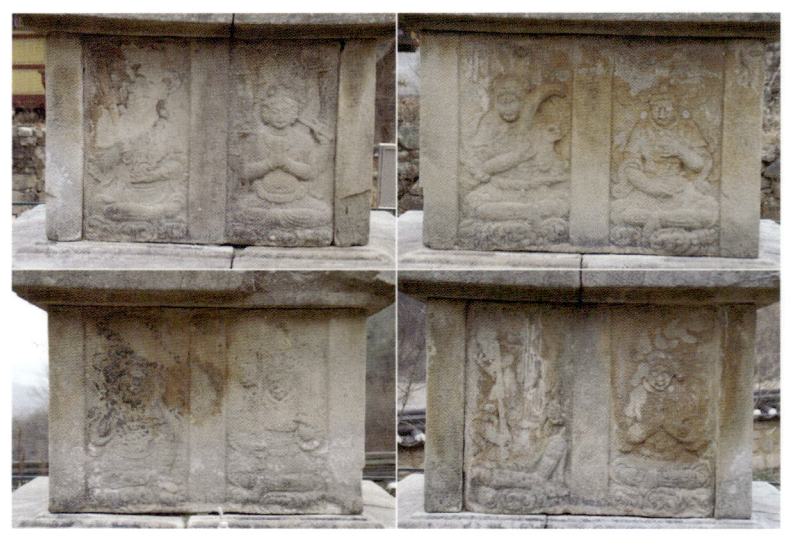

팔부중상

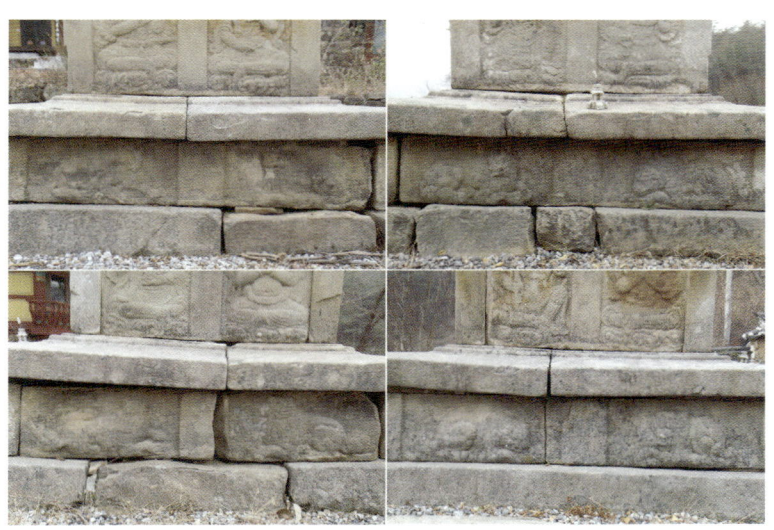

기단 사자상

상주 화달리 삼층석탑

尚州化達里三層石塔

보물 제117호

소재지 경북 상주시 사벌면 화달리 422

이 탑은 단층 기단(基壇) 위에 3층 탑신(塔身)을 올렸으며, 기단 갑석 위에는 머리가 없는 1구의 석조여래좌상이 1층 몸돌 앞에 있어, 이 주변이 절터로 보인다. 탑신부(塔身部)는 몸돌과 지붕돌은 각각 한 돌로 되어 있다. 몸돌에는 우주(隅柱)가 새겨져 있고, 지붕돌은 밑면 층급받침이 1·2층은 5단, 3층은 4단으로 줄어들었다. 전체적인 조각수법으로 보아 9세기 통일신라시대 석탑으로 추정된다. 2004년 7월 주변 정비 및 보수가 이루어졌다.

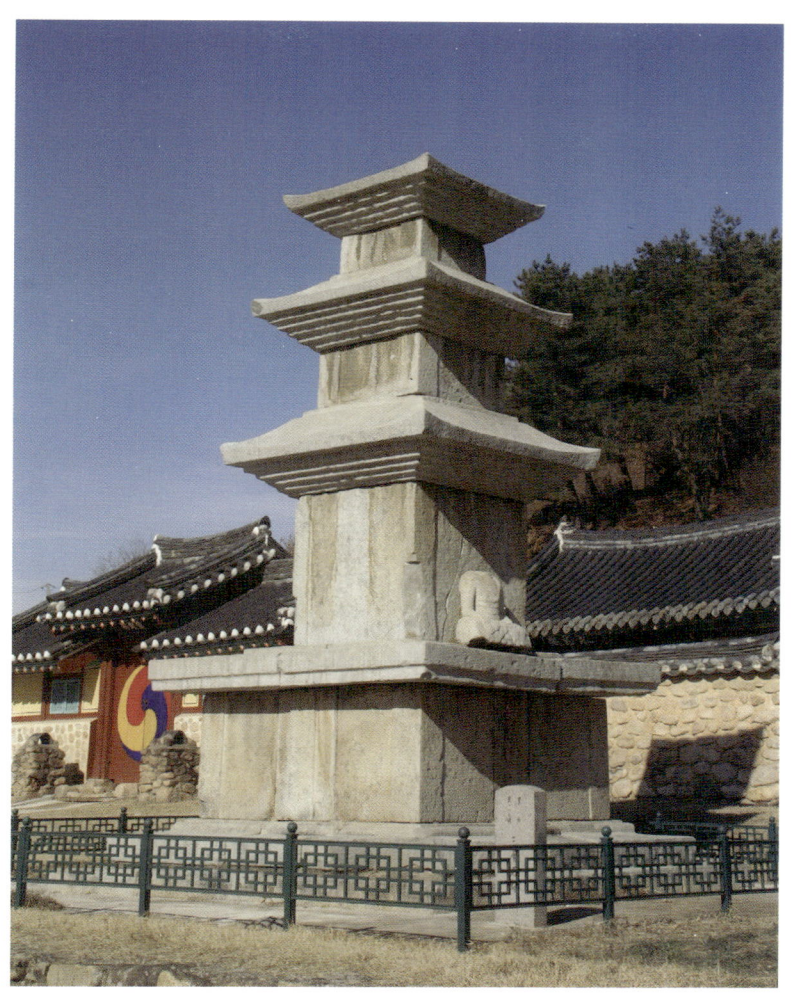

상주 상오리 칠층석탑
尚州上吾里七層石塔

보물 제683호

소재지 경북 상주시 화북면 상오리 699

이 석탑은 이중 기단(基壇) 위에 7층의 탑신(塔身)을 올렸다. 상·하층 기단은 여러 장의 판석으로 짜여 있다.

1층 몸돌 동쪽에 문비(門扉)가 새겨져 있고, 각 층 몸돌에는 양쪽에 우주(隅柱)가 조각되어 있다. 지붕돌은 아래 층급받침은 5단이나 6·7층은 4단으로 위층으로 올라가면서 줄어들었다.

상륜부(相輪部)에는 노반(露盤)만이 남아 있다. 기단의 구성과 각 부의 비례가 균형을 이루지 못한 점으로 보아 고려시대 작품으로 추정된다. 이곳은 장각사(長角寺)라 부른 절이 있었다고 전하나 확실한 기록은 없고 일제강점기에 일본 헌병이 허물어 버린 것을 1978년 원형대로 복원하였고 2005년 주변 정비와 해체 복원하였다.

탑 주변에는 기와 조각, 석등 파편들이 남아 있고, 탑 뒤쪽에도 주춧돌이 있어 주변이 절터로 보인다.

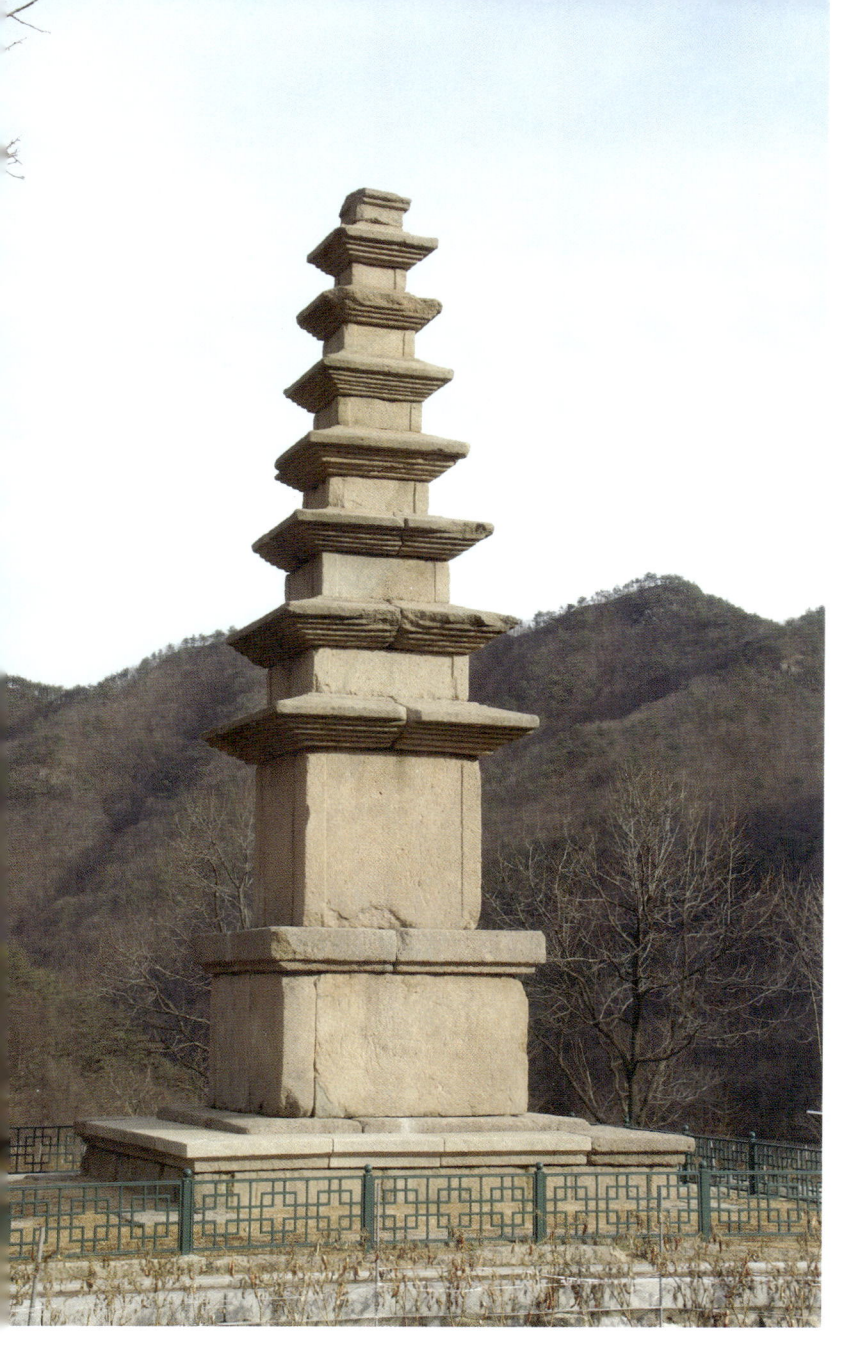

의성 관덕동 삼층석탑
義城觀德洞三層石塔

보물 제188호

소재지 경북 의성군 단촌면 관덕리 889

이 탑은 이중 기단(基壇) 위에 3층 탑신(塔身)을 올린 것으로, 하층 기단 4면에는 탱주(撑柱)를 하나씩 새기고, 여덟 군데 비천상(飛天像)을 조각하였다. 상층 기단에는 각 4면에 탱주(撑柱)을 새긴 후, 왼쪽에는 사천왕상(四天王像)을, 오른쪽에는 천부상(天部像)과 보살상(菩薩像)을 배치하였다. 사천왕상과 천부상을 같이 표현한 것은 보기 드문 예이다. 탑신부(塔身部)는 몸돌과 지붕돌이 각각 한 개의 돌로 이루어졌으며, 1층 몸돌에는 우주(隅柱)를 새기고, 4면에는 보살상(菩薩像)을 새겼다. 지붕돌은 밑면 층급받침이 1층과 2층은 4단, 3층은 3단으로 줄어 있으며, 처마는 수평을 이루다가 네 모퉁이에서 살짝 위로 들려 있다. 상륜부(相輪部)는 노반(露盤)만 놓여 있다.

원래 상층 기단 갑석 윗면의 네 귀퉁에는 암수 2마리씩 네 마리의 돌사자 있었으나 한 쌍은 1939년에 없어지

고 나머지 한 쌍 두 마리(보물 제202호)만 남아 현재 국
립대구박물관에 보관되어 있다. 2002년 보수되었으며,
2003년 4월 6일 도괴되어 다시 복원하였다.

　기단과 몸돌에 많은 부조상이
나타나는 것으로 보아
통일신라 9세기
후기 석탑으로
추정된다.

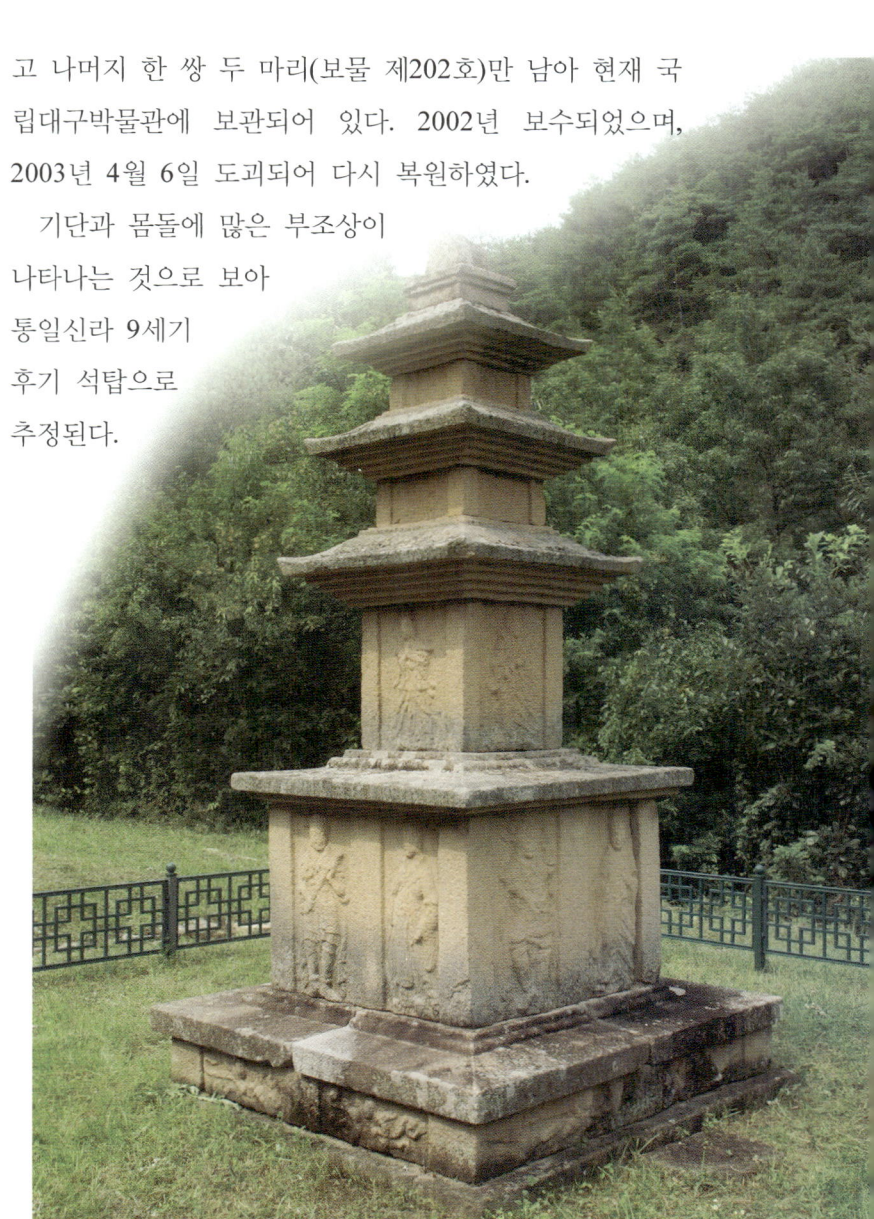

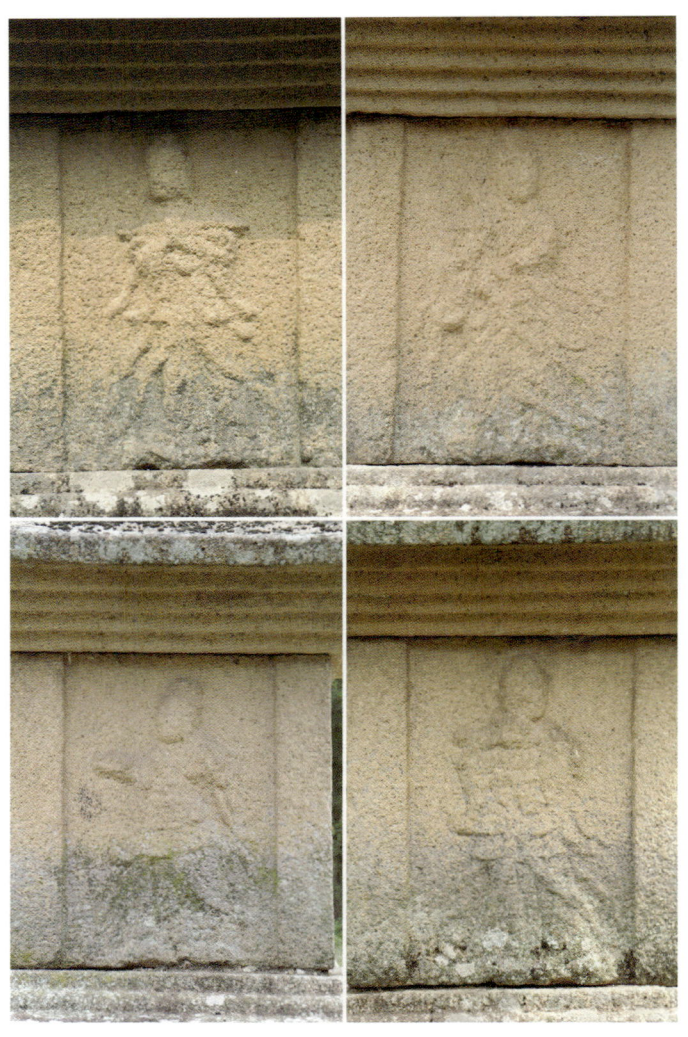

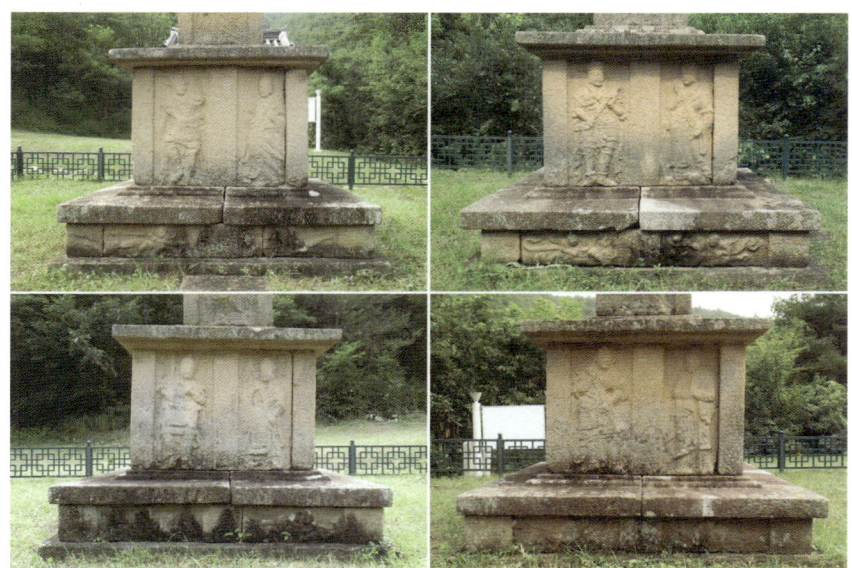

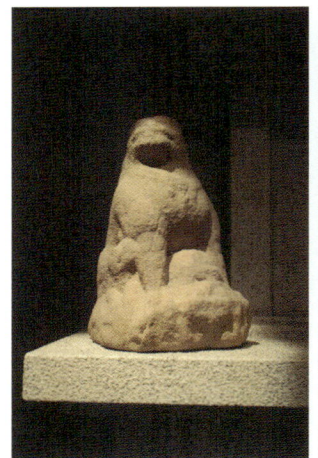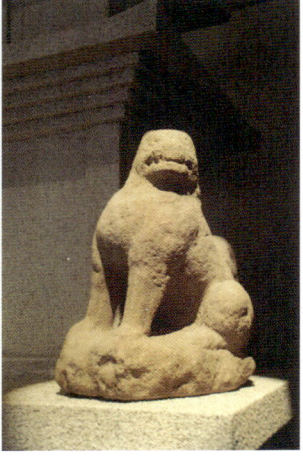

돌사자(국립대구박물관 소장)

의성 빙산사지 오층석탑
義城氷山寺址五層石塔

보물 제327호

소재지 경북 의성군 춘산면 빙계리 산70

이 탑은 단층기단 위에 쌓은 모전석탑(模塼石塔) 형식으로, 탑리 오층석탑(국보 제77호)을 모방한 것으로 보인다.

기단은 열다섯 장의 판석으로 되어 있고, 그 위로 탑신을 받치기 위해 높은 괴임을 얹었다. 기단 각면의 탱주는 1주(柱)이며 갑석은 8석으로 되어 있다. 탑신부(塔身部)는 여러 장의 석재로 1층 몸돌 네 모서리에 딴 돌로 우주(隅柱)를 새기고 정면에 감실(龕室)을 내었다.

2층부터는 몸돌 높이가 1층에 비해 절반 이상 줄었으며, 지붕돌은 밑면의 층급받침이 각 4단씩이다. 낙수 면의 경사진 위층 단면은 각 5단으로 이루어졌다. 상륜부(相輪部)는 노반(露盤)만 남아 있다.

1973년 해체·복원하였는데, 3층 지붕돌의 석함(石函) 속에서 금동사리장치가 발견되어 현재 국립중앙박물관에 소장되어 있다.

조성 시기는 통일신라 후기에서 고려 초기에 만든 것
으로 추정된다.

원래 이곳에는 통일신라시대에 세워진 빙산사(氷山寺)
라는 절이 있었다고 하며, 주변에는 석축과 주춧돌이 남
아 있다.

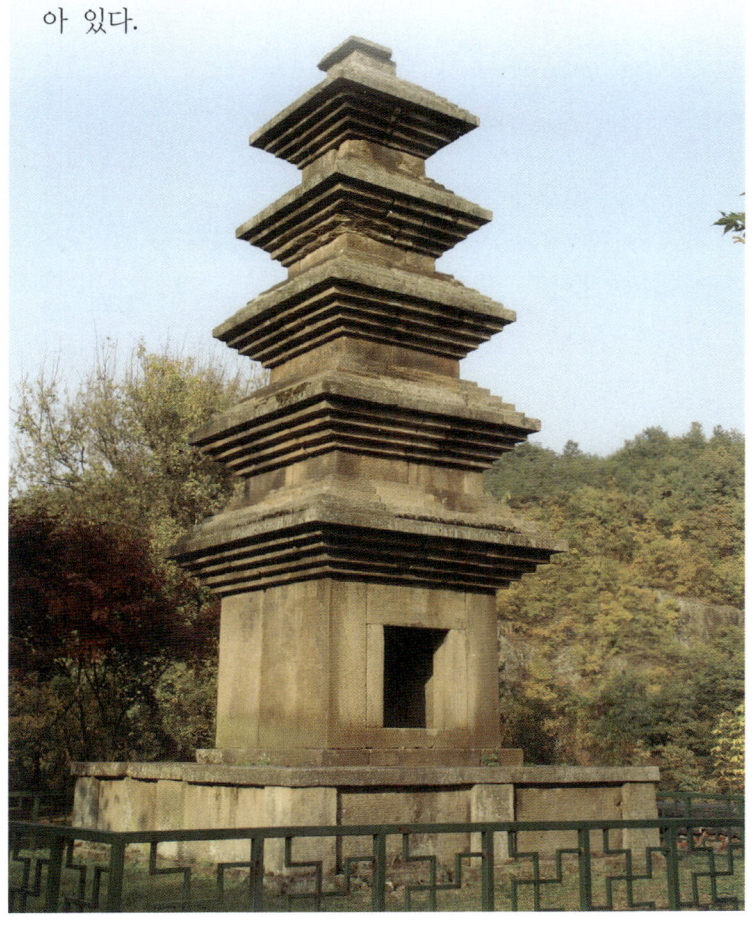

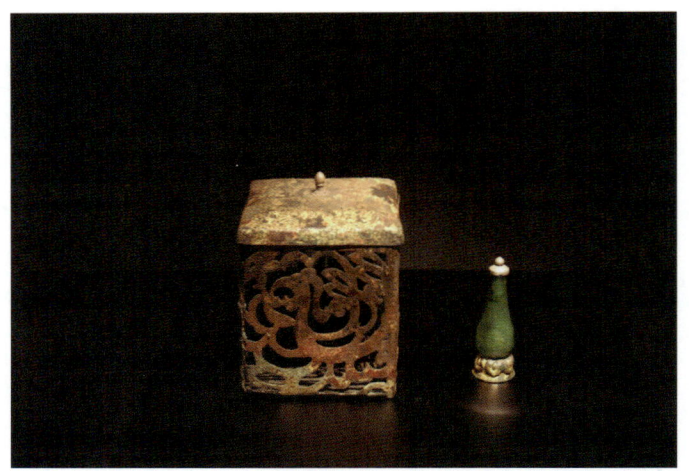

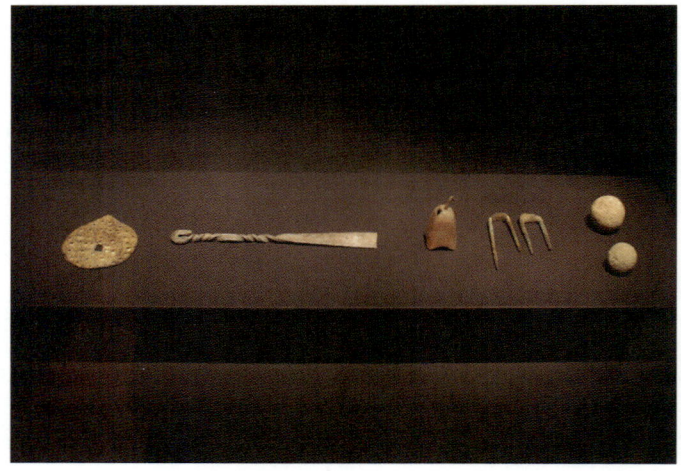

금동사리 장엄구와 유물(국립중앙박물관 소장)

안동 동부동 오층전탑

安東東部洞五層塼塔

보물 제56호

소재지 경북 안동시 운흥동 231

　이 탑은 안동역 옆에 있으며, 무늬 없는 벽돌로 5층을 쌓았다. 몸돌에는 작은 감실(龕室)을 설치했고, 2층 남쪽 면에는 2구의 인왕상(仁王像)을 새겨두었다. 지붕돌은 밑면 층급받침수가 1층부터 차례로 10단·8단·6단·4단·3단으로 줄어들었고, 처마 끝에는 4층까지 기와를 얹어놓았다. 5층 지붕돌은 없어졌으며 조선시대 보수되었다.

　상륜부(相輪部)는 금동제가 있었다고 하며, 현재 복발(覆鉢)만 남아 있고, 7층으로 된 탑으로 추정된다.

　이 탑은 통일신라시대 세운 것으로, 『동국여지승람』이나 『영가지(永嘉誌)』에 기록된 법림사(法林寺)의 전탑으로 추정된다.

　1962년 현재의 모습으로 복원하였고, 바로 근처에는 운흥동 당간지주(幢竿支柱, 경상북도 유형문화재 100호)가 있다.

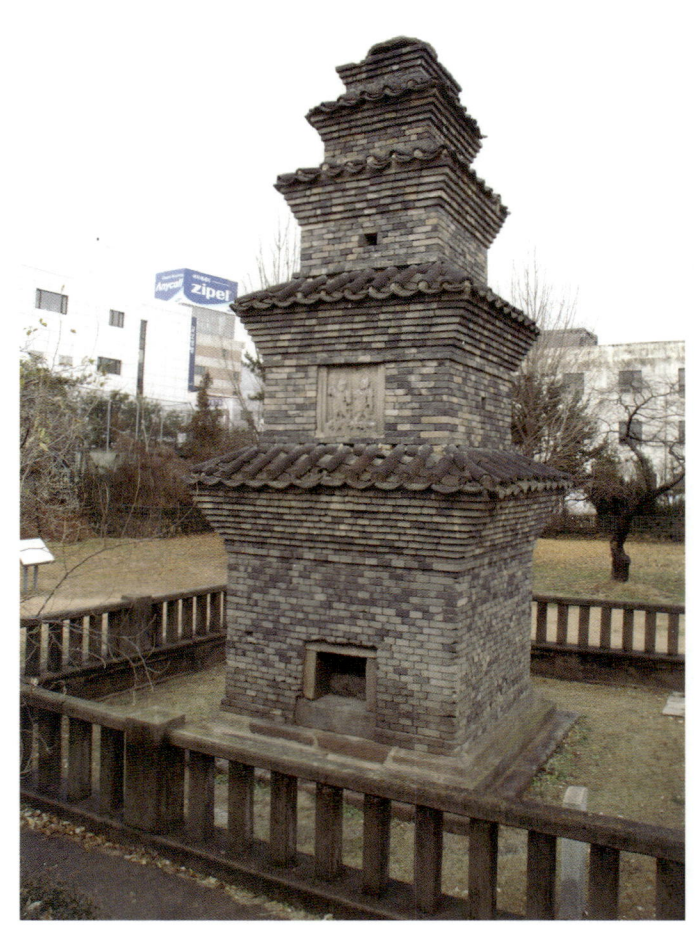

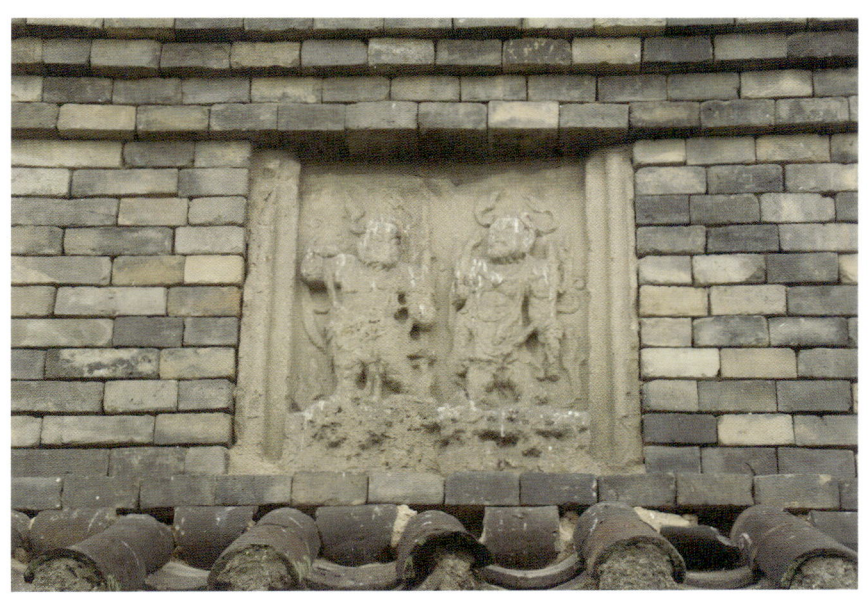

인왕상(仁王像)

안동 조탑동 오층전탑
安東造塔洞五層塼塔

보물 제57호

소재지 경북 안동시 일직면 조탑리 139

    이 탑은 흙을 다져 기단(基壇)을 쌓았고 그 위로 화강석으로 5단을 쌓아 1층 몸돌을 이루고 있다. 정면 남면에 네모난 감실(龕室)을 마련하고 그 좌우에 인왕상(仁王像)을 새겼다.

    1층 지붕돌부터는 벽돌로 쌓은 전탑 형식으로 당초문, 연주문 등 문양이 있는 벽돌이 남아 있으나 일부는 뒤바뀌어 있는 경우도 있다. 복원 과정에서 잘못된 것으로 보인다.

    지붕돌 층급받침은 1층부터 9단·8단·7단·6단·3단이며, 낙수 면(落水面)의 층단수는 1층부터 7단·5단·4단·3단이고, 안동 지역에 있는 다른 전탑에서 보이는 기와를 입혔던 흔적은 찾을 수 없다.

    4층 탑신에 비하여 5층 탑신의 높이가 높아진 것과 사용된 벽돌도 서로 달라서 1917년 수리 이후 후대에 수리하면서 당시의 원형이 일부 변형된 것으로 보인다. 상륜부(相輪部)는 없어졌다.

통일신라 8세기 말에서 9세기 초에 건립된 것으로 추정되며, 최근 주변 발굴조사를 통하여 탑 주변에 사지(寺址)가 확인되었고, 이 탑은 옮겨 세운 것임이 밝혀졌다. 2005년 주변을 정비하였다.

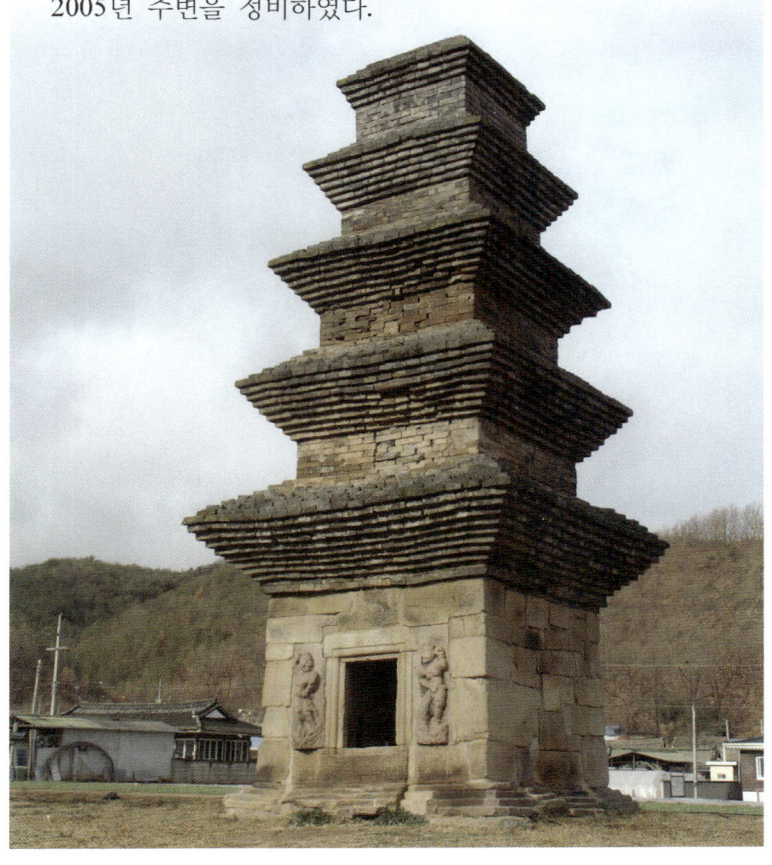

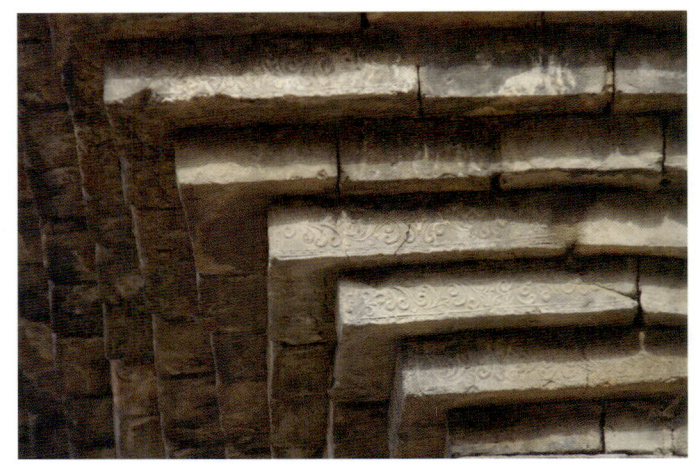

전돌에 새겨진 문양

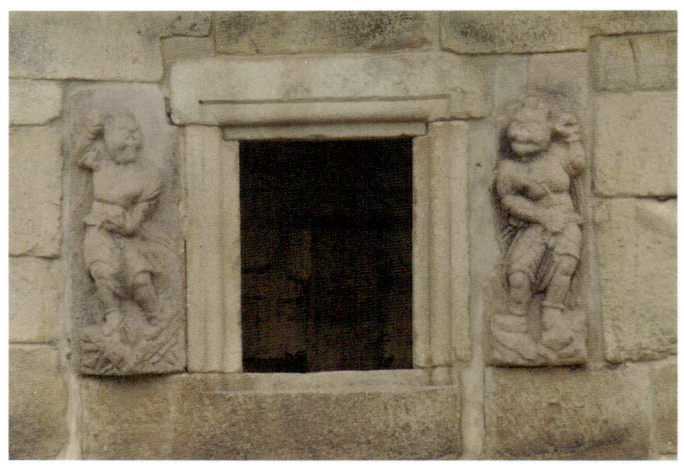

인왕상(仁王像)

안동 옥동 삼층석탑

安東玉洞三層石塔

보물 제114호

소재지 경북 안동시 평화동 71-108

　이 탑은 이중 기단(基壇)을 갖춘 석탑으로 하층 기단은 지대석·중석·갑석을 모두 별석(別石)으로 하여 각각 여러 개의 돌로 짜여 있다. 중석에는 우주(隅柱)가 있고 각 면을 탱주(撑柱) 2주로 나눈 다음 안상(眼象)을 조각하였다.

　상층 기단 중석도 여러 장의 판석(板石)으로 구성되어, 각 면에는 우주(隅柱)와 탱주 2주(柱)가 새겨져 있다. 갑석 상면 중앙에는 2단의 몸돌 괴임이 있다. 탑신부(塔身部)는 몸돌과 지붕돌이 각각 한 개의 돌로 되어 있다. 몸돌은 기단이나 지붕돌에 비하여 비례적으로 작고 각 면에는 우주(隅柱)가 새겨져 있고, 1층 몸돌 남쪽 중앙에는 문비(門扉)가 얕게 새겨져 있다. 1층과 2층은 층급받침이 5단, 3층은 4단이며, 처마 밑은 직선이고, 풍탁(風鐸)을 달았던 흔적이 남아 있다.

상륜부(相輪部)는 노반(露盤)과 복발(覆鉢)이 남아 있다. 조각수법으로 보아 9세기 통일신라 석탑으로 추정된다. ≪영가지(永嘉誌)≫ 기록에서 보이는 부천사(富泉寺)의 3층 석탑으로 추정되며, 일제강점기에 철도관사를 지으면서 원래의 위치에서 50m 정도 떨어진 이곳으로 옮겼다고 한다. 주변에는 목 없는 통일신라시대 석불좌상이 남아 있다.

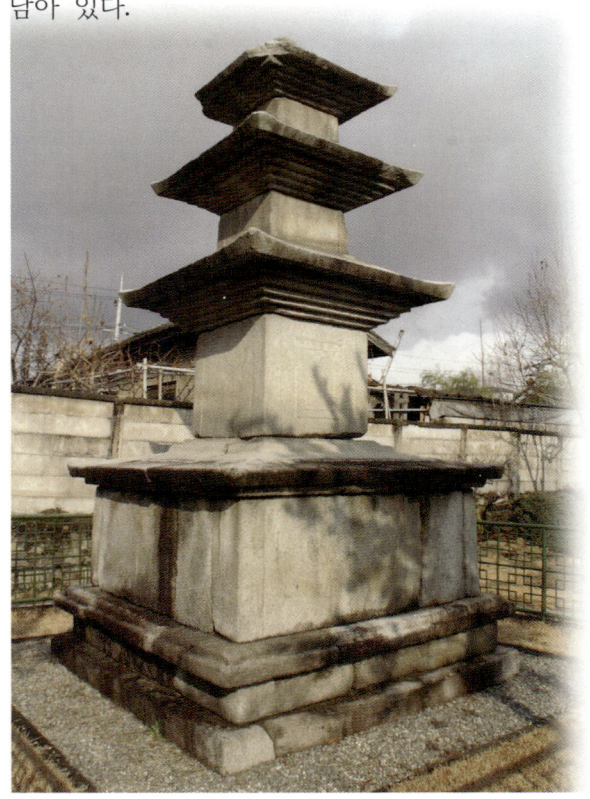

문경 내화리 삼층석탑

聞慶内化里三層石塔

보물 제51호

소재지 경북 문경시 산북면 내화리 48

이 탑은 단층 기단(基壇) 위에 3층 탑신(塔身)을 세우고 있다. 지대석은 크기가 같지 않은 4매의 석재로 구성하였다. 기단은 남북 면에만 우주(隅柱)와 탱주(撑柱)를 새겨두었다. 동서 양면에는 탱주(撑柱)만이 있는 면석(面石)을 그 사이에 끼워 놓았다. 탑신부(塔身部)는 몸돌과 지붕돌이 각각 한 돌로 구성하였으며, 몸돌은 네 모서리마다 우주(隅柱)가 새겨져 있다. 지붕돌은 네 모퉁이에서 약간 치켜 올라가 있고, 밑면에는 4단의 층급받침을 두었다.

상륜부(相輪部)는 노반(露盤)이 남아 있다. 조각수법으로 보아 통일신라 9세기 후기의 것으로 추정된다. 탑은 각 부분이 흩어져 있었는데, 특히 3층 몸돌은 인근에 신축한 제실(祭室) 주춧돌로 사용되던 것을 1960년 9월 전부 수습하여 복원하였고 복원할 때 1층 몸돌에서 한 변이 22㎝, 깊이 13㎝의 방형사리공(舍利孔)이 확인되었다.

이곳에는 원래 신라시대에 창건된 화장사(華藏寺)라는 절이 있었는데, 약 100년 전에 모두 불탔으며, 불상 등은 인근의 대승사(大乘寺)로 옮겨 갔다고 한다.

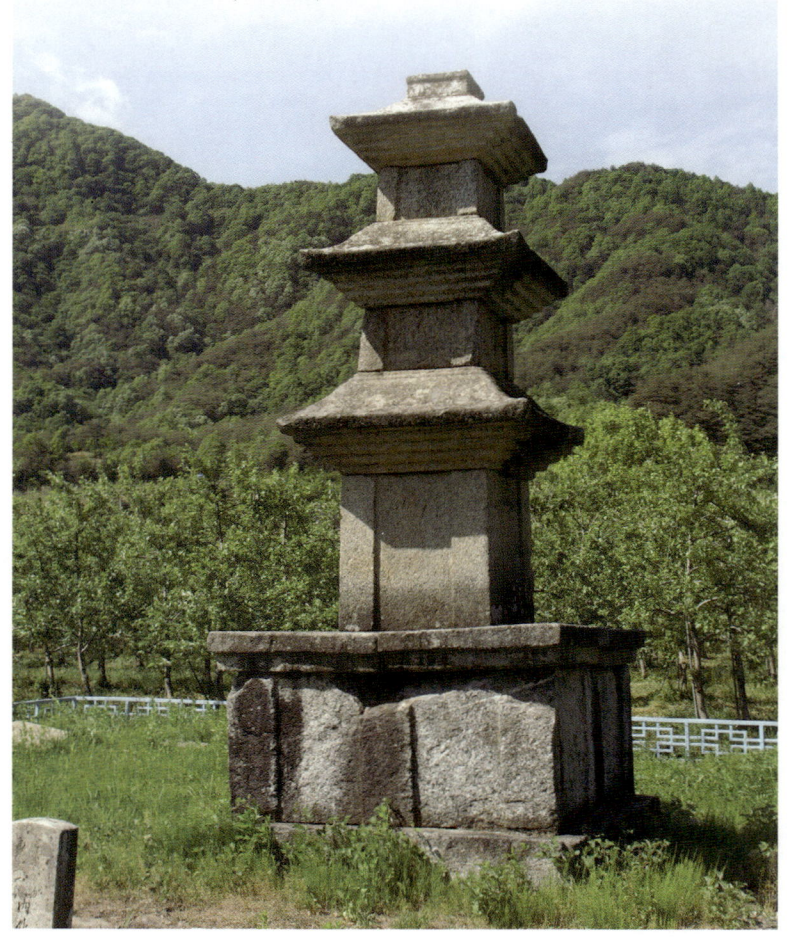

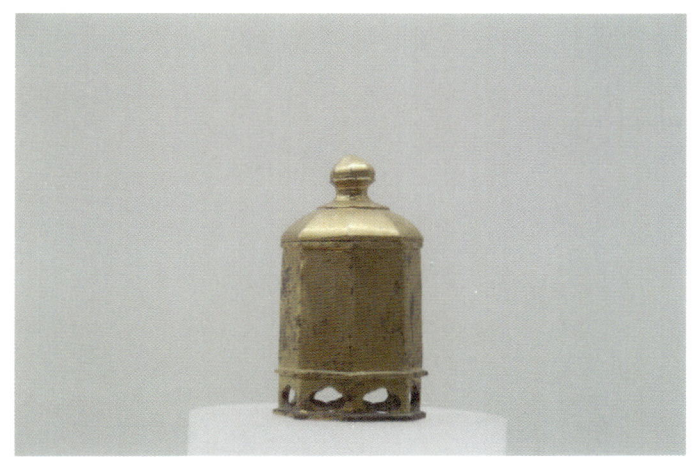

금동 팔각형 사리기(국립대구박물관 소장)

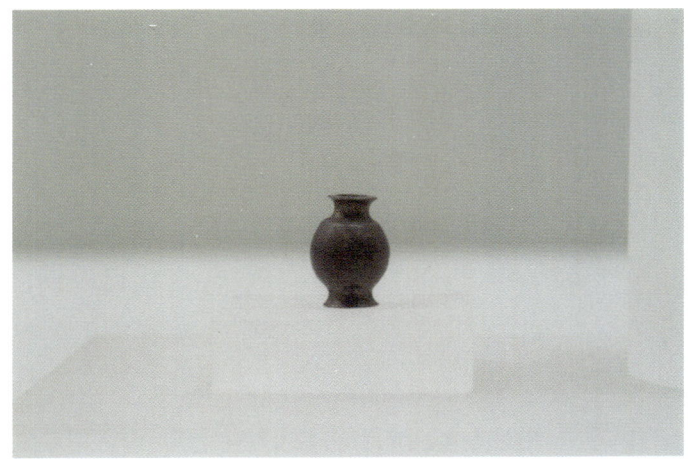

은제 사리호(국립대구박물관 소장)

봉암사 삼층석탑

鳳巖寺三層石塔

보물 제169호

소재지 경북 문경시 가은읍 원북리 485

이 탑은 봉암사 경내 금색전(金色殿) 앞에 있으며, 단층 기단(基壇) 위에 3층의 탑신부(塔身部)와 상륜부(相輪部)로 구성되어 있다.

기단부에는 넓은 방형의 지대석을 깔았고 탑신부는 몸돌과 지붕돌이 각각 한 돌이며 몸돌에는 층마다 우주(隅柱)를 새겼다. 지붕돌은 층급받침이 각 층 모두 5단이다. 처마 밑은 직선으로 되었고 낙수 면(落水面)은 전각(轉角)에 이르러 반전(反轉)을 나타내고 있다.

상륜부는 네모난 노반(露盤)을 놓고 복발(覆鉢)을 놓았다. 복발 위의 앙화(仰花)와 그 위에 다섯 겹의 보륜(寶輪)과 팔각의 보개(寶蓋), 수연(水煙)과 용차(龍車), 보주(寶珠)를 철간(鐵竿)에 차례로 배치하여 원형을 유지하고 있어 모두 남아 있다. 조각 수법으로 보아 9세기 후기 통일신라시대 세워진 것으로 추정된다.

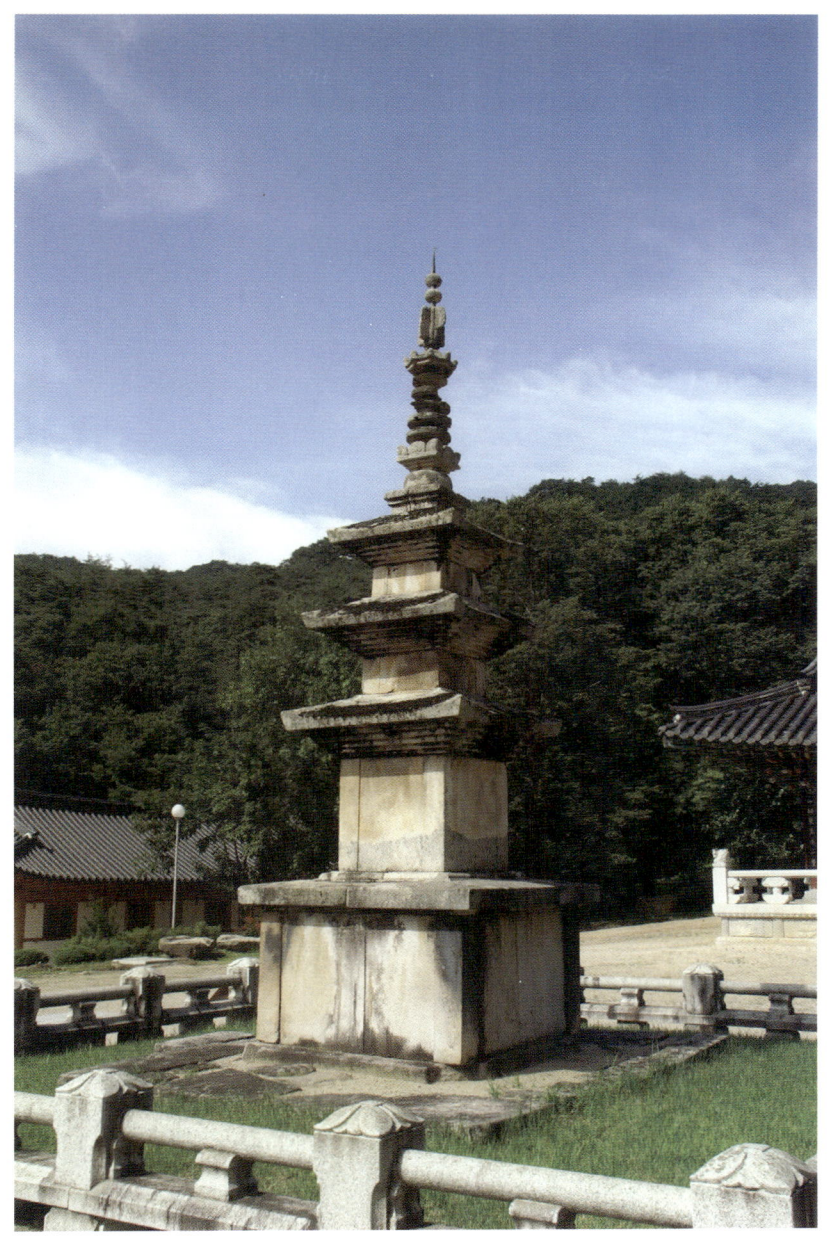

개심사지 오층석탑
開心寺址五層石塔

보물 제53호

소재지 경북 예천군 예천읍 남본리 200

이 탑은 이중 기단(基壇) 위에 5층의 탑신(塔身)을 세
웠다. 하층 기단은 4면마다 둥근 테두리 선을 새기고 그
안에 십이지신상(十二支神像)을 조각하였다. 상층 기단
은 4면의 가운데에 탱주(撐柱)를 새긴 다음 팔부중상(八
部衆像)을 새겨 놓았다. 상층 기단 갑석(甲石) 밑에는 통
화(統和) 27(二十七) 경술년(庚戌年)이라는 석탑기가 있
어 이 탑이 고려 현종(顯宗) 2년(1011)에 건립된 것을
알 수 있다. 기단 갑석은 한 장의 판석(板石)으로 덮고
그 위에 연화문(蓮華文)이 조각된 탑신 괴임돌을 끼워
놓았다. 탑신부(塔身部)는 몸돌과 지붕돌이 한 돌로 되어
있다. 몸돌에는 우주(隅柱)가 새겨져 있고, 1층 몸돌 남
면에는 문비(門扉)를 조각하고, 그 좌우에 인왕상(仁王
像)을 새겨 두었다. 지붕돌은 밑면에 모두 4단씩의 층급
받침을 두었고, 네 모퉁이에서 살짝 들려 있다.

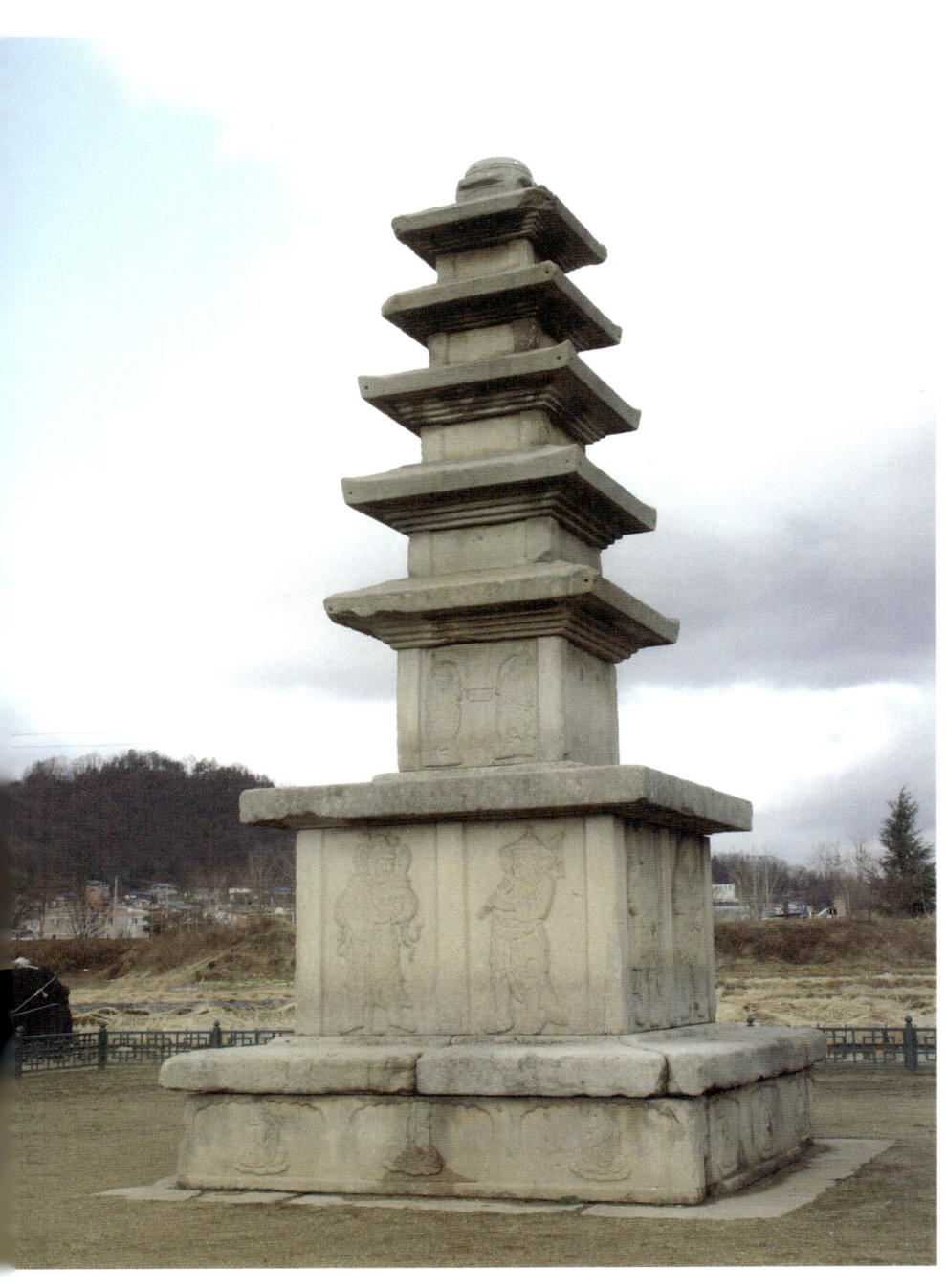

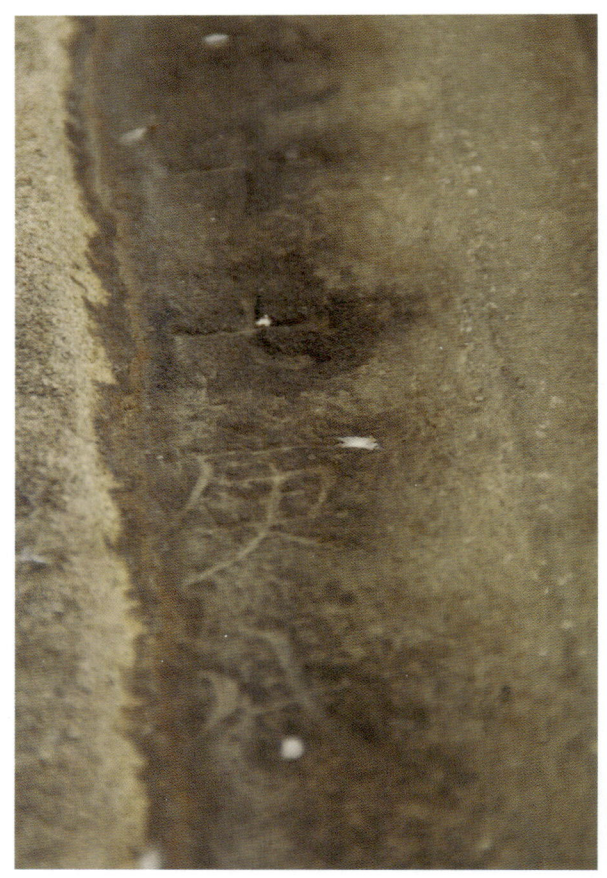

갑석(甲石) 밑에 있는 석탑기

140여자의 글씨가 있는데 판독결과에 따르면 고려 현종 원년(1010) 2월 1일 돌을 깎기 시작해서 다음해인 신해년(辛亥年) 4월 초파일에 완성되었다고 한다.

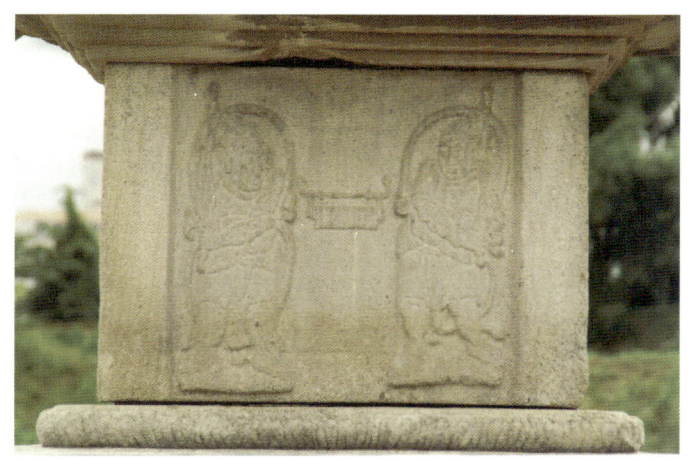

인왕상(仁王像)

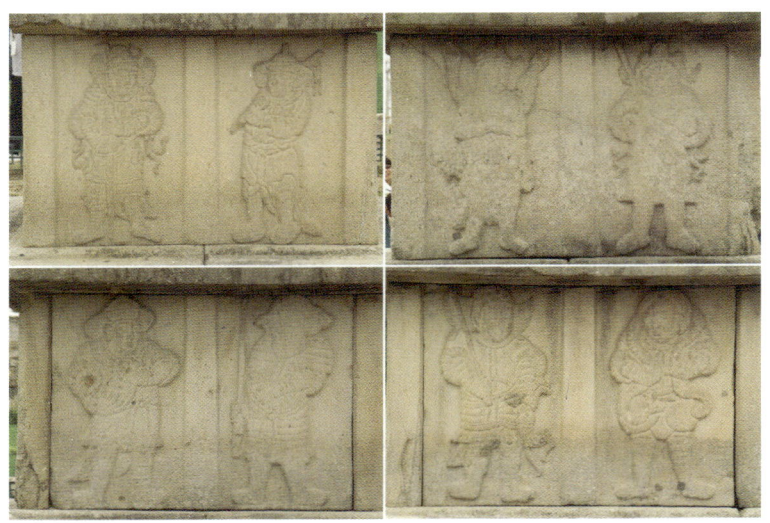

팔부중상(八部衆像)

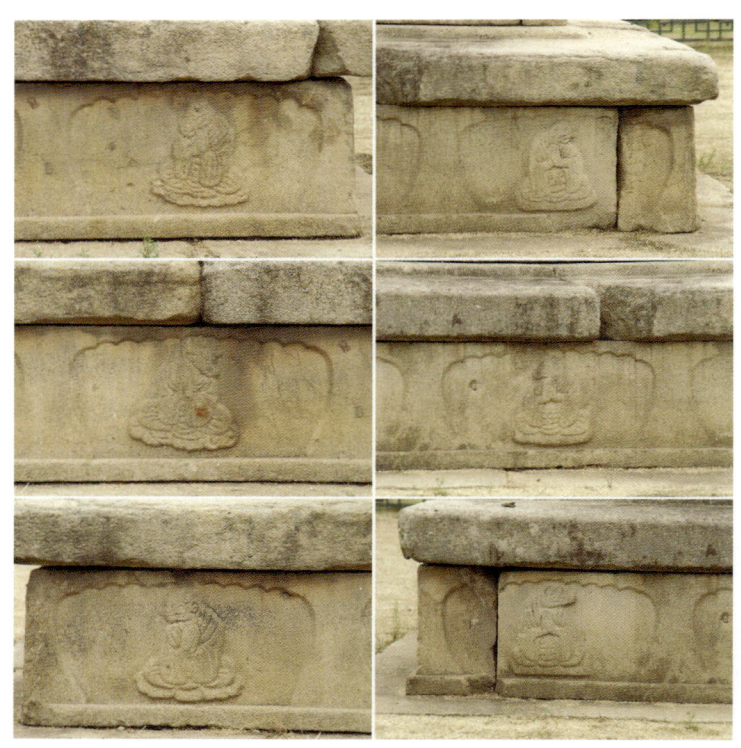

십이지신상(十二支神像)

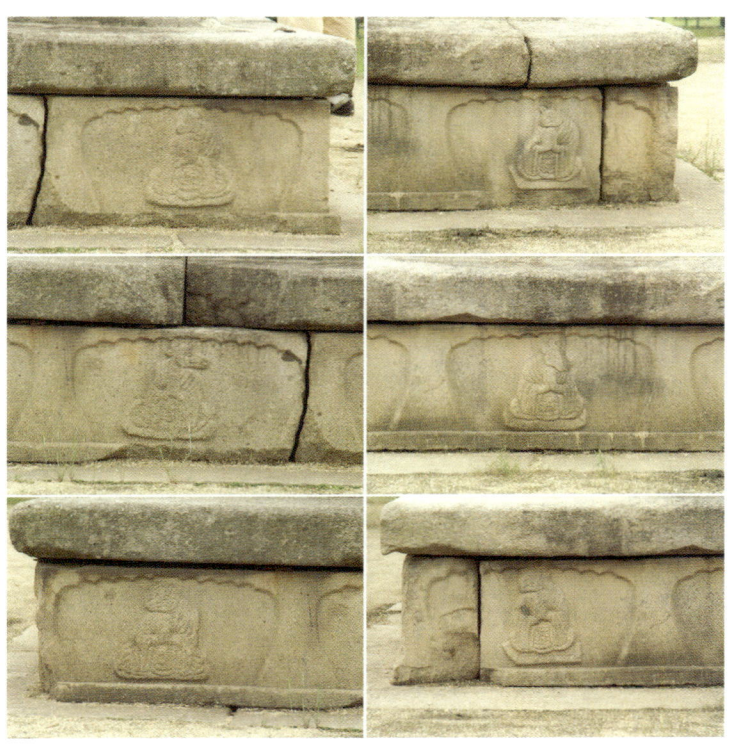

십이지신상(十二支神像)

예천 동본동 삼층석탑

醴泉東本洞三層石塔

보물 제426호

소재지 경북 예천군 예천읍 동본리 466-2

이 탑은 이중 기단(基壇) 위에 3층 탑신을 올린 형태이다. 하층 기단에는 탱주(撐柱)와 우주(隅柱)가 조각되어 있다. 상층 기단은 네 장의 판석으로 조립하여 그 사이에 사천왕상(四天王像)을 조각해 놓았다. 탑신부(塔身部)는 몸돌과 지붕돌을 각각 하나의 돌로 구성하고, 각층 몸돌의 네 모서리마다 우주(隅柱)를 새겼다. 지붕돌은 밑면의 층급받침 수가 1·2층은 5단, 3층은 4단이다. 지붕돌 추녀의 밑은 반듯하며 수평을 이루고 있으며, 낙수면은 경사가 완만하다.

상륜부(相輪部)는 노반(露盤)과 복발(覆鉢)이 한 돌로 되어 남아 있는데, 후대에 보충한 것이다. 각 부분의 조각수법으로 보아 통일신라 9세기 후기에 건립된 탑으로 추정된다. 바로 옆에는 보물 제427호 석조여래입상이 있다. 최근 연구 결과 삼층석탑과 여래입상은 이동된 것으

로 보고 있으며, 사찰건물은 현재의 위치보다 북쪽에 위
치했을 가능성이 높다고 한다. 주민들의 증언에 의하면,
인근에 당간지주도 있었다고 하나 확실하지 않다. 2004
년 8월 보수·정비되었다.

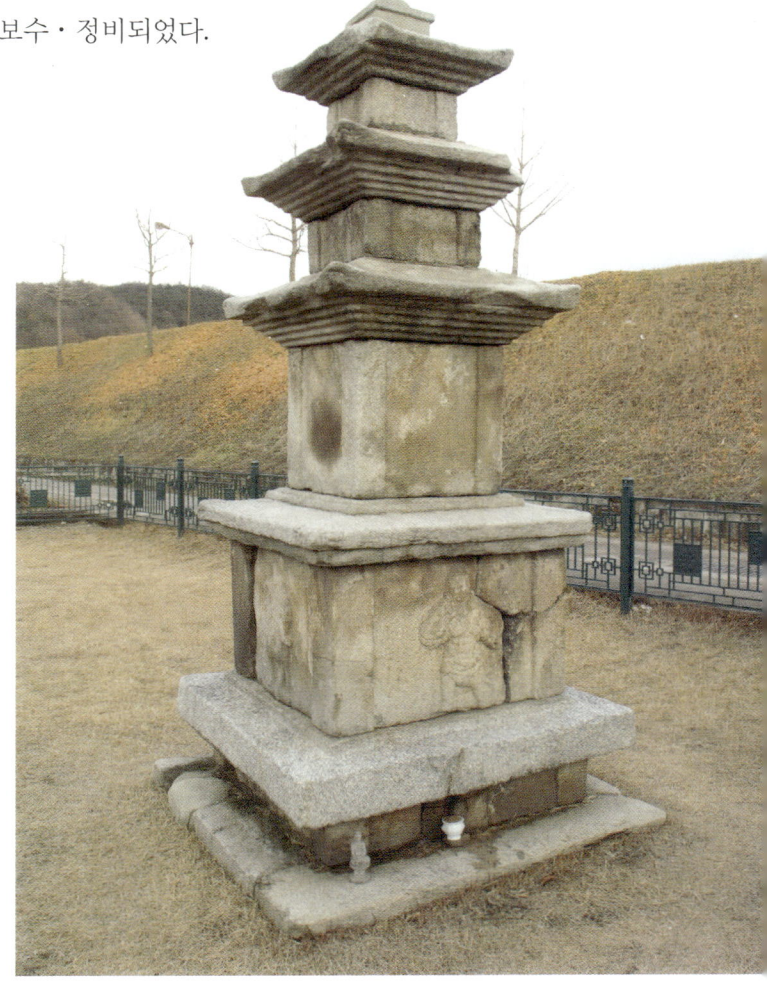

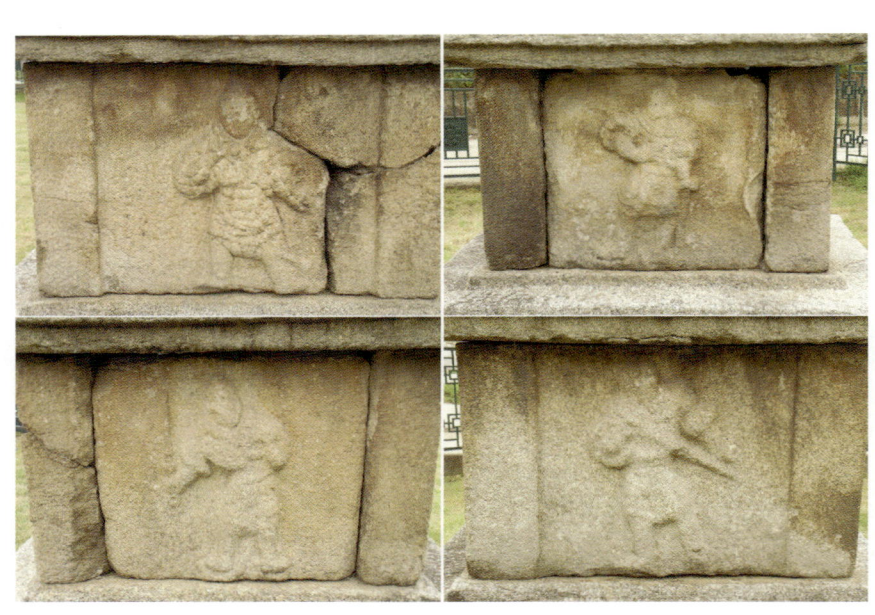

사천왕상(四天王像)

부석사 삼층석탑
浮石寺三層石塔

보물 제249호

소재지 경북 영주시 부석면 북지리 149

 부석사 무량수전 동쪽에 세워져 있으며, 일반적인 탑의 배치에서 벗어난 것이다. 이중 기단(基壇) 위에 3층의 탑신(塔身)을 올렸다.

 하층 기단은 탱주(撑柱) 2개씩 조각하였고, 상층 기단에는 탱주(撑柱) 하나를 두었다. 탑신부(塔身部)는 몸돌과 지붕돌이 각각 하나의 돌로 되어 있고, 몸돌은 모서리마다 우주(隅柱)를 조각하였다. 지붕돌은 밑면의 층급받침이 5단이다. 1960년 해체 복원할 때 철제 탑, 불상의 파편, 구슬 등이 발견되었고, 일부 파손된 부분은 새로운 부재로 보충하였다. 통일신라시대 9세기 후기의 작품으로 추정된다. 부석사에는 이 탑 말고도 약 200m 떨어져 있는 절터에서 옮겨다 세운 2기의 통일신라 삼층석탑(경상북도 유형문화재 제130호)이 있다.

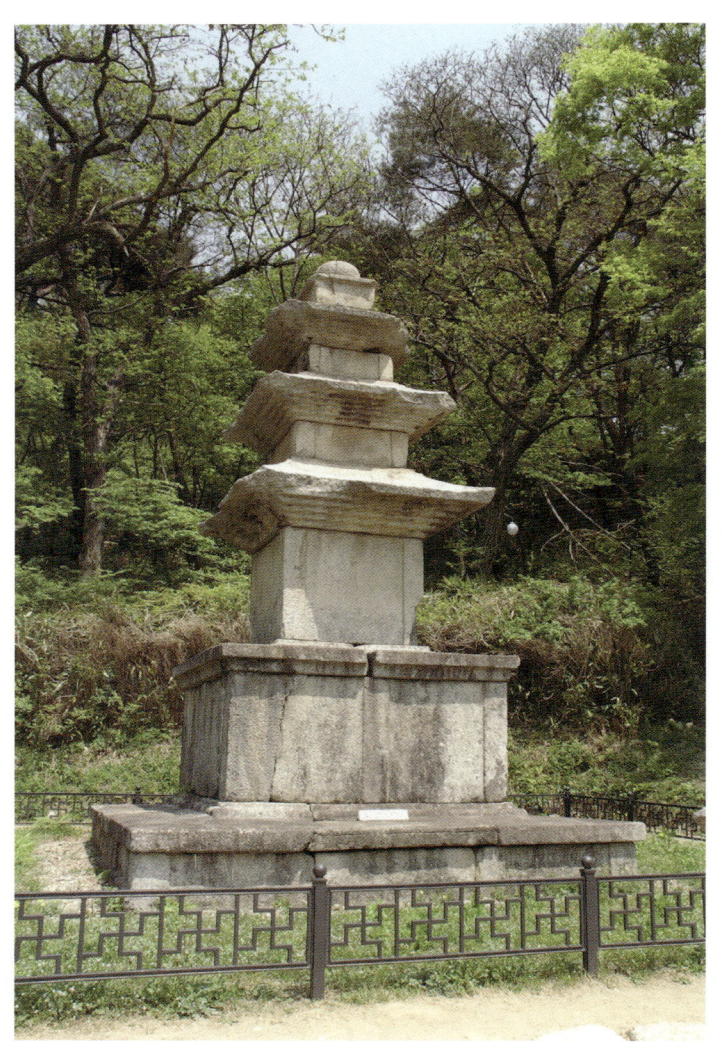

화천동 삼층석탑

化川洞三層石塔

보물 제609호

소재지 경북 영양군 영양읍 화천리 835

이 탑은 이중 기단(基壇) 위에 3층의 탑신(塔身)을 세운 모습이다. 하층 기단에는 각각 무기를 들고 앉아 있는 십이지신상(十二支神像)을 한 면에 3구씩 도드라지게 새겨 놓았다. 상층 기단은 탱주(撑柱)와 우주(隅柱)를 조각해 두었으며, 여덟 곳에 팔부중상(八部衆像)을 새겨 놓았다. 탑신부(塔身部)는 몸돌과 지붕돌이 각각 한 돌로 조성하였고, 몸돌은 모서리마다 우주(隅柱)를 새겼다. 1층 몸돌에는 4면에 사천왕상(四天王像) 조각했다. 지붕돌은 밑면의 층급받침이 각 4단씩으로 얇고, 평평하며 처마 밑은 수평을 이루고 있다. 상륜부(相輪部)는 없어졌다. 1974년 보수하여 현재에 이르고 있다. 석탑 표면에 많은 조각들이 있는 장식적인 석탑으로, 통일신라 9세기 후기에 건립된 것으로 추정된다.

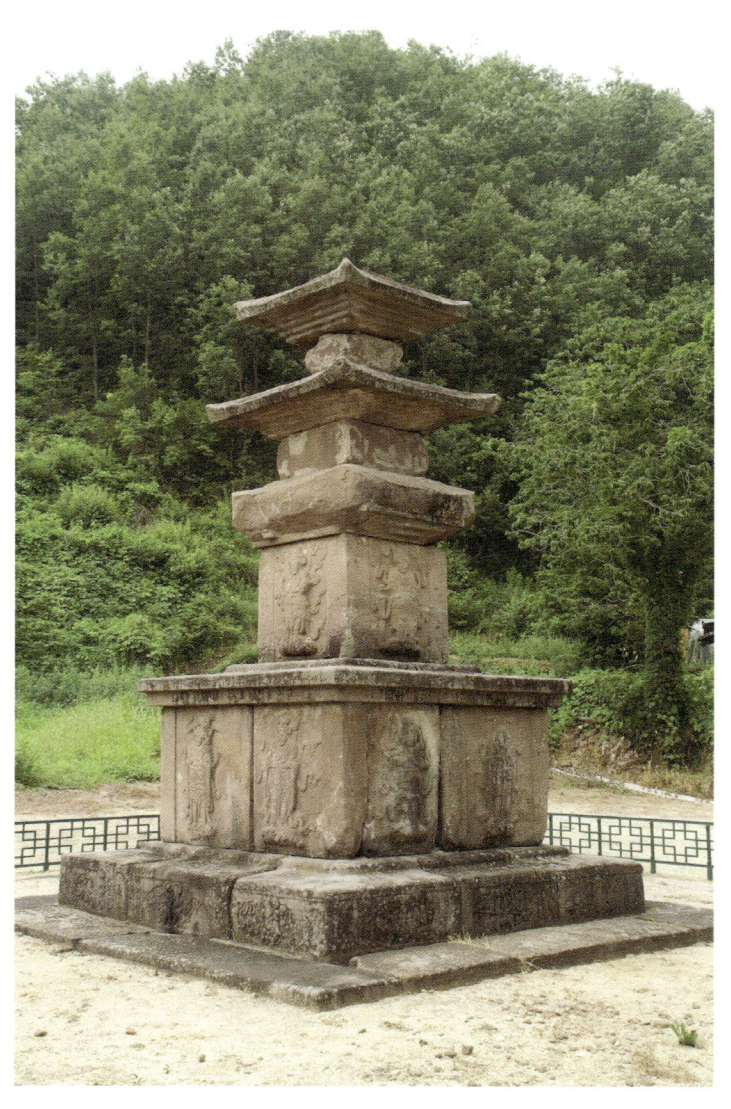

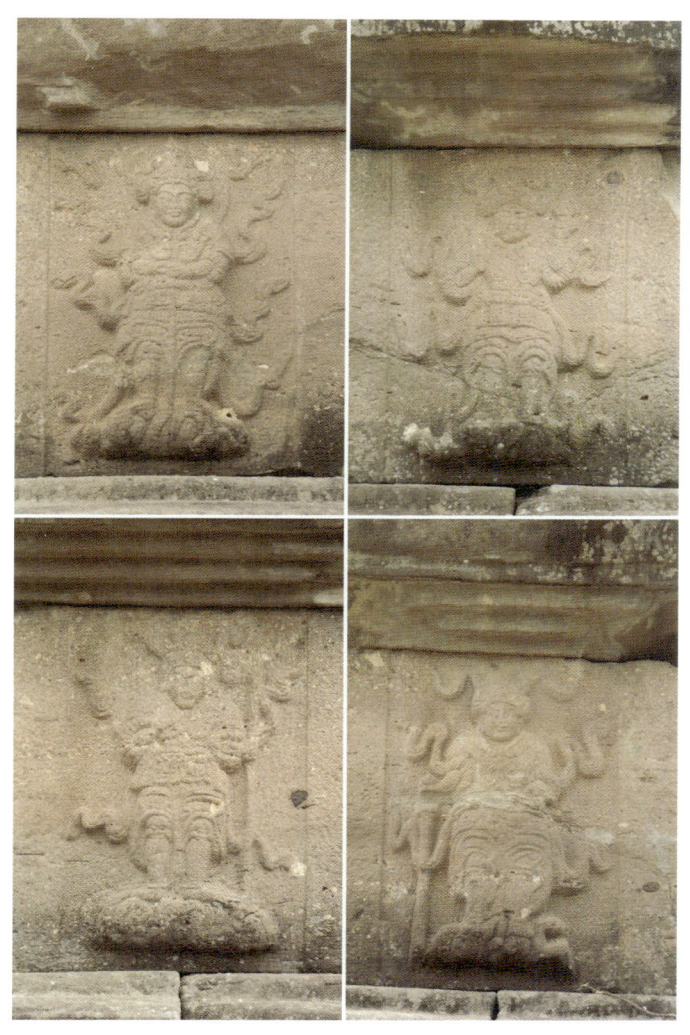

사천왕상(四天王像)

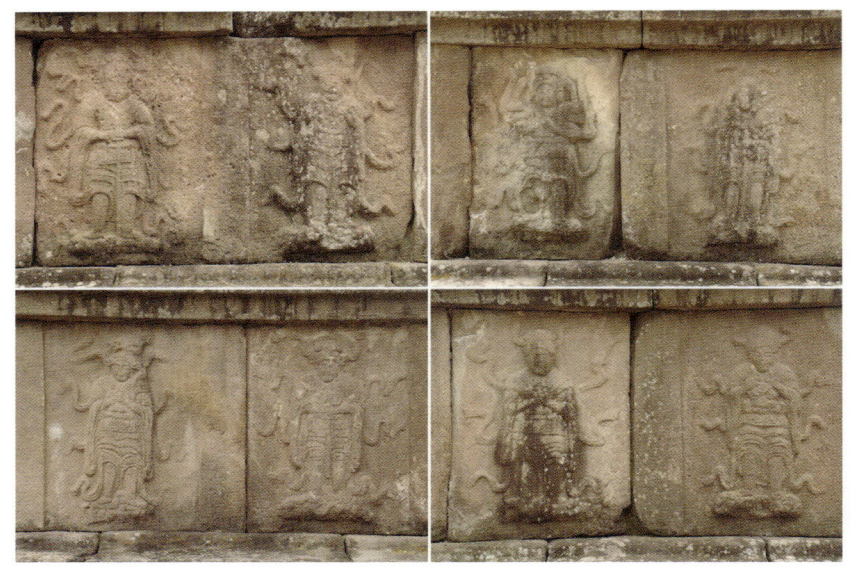

팔부중상(八部衆像)

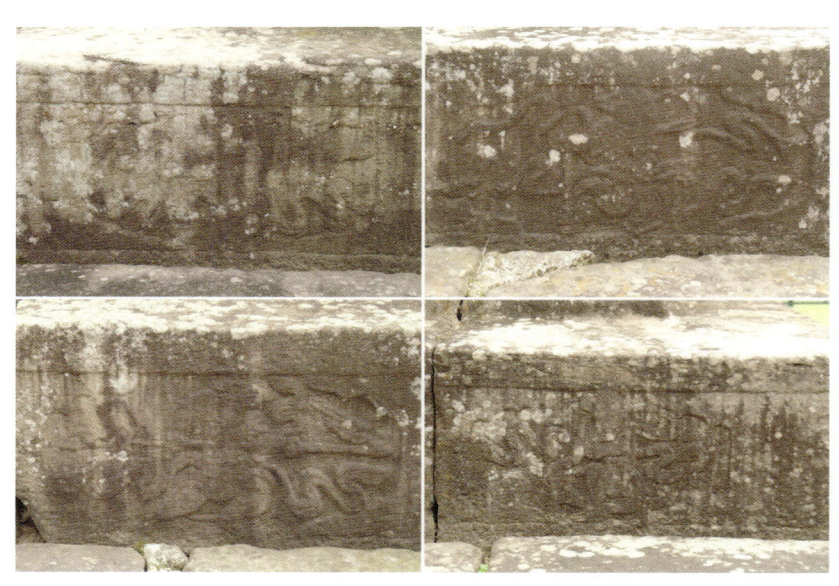

십이지신상(十二支神像)

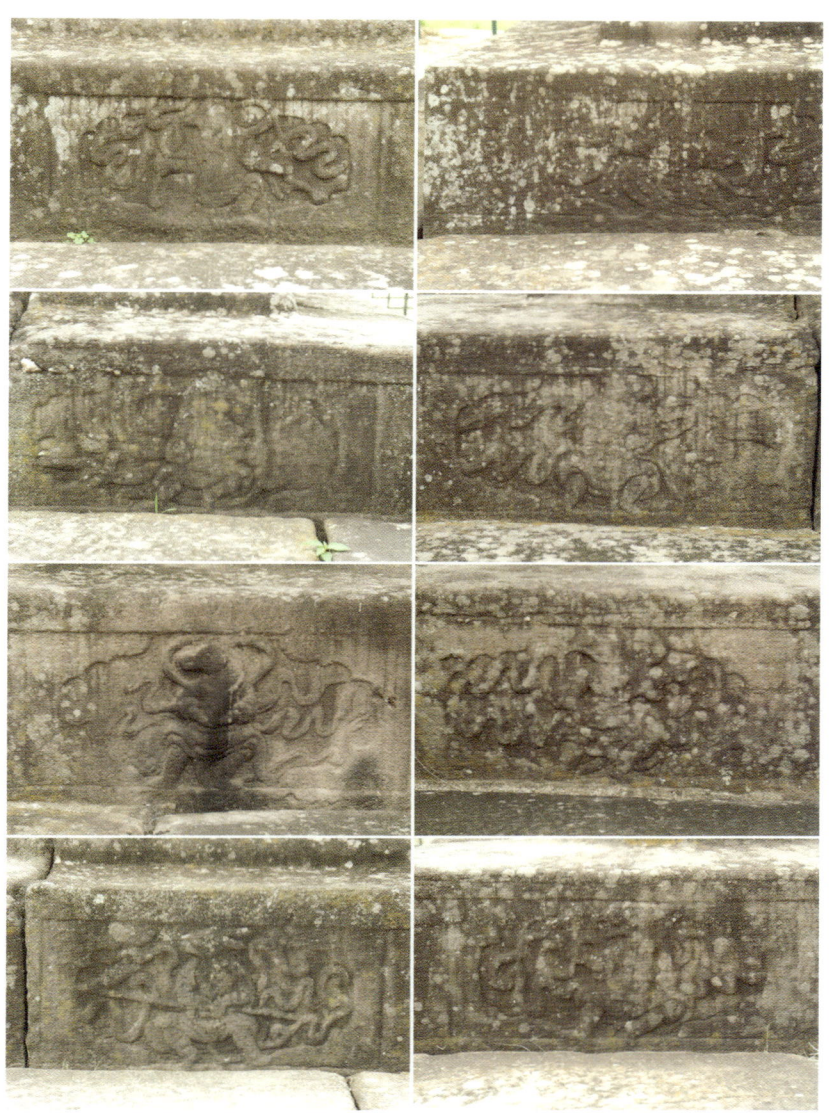

십이지신상(十二支神像)

현일동 삼층석탑

縣一洞三層石塔

보물 제610호

소재지 경북 영양군 영양읍 현 1리 398-5

이 탑은 이중 기단(基壇) 위에 3층의 탑신(塔身)을 올린 형태이다.

하층 기단에는 십이지신상(十二支神像)을 한 면에 3구씩 새겼다. 상층 기단은 네 면에 탱주(撐柱)와 우주(隅柱)를 조각해 두고, 팔부중상(八部衆像)을 조각해 두었다. 탑신부(塔身部)는 몸돌과 지붕돌이 각각 한 돌로 조성되었으며, 1층 몸돌에는 각 면마다 사천왕상(四天王像)을 새겼다. 각 층의 지붕돌 밑면 층급받침은 4단이다. 상륜부(相輪部)는 없어졌다.

전체적인 조각수법으로 보아 통일신라 9세기 후기에 세워진 것으로 추정된다. 1972년 보수하였다.

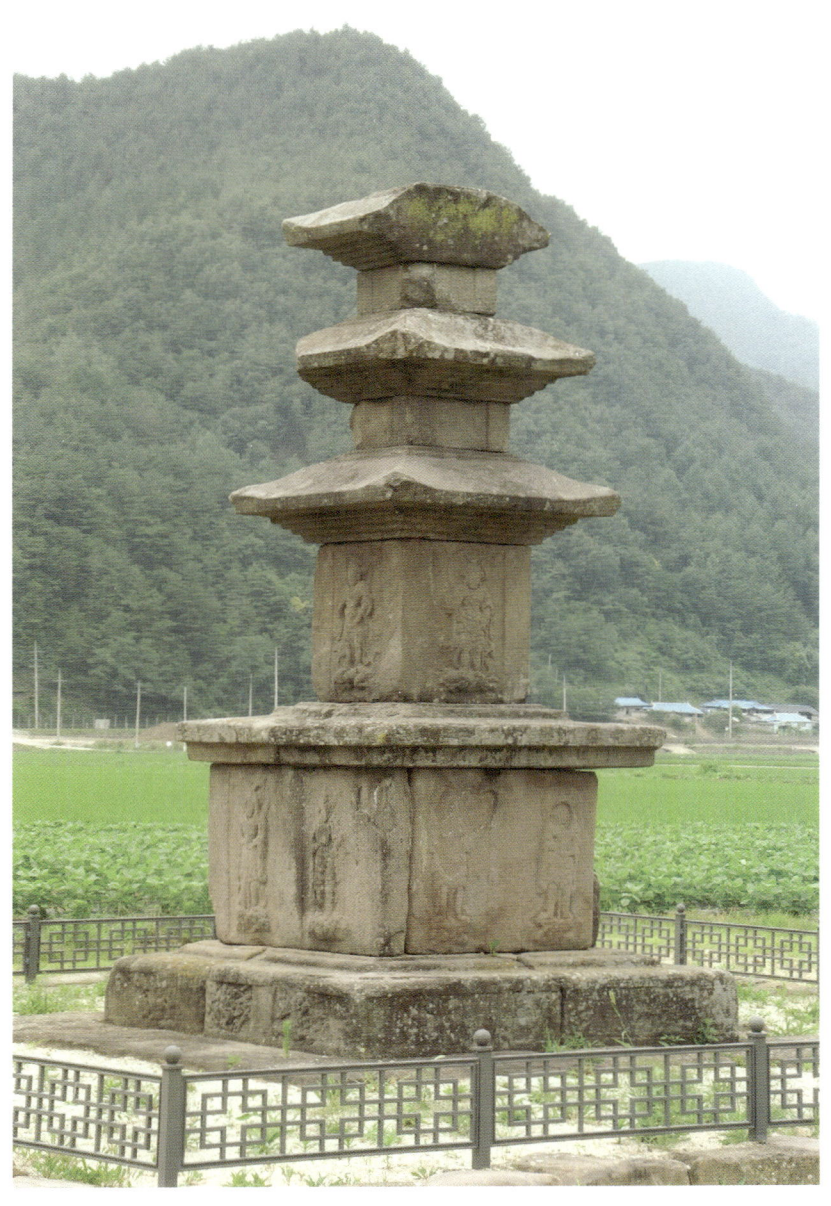

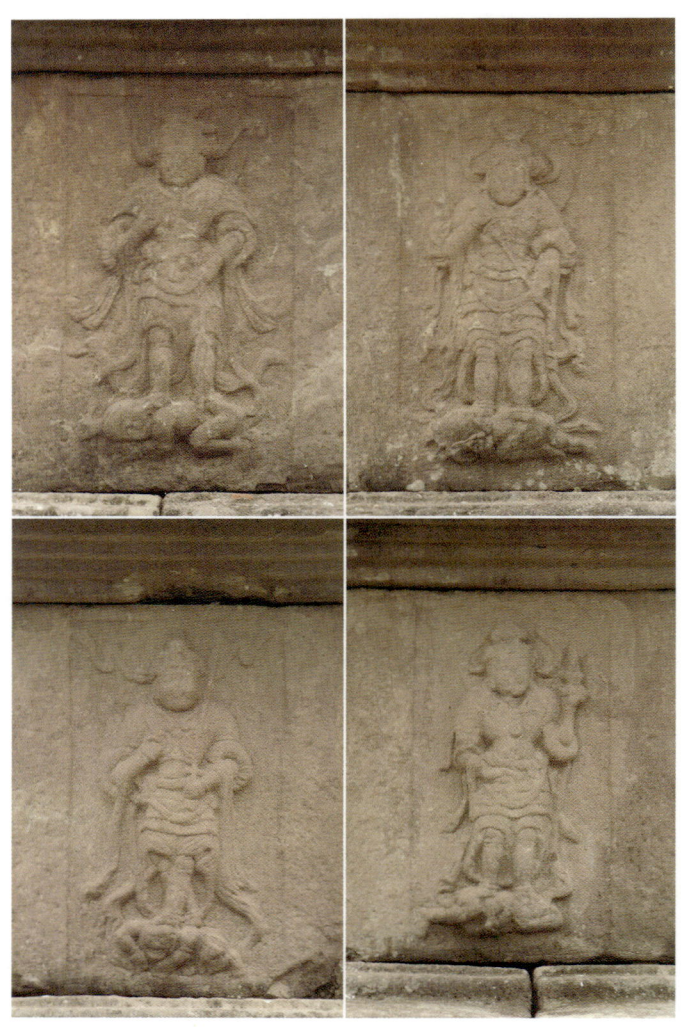

사천왕상(四天王像)

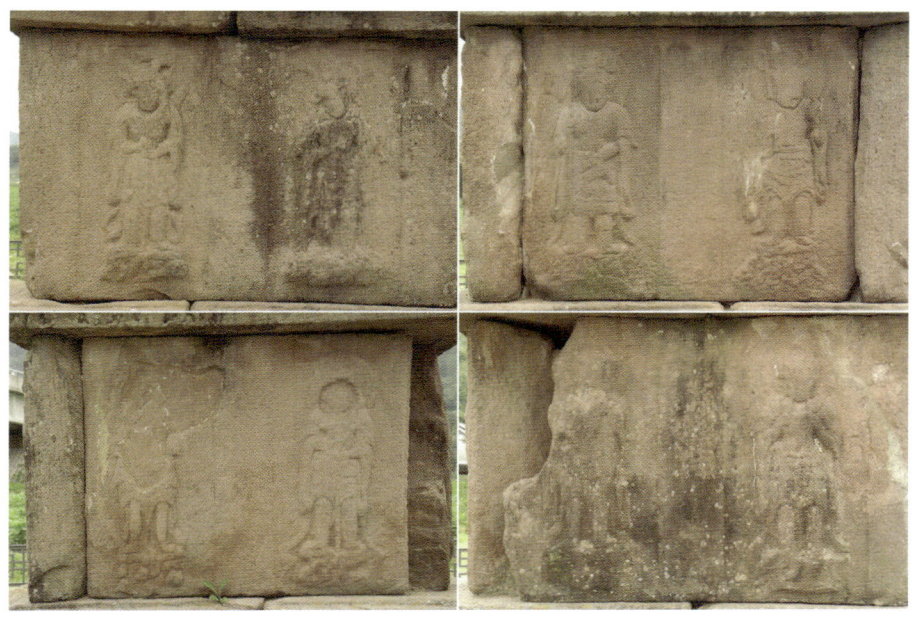
팔부중상(八部衆像)

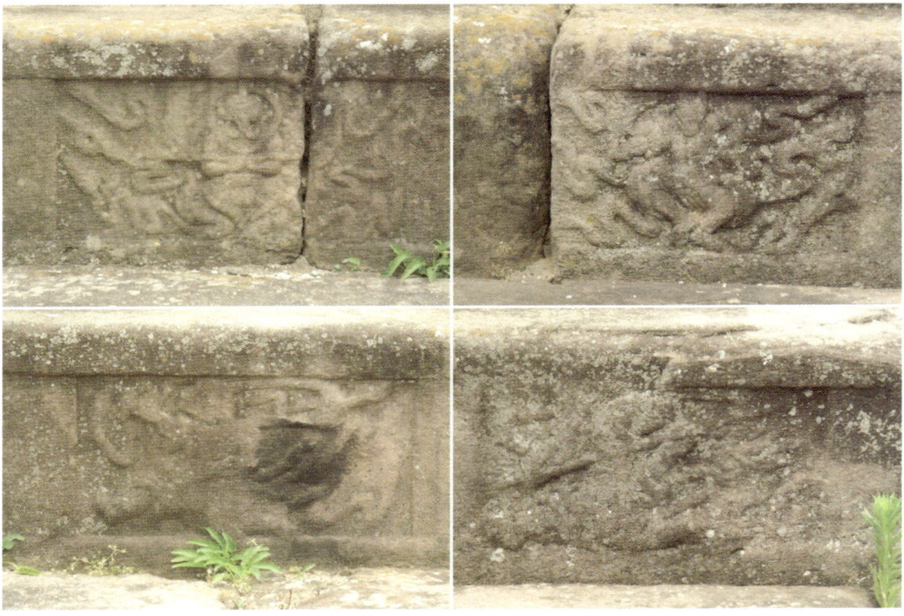

십이지신상(十二支神像)

봉화 서동리 삼층석탑
奉化西洞里三層石塔

보물 제52호

소재지 **경북 봉화군 춘양면 서동리 104 춘양중학교**

이 탑은 동·서로 마주 보고 서 있는 2기의 탑으로 이 곳은 신라시대 사찰인 남화사(覽華寺)의 옛터로 알려져 있다.

탑은 이중 기단(基壇) 위에 3층의 탑신(塔身)을 올린 형태로 두 탑 모두 같은 양식이다.

기단은 상층 기단·하층 기단 모두 탱주(撐柱)와 우주(隅柱)를 조각해 두었다. 탑신부(塔身部)는 몸돌과 지붕돌이 각각 한 돌로 이루어져 있으며, 위층으로 갈수록 규모가 줄어들었다. 각 층의 몸돌에는 모서리마다 우주(隅柱)를 새겨 두었다. 지붕돌은 밑면에 4단씩의 층급받침을 두었고, 네 모퉁이에서 살짝 들려 있다.

상륜부(相輪部)는 노반(露盤)만 남아 있다. 1962년 10월 해체·복원하였는데, 이때 동탑의 1층 몸돌에서 사리병과 함께 99개의 작은 토탑(土塔)이 발견되어 현재 국

립경주박물관에 소장되어 있다. 서탑의 3층 몸돌에서 사
리함을 넣었던 사리공이 확인되었다.

전체적인 조각수법으로 보아 통일신라 9세기 후기에
만들어진 것으로 추정된다.

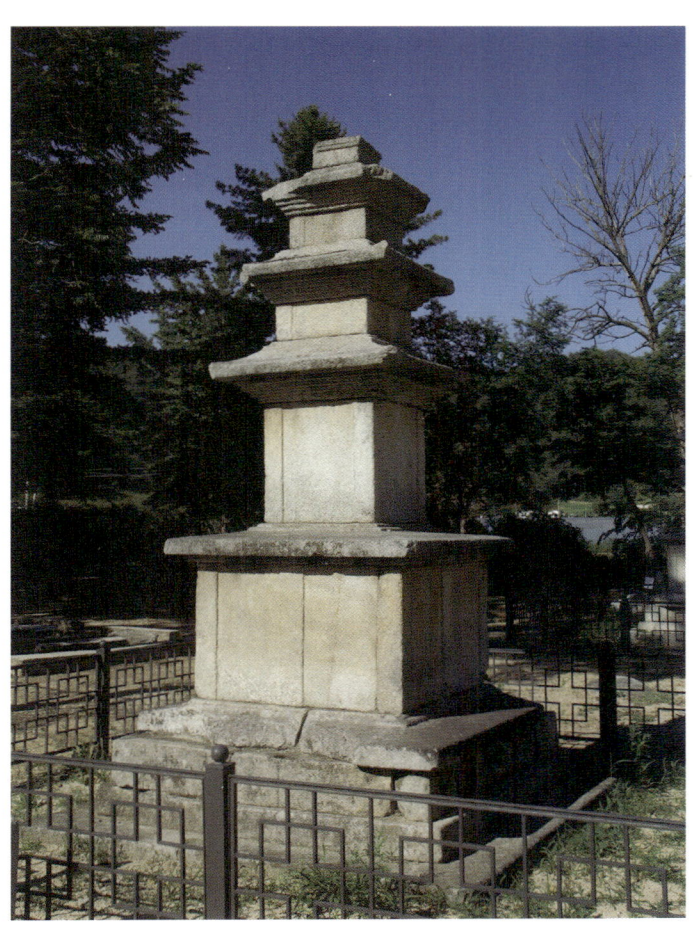

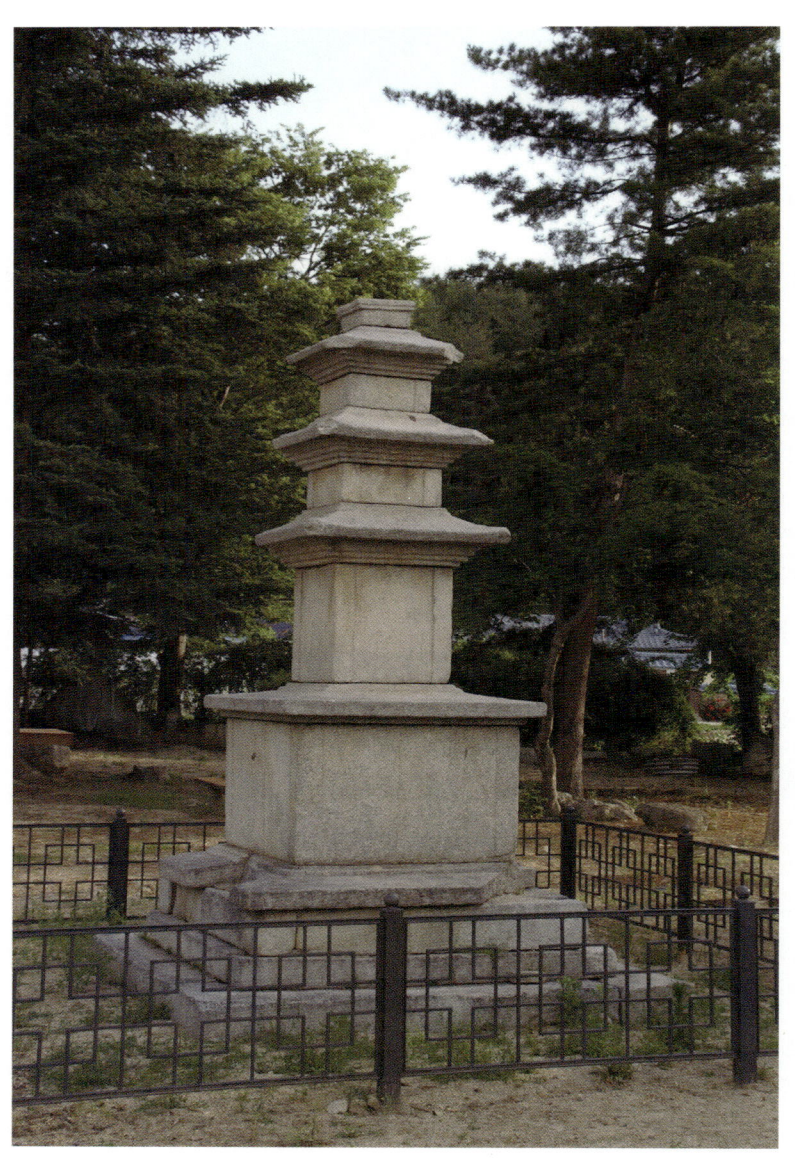

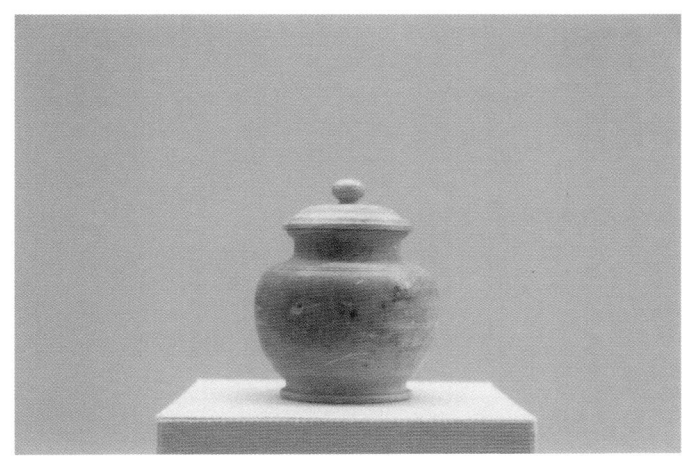

납석제 사리호(국립경주박물관 소장)

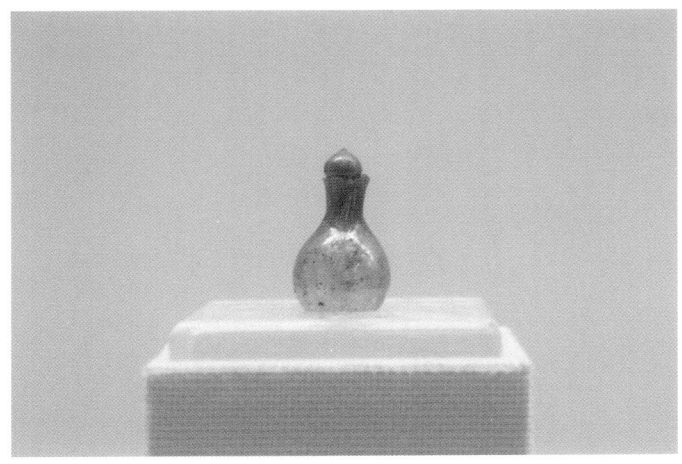

녹색 유리 사리병(국립경주박물관 소장)

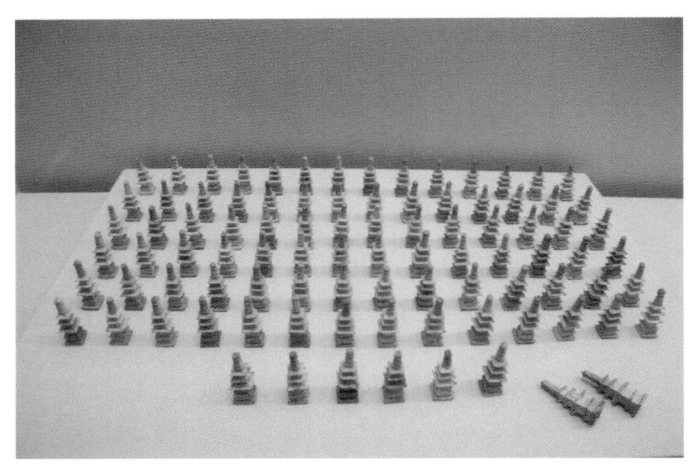

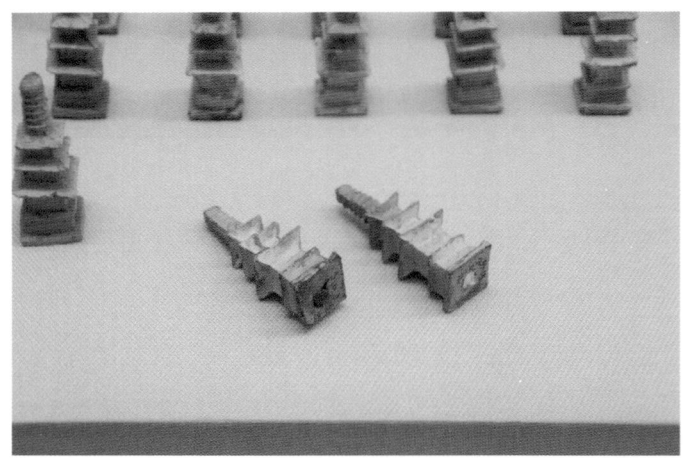

토탑(국립경주박물관 소장)

유금사 삼층석탑

有金寺三層石塔

보물 제674호

소재지 경북 영덕군 병곡면 금곡리 815

이 탑은 원래 대웅전 앞에 있었으나, 법당이 무너졌을 때 현 위치로 옮긴 것이라 하며, 이전할 때에 탑 속에서 금동불이 나와 국립중앙박물관으로 옮겼다고 한다.

이중 기단(基壇) 위에 3층 탑신(塔身)을 올렸으며 상층 기단과 하층 기단에 탱주(撑柱)와 우주(隅柱)를 새겼다. 각 기단의 윗면에는 2단의 괴임을 두어 윗돌을 받치도록 하였다. 탑신부(塔身部)는 몸돌과 지붕돌을 각각 하나의 돌로 만들었다. 몸돌은 층마다 네 모서리에 우주(隅柱)를 새겼을 뿐 장식은 없다. 지붕돌은 밑면에 4단의 층급받침을 두고, 네 모퉁이는 살짝 들려 있고 풍탁(風鐸)을 단 작은 구멍이 새겨져 있다. 상륜부(相輪部)는 없어진 것을 모두 후대에 새로 보충한 것이다. 조각수법으로 보아 통일신라 9세기 후반에 조성된 탑으로 추정된다. 영덕 지역에서는 보기 드문 작품이다.

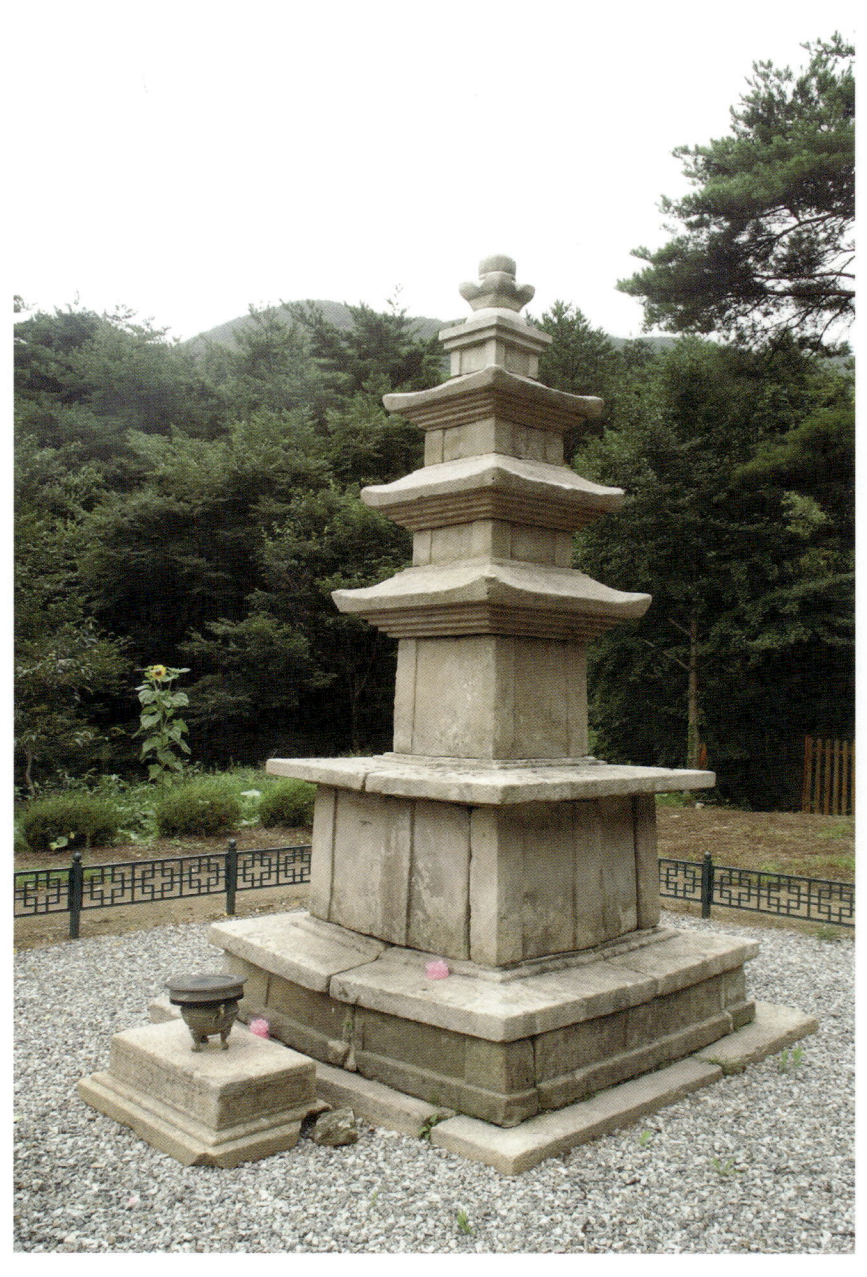

울진 구산리 삼층석탑

蔚珍九山里三層石塔

보물 제498호

소재지 경북 울진군 근남면 구산리 1494-1

이 탑은 이중 기단(基壇) 위에 3층 탑신(塔身)을 올린 형태로 상층 기단과 하층 기단에 탱주(撑柱)와 우주(隅柱)를 새겼다.

탑신부(塔身部)는 몸돌과 지붕돌이 각각 하나의 돌로 이루어져 있고, 몸돌은 모서리마다 우주(隅柱)가 새겨져 있다. 1층 몸돌의 남쪽 면에는 길고 네모난 형태의 윤곽이 있는 문비(門扉)가 표현되어 있다.

지붕돌은 밑면에 5단의 층급받침을 두었고, 각형 2단의 받침을 두었다. 낙수 면은 경사가 완만하며 네 모퉁이에서 살짝 들려 있다.

3층 지붕돌 위에는 원형 찰주공(擦柱孔)이 있으며, 상륜부(相輪部)는 노반(露盤)만 남아 있다. 이 석탑은 무너져 오랫동안 방치되었던 것을 1968년 복원하였고 2004년 해체·보수되었다.

전체적인 양식과 조각수법으로 보아 통일신라 9세기 후반에 세워진 것으로 추정된다. 2006년 11월 경주대학교 박물관에서 주변을 발굴 조사하여 통일신라시대 금동불상을 비롯하여 인화문 토기, 연화문 수막새, 선조문 평기와 등과 고려시대의 자기, 중국 송나라 화폐, 조선시대 분청사기, 평기와 등 다량의 유물이 함께 출토되었다. 탑이 있는 이곳은 고려시대 건립된 청암사지(靑巖寺址)로 알려져 있다.

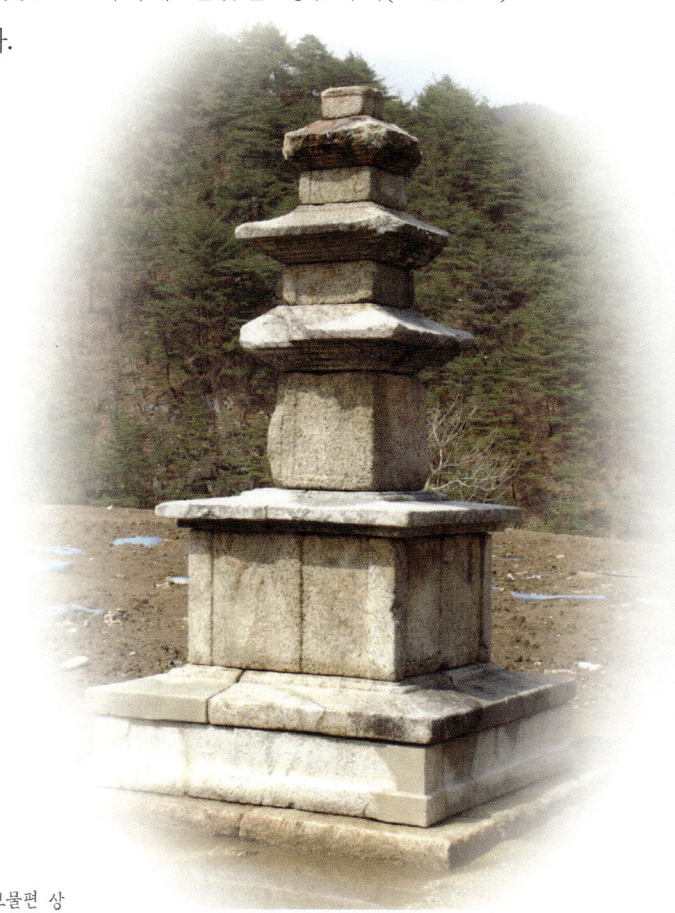

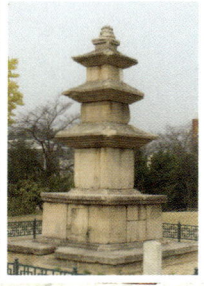

부산 · 울산 · 경남

범어사 삼층석탑

梵魚寺三層石塔

보물 제250호

소재지 부산광역시 금정구 청룡동 546

이 탑은 범어사 대웅전 앞에 있으며 이중 기단(基壇) 위에 3층 탑신(塔身)을 세운 형태이다.

하층 기단은 각 면에 탱주(撐柱) 없이 우주(隅柱)만 새기고 3구씩의 안상(眼象)을 조각하였고, 상층 기단은 중석(中石)을 높게 하여 각 면석에 큰 안상을 조각하여 특이하다.

탑신부(塔身部)는 1층 몸돌에 비해 2층 이상은 급격히 줄어들었다. 몸돌 각면에는 우주(隅柱)만 새겨져 있고 아무런 장식이 없다. 지붕돌은 처마가 수평을 이루며, 밑면의 층급받침이 4단으로 되어 있고 윗면에 2단의 탑신 괴임이 있다. 상륜부(相輪部)는 노반(露盤)과 후대 새로 보충한 보주(寶珠)만 남아 있다. 조각수법으로 보아 통일신라 후기의 석탑으로 추정된다. 일제강점기 때 부분 수리되었다고 한다.

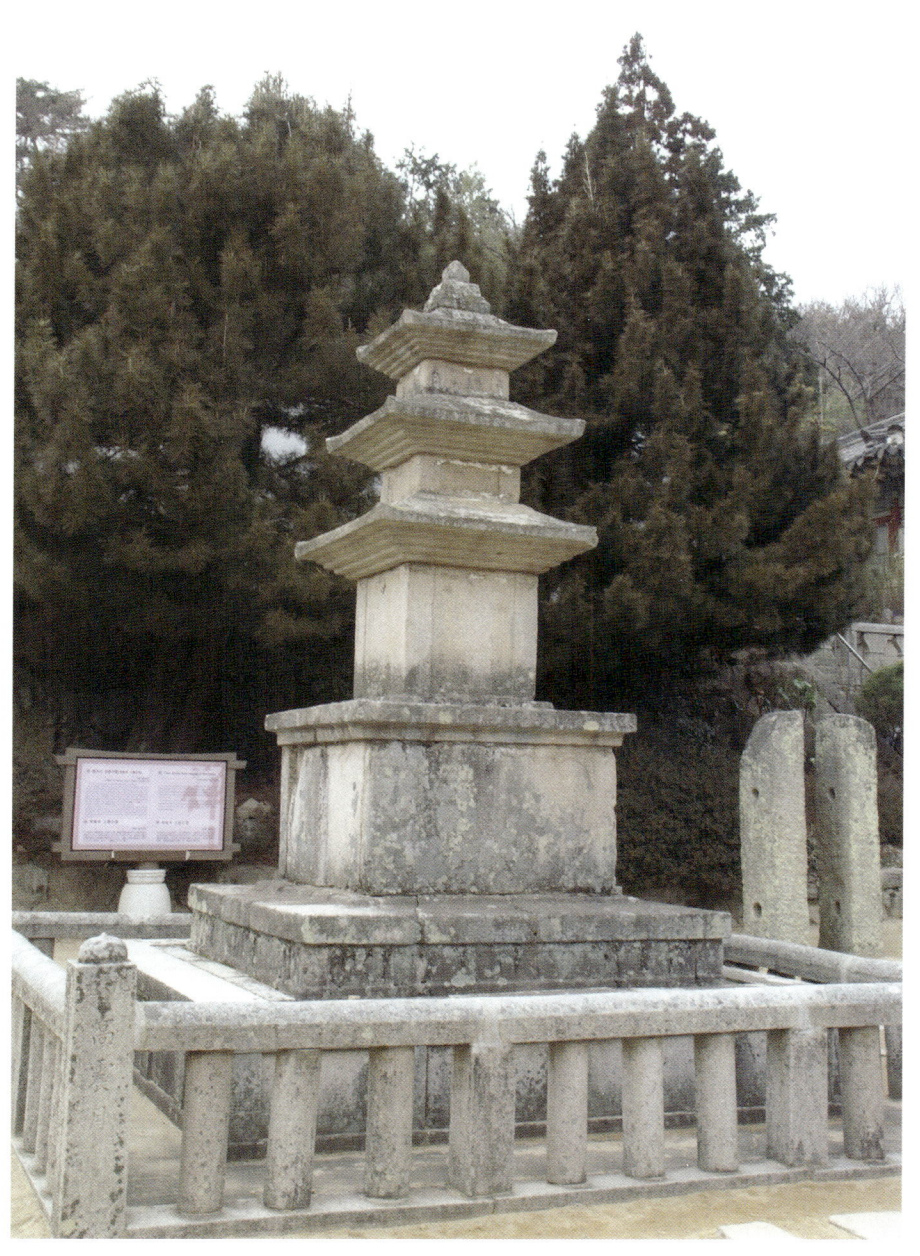

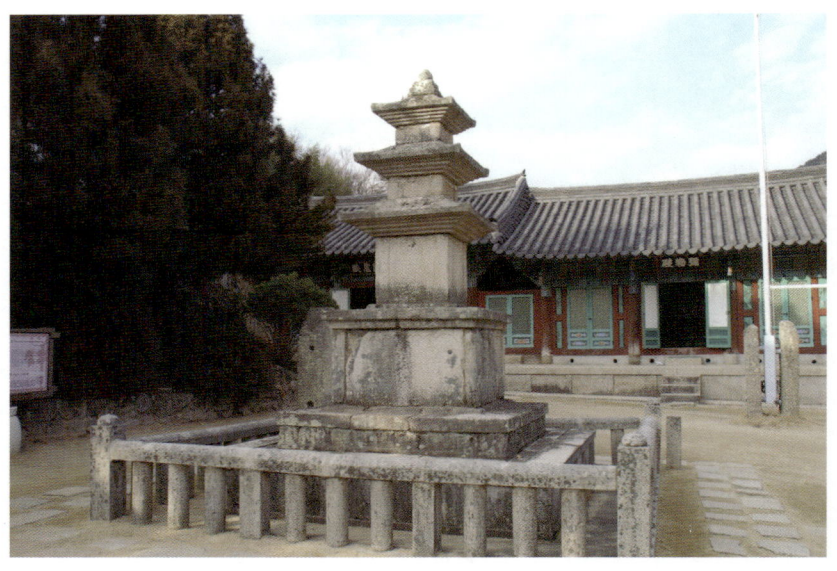

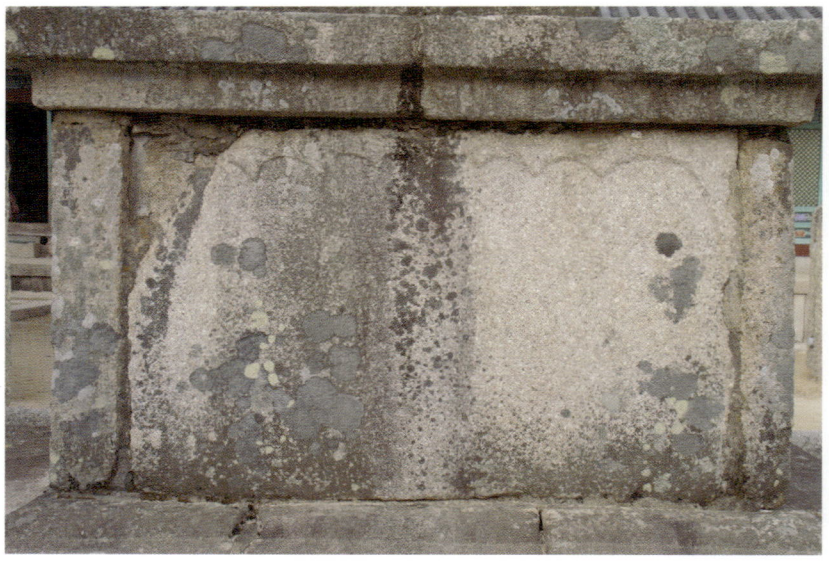

청송사지 삼층석탑

青松寺址三層石塔

보물 제382호

소재지 울산광역시 울주군 청량면 율리 1203-1

이 탑은 이중의 기단(基壇) 위에 3층의 탑신을 세운
형태이다. 기단은 탱주(撑柱), 우주(隅柱)를 새기고 2단
의 괴임돌을 끼워서 각각 윗돌을 받치게 하였다. 탑신부
(塔身部)는 몸돌과 지붕돌이 각각 하나의 돌로 되어 있
다. 1층 몸돌은 특히 길고, 2층 몸돌은 급격히 줄어들었
고, 각 몸돌 모서리에는 우주(隅柱)가 새겨져 있다. 지붕
돌 밑면에는 5단의 층급받침이 있고, 지붕 네 모퉁이에
서 약간 치켜 올려져 있고 처마는 짧으며 수평을 이르다
가 반전되었다. 풍탁을 달았던 구멍 흔적도 보인다. 상륜
부(相輪部)는 노반(露盤)만 남아 있다. 1962년 해체 수리
할 때 상층 기단에서는 청동(靑銅)으로 만든 여래입상 1
구(軀)를 비롯하여 유리·구슬·수정·옥(玉) 등 30여
점이 들어 있는 청동 사리함(舍利函)이 발견되었다. 지방
에 있는 탑으로는 수작이며, 탑의 비례와 전체적인 조각

수법으로 보아 통일신라 9세기에 조성된 것으로 추정된
다. 전방 좌측 6m 떨어진 곳에 청송사란 절이 있다.

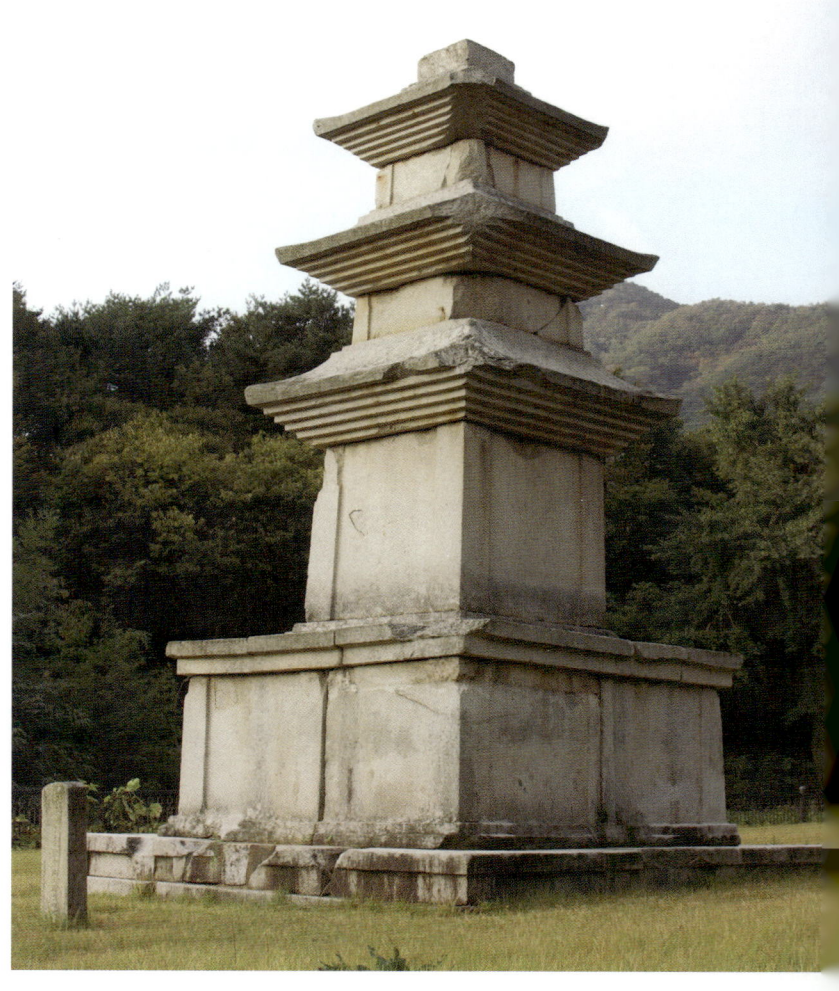

소태리 오층석탑

小台里五層石塔

보물 제312호

소재지 경남 밀양시 청도면 소태리 1138

이 석탑은 소대리였던 것이 언제부터인가 소태리로 바뀌어 불리고 있다. 원래 단층 기단(基壇)을 갖추고 있었으나, 2002년 3월 해체 수리 과정에서 지표면에 묻혀 있던 기단부가 발견되어 원래의 위치 및 형태대로 복원하였다. 전형적인 탑과는 다른 모습의 상층 기단 면에는 안상(眼象)이 2구씩 새겨져 있다. 탑신부(塔身部)는 몸돌과 지붕돌이 각각 하나의 돌로 이루어져 있다. 1층 몸돌은 각 모서리에 우주(隅柱)를 새겼으며, 높이도 다른 층에 비해 매우 높다.

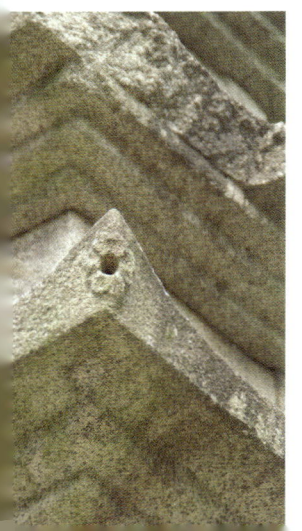

지붕돌은 몸돌에 비해서 매우 넓으며, 처마 끝이 경쾌하고 살짝 들려 있다. 밑면에는 3단의 층급받침을 두었다. 네 귀퉁이에는 독특하게 작은 연꽃무늬 조각이 있고 풍탁(風鐸)을 달았던 구멍이 남아 있다. 이러한 예는 경북 성주군 동방사지 칠층석탑에서도 보인다. 상륜부(相輪部)는 노반(露盤)만 남아 있으나, 철로 만든 찰주(擦柱)의 흔적이 있다. 1919년 3월 상륜부에서 먹으로 쓴 건통

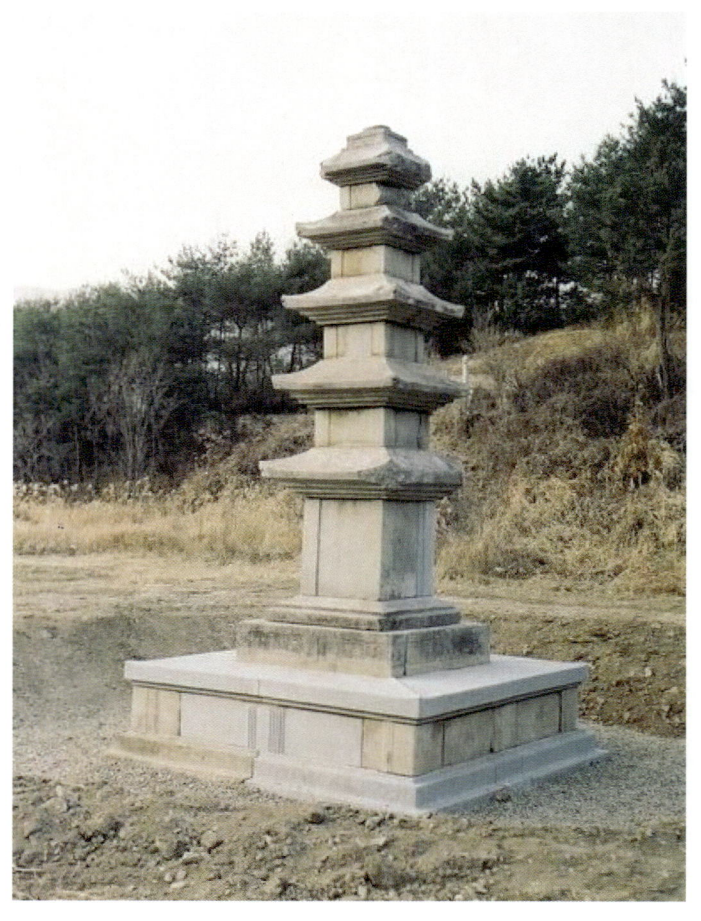

구년삼월구일기(乾統玖年三月九日記)라는 이두문자(吏讀文字)를 혼용한 문장형태로 적혀 있는 당탑조성기가 발견되어 탑의 조성 연대가 고려 예종 4년(1109)이라 것을 알 수 있다. 탑 주변은 천주사(天柱寺)·죽암사(竹巖寺) 등으로 전해지고 있으며, 2004년 주변 정비되었다.

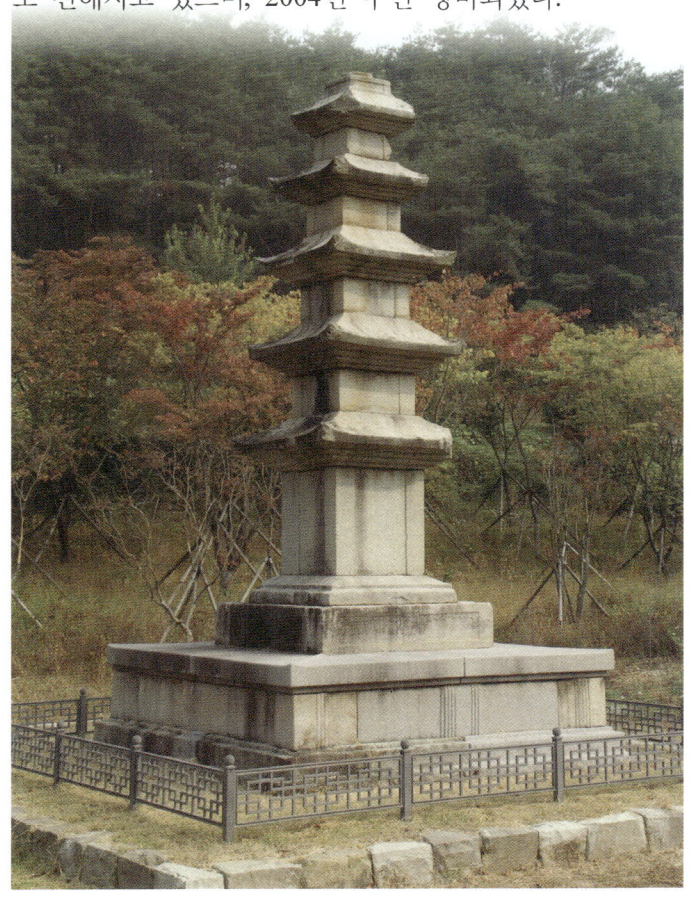

만어사 삼층석탑

萬魚寺三層石塔

보물 제466호

소재지 경남 밀양시 삼랑진읍 용전리 4 만어사

이 탑은 만어사가 창건될 당시의 위치에 있으며, 단층 기단(基壇) 위에 3층 몸돌을 올렸으며, 탑신부(塔身部)는 몸돌과 지붕돌이 모두 한 돌로 구성되어 있다.

몸돌 모서리에는 우주(隅柱)가 새겨져 있고, 지붕돌은 수평이고 얇은 편이며 밑면 층급받침은 3단이다. 낙수 면은 경사가 급하며 전각(轉角)에서 반전(反轉)을 이루고 있다. 상륜부(相輪部)는 보주(寶珠)가 얹혀 있으나 후대 에 보충한 것이다. 각 부의 구조와 전체적인 비례 및 조 각수법으로 보아 고려 중기에 만들어진 것으로 추정된다.

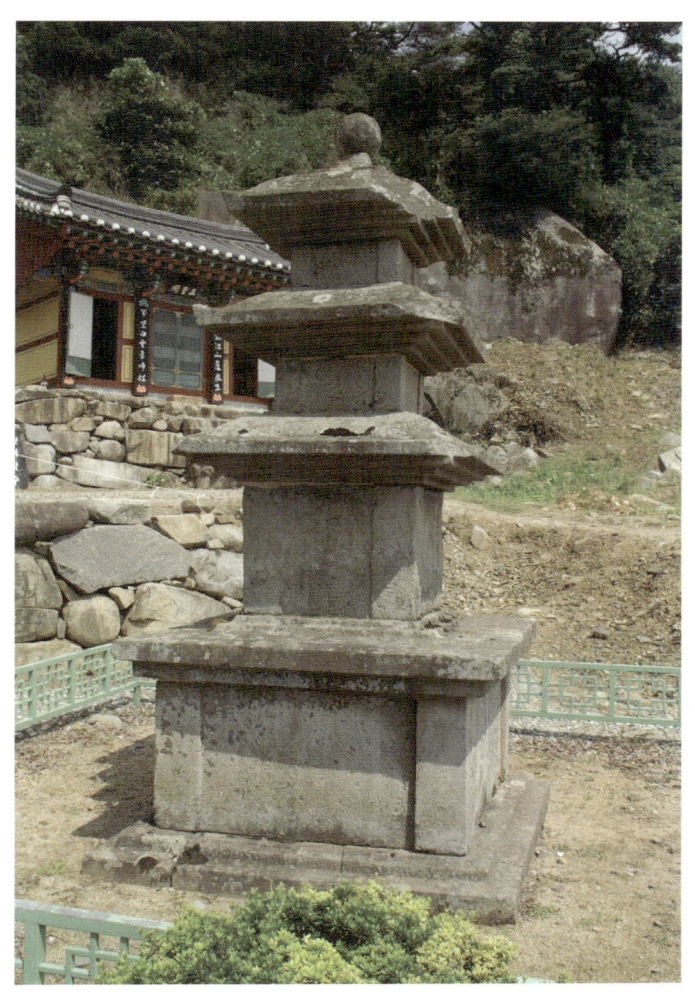

표충사 삼층석탑
表忠寺三層石塔

보물 제467호

소재지 **경남 밀양시 단장면 구천리 33**

　이 탑은 탑 앞에 석등이 있으며 단층 기단(基壇) 위에 3층 탑신(塔身)을 세운 형태로 기단에는 우주(隅柱)와 탱주(撑柱)가 새겨져 있다.

　탑신부(塔身部)는 몸돌과 지붕돌이 각각 한 돌로 되어 있다. 1층 몸돌은 지나치게 높게 표현하였고, 모서리에는 우주(隅柱)가 새겨져 있으며 별다른 장식은 없다. 2층과 3층 몸돌은 1층에 비하여 높이가 급격히 줄어들었다. 지붕돌은 밑면에 4단의 층급받침이 있고 처마는 수평을 이루고 곡선으로 흘러내리다가 네 모퉁이에서 치켜 올려져 있다. 모서리에는 풍탁(風鐸)을 달았던 구멍이 있으며, 네 모퉁이에는 근래에 만들어진 풍탁이 지금도 달려 있다.

　상륜부(相輪部)는 노반(露盤), 복발(覆鉢), 앙화(仰花), 보륜(寶輪), 보개(寶蓋), 수연(水煙) 등 비교적 잘 남아 있으나 후대에 일부 보수된 듯하며 끝이 뾰족한 찰주(擦

柱)가 남아 있다.

조각수법으로 보아 통일신라 9세기 석탑으로 추정된다. 1995년 해체 수리되었으며 그때 소형 금동불상을 비롯해 많은 유물이 나와 현재 유물전시관에 보관 중이다.

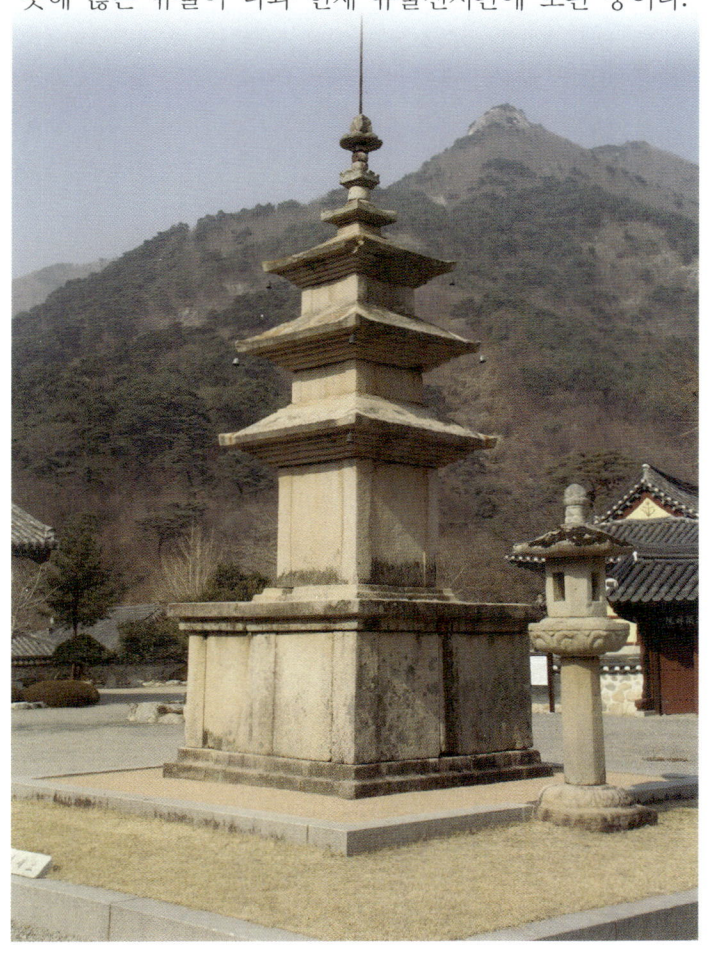

밀양 숭진리 삼층석탑

密陽崇眞里三層石塔

보물 제468호

소재지 경남 밀양시 삼랑진읍 숭진리 417-2

이 탑은 주변 사찰의 흔적은 찾아볼 수 없으나, 가리 사지(加利寺址)라 전하고 있다. 일제강점기에 당시 밀양 읍에 살던 한 일본인이 자기네 집 정원으로 옮겨 가려다 가 실패하였고, 그 후에 사리(舍利)를 절취하기 위해 파 손하여 사리를 훔쳐 갔다고 한다.

현재 기단(基壇)의 아래 부분 일부가 묻혀 있어 구조 는 알 수 없으나 단층 기단 위에 3층의 탑신을 올렸다. 기단에는 좌우 면에는 우주(隅柱)가 새겨져 있고, 전후 면에는 판석을 끼워 넣었다.

탑신부(塔身部)는 1·2층 몸돌이 각각 한 돌이며, 2층 지붕돌과 3층 몸돌이 한 돌로 만든 것이 특이하며 몸돌 의 각 면 모서리에는 우주(隅柱)가 새겨져 있다. 3층 몸 돌에서는 한가운데에 사리공이 확인되었다. 지붕돌 아래 에는 3단씩 층급받침이 있고, 윗면에는 1단의 괴임을 두었다. 추녀 밑은 직선을 이루고 낙수 면은 급한 경사를 이루고 있고 3층 지붕돌은 복원된 것이다. 상륜부(相輪部)는 모두 없어졌다.

1966년 해체 복원되었다. 조각수법으로 보아 고려 중기에 만든 것으로 추정된다. 2004년 주변 정비되었다.

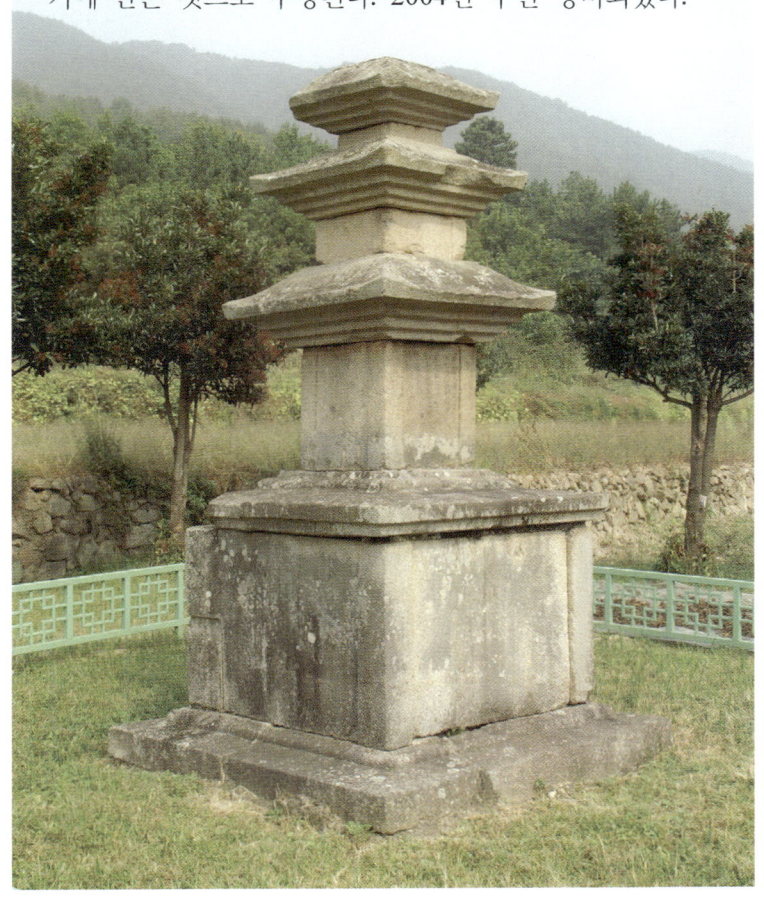

통도사 삼층석탑

通度寺三層石塔

보물 제1471호

소재지 경남 양산시 하북면 지산리 583

이 탑은 이중 기단(基壇) 위에 3층 탑신(塔身)을 올린 형태이다. 기단은 여러 장의 장대석을 사용하여 4매의 큰 돌로 지대석을 구축하였다. 탑신부(塔身部)는 몸돌과 지붕돌이 각각 한 개의 돌로 되어 있다.

하층 기단은 4매의 판석으로 구성하여 각 면에 우주(隅柱)와 탱주(撐柱)를 생략하고 안상(眼象)을 3구씩 조각하였다.

상층 기단도 4매의 석재로 구성하였고 각 면에 양 우주(隅柱)와 탱주(撐柱) 1개를 새겼다. 각 층 몸돌에는 우주(隅柱)를 조각하였다.

지붕돌 밑면에는 4단의 층급받침을 두고 낙수홈을 마련하였다. 상륜부(相輪部)는 노반(露盤) 위에 보주(寶珠)를 올려놓았다. 조각수법으로 보아 통일신라 후기에서 고려 초기 건립된 것으로 추정된다.

1987년 해체·복원하였는데, 상층 기단에서는 조선시대 백자가 하층 기단에서는 다진 흙 속에서 소형 금동불상 2구와 청동 숟가락 등이 발견되어 현재 통도사 성보박물관에 소장되어 있다.

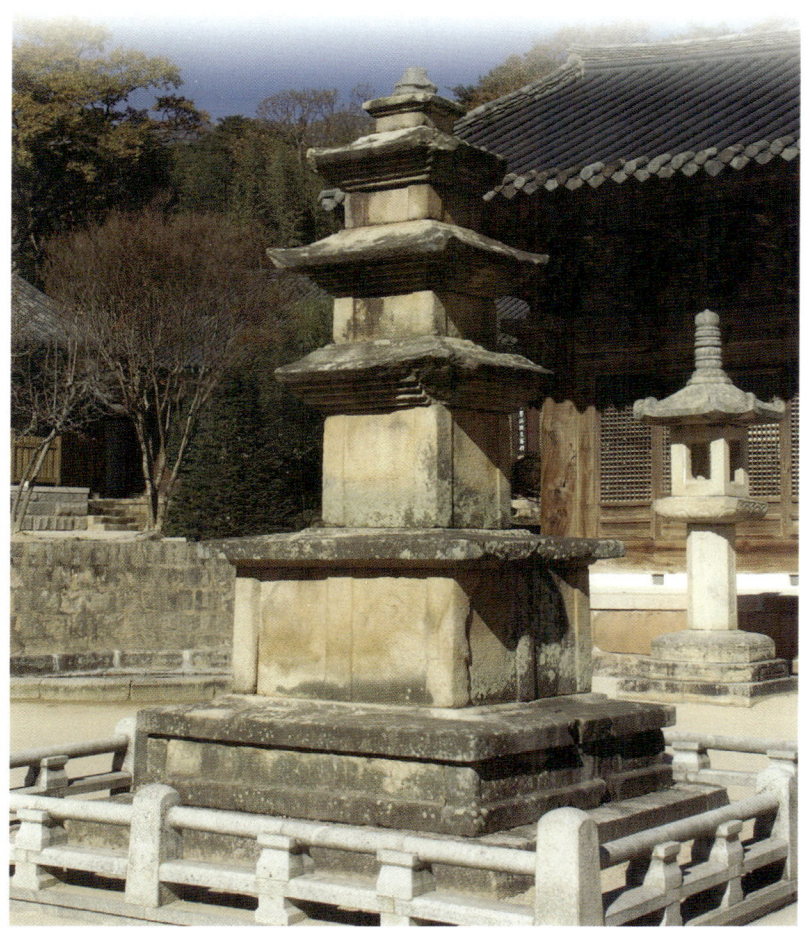

보천사지 삼층석탑
寶泉寺址三層石塔

보물 제373호

소재지 경남 의령군 의령읍 하리 797-1

이 탑은 주위에 탑구(塔區)를 설치하고, 이중 기단(基壇) 위에 3층 탑신(塔身)을 올린 형태이다. 하층 기단 각 면에는 우주(隅柱)와 탱주(撑柱)를 새겼다.

탑신부(塔身部)는 몸돌과 지붕돌을 각각 하나의 돌로 구성하였다. 몸돌에는 모서리에 우주(隅柱)를 새겼으며, 지붕돌은 밑면에 5단의 층급받침을 두었다. 경사면은 곡선을 이루고 처마의 윗선은 수평을 이루다가 네 모퉁이에서 살짝 들려 있고 풍탁(風鐸)을 달았던 구멍이 남아 있다. 상륜부(相輪部)는 노반(露盤)만 남아 있다. 전체적인 비례와 조각수법으로 보아 고려 초기 석탑으로 추정된다.

1967년 무너진 것을 보수하였는데 이때 3층 지붕돌에서 찰주(擦柱)공이 확인되었고, 상층 기단에서는 사리를 장치하였던 흔적이 발견되었는데 그 안에서 금동여래입

상과 광배편, 흙으로 만든 토탑 20개가 발견되었다. 주변
에는 보물 제472호로 지정된 부도가 남아 있다.

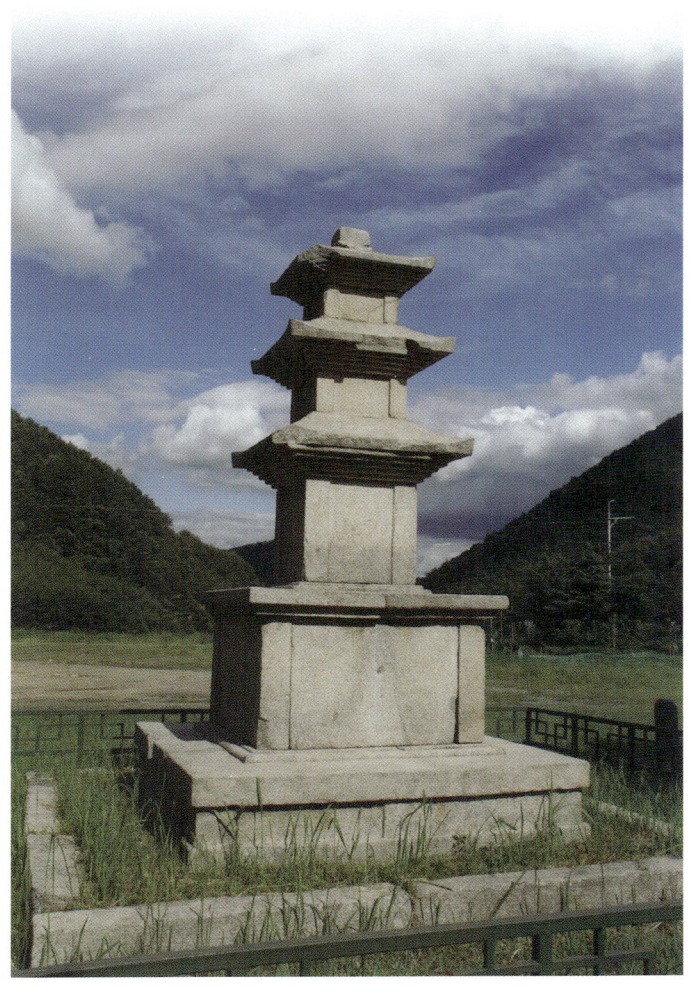

단속사지 동삼층석탑
斷俗寺址東三層石塔

보물 제72호

소재지 경남 산청군 단성면 운리 333

　이 탑은 이중 기단(基壇)에 3층 탑신(塔身)을 올린 모습이다. 하층 기단은 탱주(撑柱)가 2개, 상층 기단은 탱주가 1개 새겨져 있다.

　탑신부(塔身部)는 몸돌과 지붕돌이 각각 하나로 구성되어 있다. 몸돌에는 모서리에 우주(隅柱)를 새겼으며, 지붕돌은 밑면에 5단의 층급받침을 두었다. 경사면은 곡선을 이루고 처마의 윗선은 수평을 이루다가 네 모퉁이에서 살짝 들려 있고 풍탁(風鐸)을 달았던 구멍이 남아 있다. 상륜부(相輪部)는 노반(露盤), 복발(覆鉢), 앙화(仰花)가 남아 있다. 전체적인 조각수법으로 보아 통일신라시대 9세기 후반 것으로 추정된다. 단속사는 신라시대 유명한 화가 솔거(率居)가 그린 유마상(維摩像)이 있었다고 전해진다.

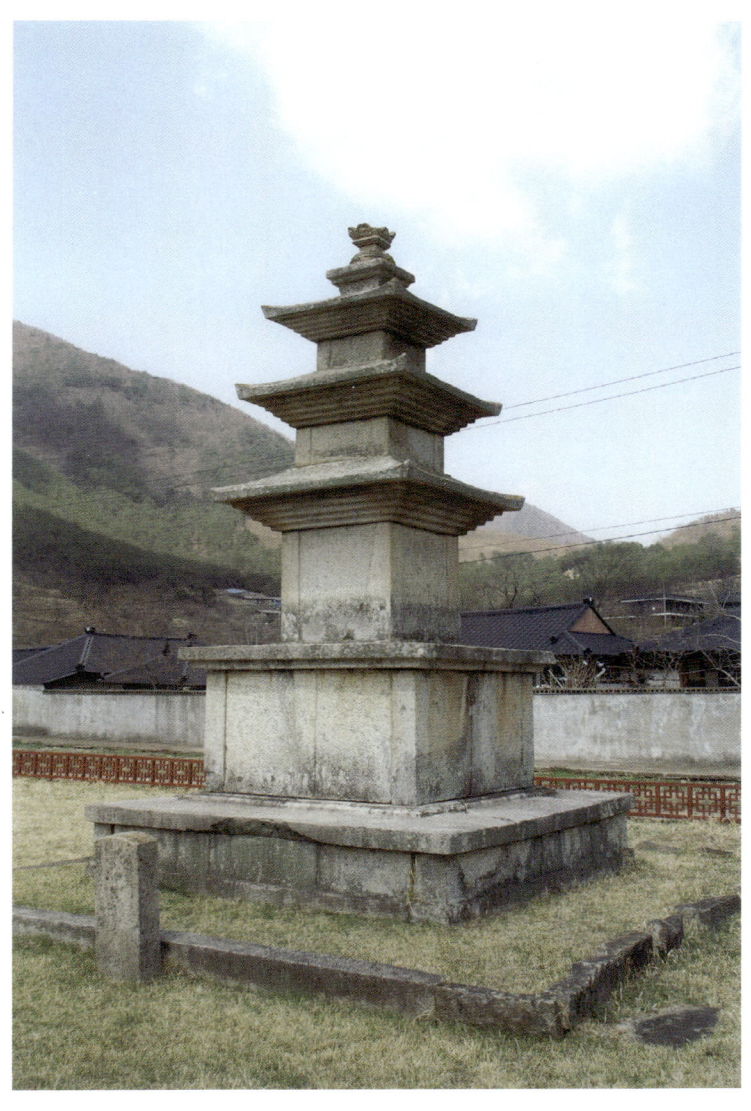

단속사지 서삼층석탑
斷俗寺址西三層石塔

보물 제73호

소재지 경남 산청군 단성면 운리 333

이 탑은 이중 기단(基壇)에 3층 탑신(塔身)을 올린 모습이다. 동탑과 같은 형태이나 동탑에 비하여 다소 손상이 심하며, 하층 기단은 면석에 탱주(撑柱)가 2개, 상층 기단은 탱주가 1개 새겨져 있다.

탑신부(塔身部)는 몸돌과 지붕돌이 각각 하나로 구성되어 있고 몸돌에는 모서리에 우주(隅柱)를 새겼다. 지붕돌은 밑면에 5단의 층급받침을 두었다. 경사면은 곡선을 이루고 처마의 윗선은 수평을 이루다가 네 모퉁이에서 살짝 들려 있다. 상륜부(相輪部)는 노반(露盤), 복발(覆鉢)이 남아 있다. 전체적인 조각수법으로 보아 통일신라 9세기 후반 것으로 추정된다. 1967년 해체 보수되었는데, 1층 몸돌 윗면에서 원형의 사리공이 확인되었으나 사리장치와 유물은 이미 도난당하고 없었다. 주변에는 석조물들과 당간지주(幢竿支柱)가 남아 있다.

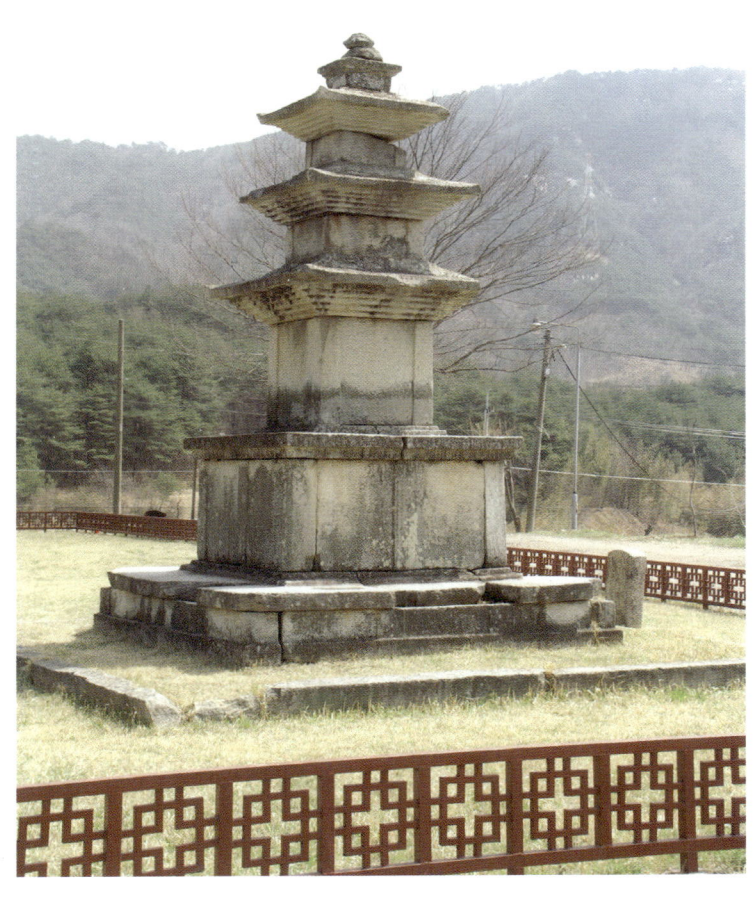

법계사 삼층석탑
法界寺三層石塔

보물 제473호

소재지 경남 산청군 시천면 중산리 산208

이 탑은 지리산 천왕봉 동쪽 중턱에 자리한 법계사 대웅전 왼쪽에 있으며 우리나라에서 가장 높은 곳에 있는 것으로 유명하다.

자연바위를 기단 삼아서 그 위에 3층 탑신(塔身)을 올린 모습이다. 탑신부(塔身部)는 몸돌과 지붕돌이 각각 하나의 돌로 만들었고, 몸돌 각 모서리에는 우주(隅柱)를 새겼다. 1층 몸돌이 2층과 3층에 비하여 높게 되어 있고, 지붕돌은 밑면 층급받침이 3단이다.

상륜부(相輪部)는 원래의 것이 아니고 후대에 올려놓은 것이다. 도참설에 기인하여 만든 고려 초기 석탑으로 추정된다.

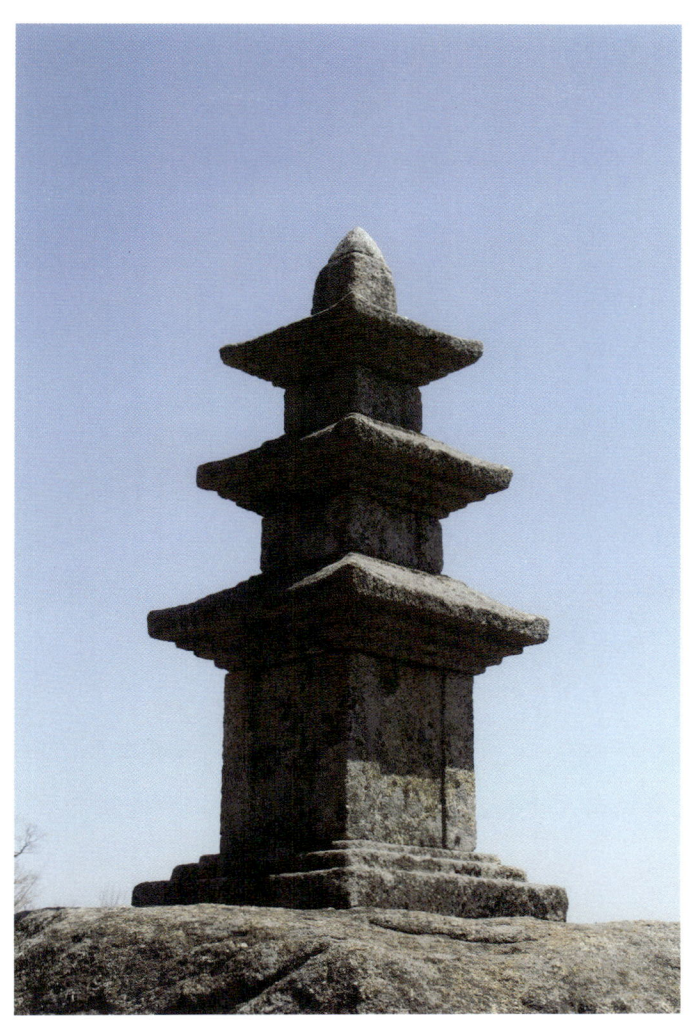

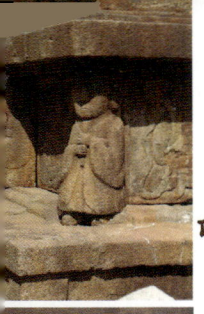

대원사 다층석탑
大源寺多層石塔

보물 제1112호
소재지 경남 산청군 삼장면 유평리 21

이 탑은 이중 기단(基壇) 위에 8층의 탑신(塔身)을 올린 모습이다. 하층 기단은 4매의 석재로 구성하였고 상층 기단 각 면에는 선각처럼 얇게 사천왕상(四天王像)을 새겨 놓았고, 네 모서리에는 두 손을 모아서 합장하고 서 있는 인물상이 별도로 새겨져 있어서 특이하다.

지붕돌은 처마가 두꺼우며 네 모퉁이에서 살짝 들려 있다. 8층 지붕돌에는 풍탁(風鐸)이 달려 있다. 상륜부(相輪部)는 찰주(擦柱)와 복발(覆鉢)이 남아 있으며, 원래는 9층탑으로 추정된다.

신라 선덕여왕 15년(646) 자장율사가 처음 세워 사리(舍利)를 봉안하였다고 하며, 임진왜란 때 파괴된 것을 조선 정조 8년(1784)에 다시 세워 놓은 것으로, 1972년 보수하였으며, 1989년 해체 복원할 때 58개의 사리가 나왔고 2007년 10월 보수·정비가 이루어졌다.

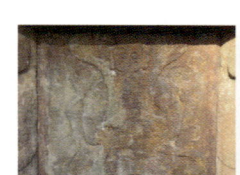
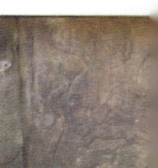

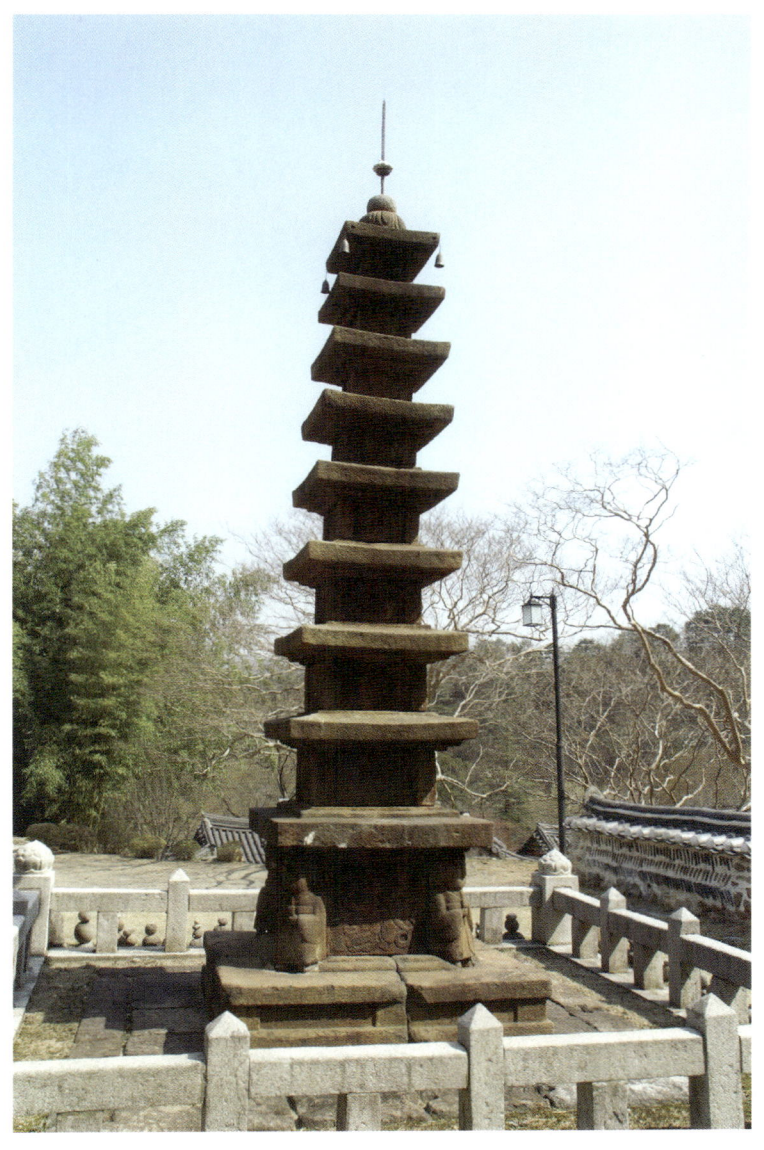

내원사 삼층석탑

內院寺三層石塔

보물 제1113호

소재지 경남 산청군 삼장면 대포리 538

이 탑은 이중 기단(基壇) 위에 3층의 탑신(塔身)을 쌓아 올린 형태이다. 지대석(地臺石)과 하층 기단 면석은 같은 돌 4매로 구성하였고, 하층 기단 각면에는 두 개의 우주(隅柱)와 두 개의 탱주(撑柱)를 새겼다.

상층 기단에는 우주(隅柱)와 탱주(撑柱)가 각 하나씩 새겨져 있다.

탑신부(塔身部)는 몸돌과 지붕돌이 각각 한 돌로 되어 있고, 몸돌에는 우주(隅柱)가 새겨져 있다. 지붕돌의 밑면 층급받침은 4단씩이며 추녀는 직선으로 네 귀퉁이에서 치켜 올려져 있다.

상륜부(相輪部)는 남아 있지 않다. 1950년 도굴꾼에 의해 파괴된 것을 1961년 복원하였다. 전체적인 조각수법으로 보아 통일신라 9세기 후기에 세워진 작품으로 추정된다. 주변에는 석등 부재와 각종 석조물의 파편 등이 있다.

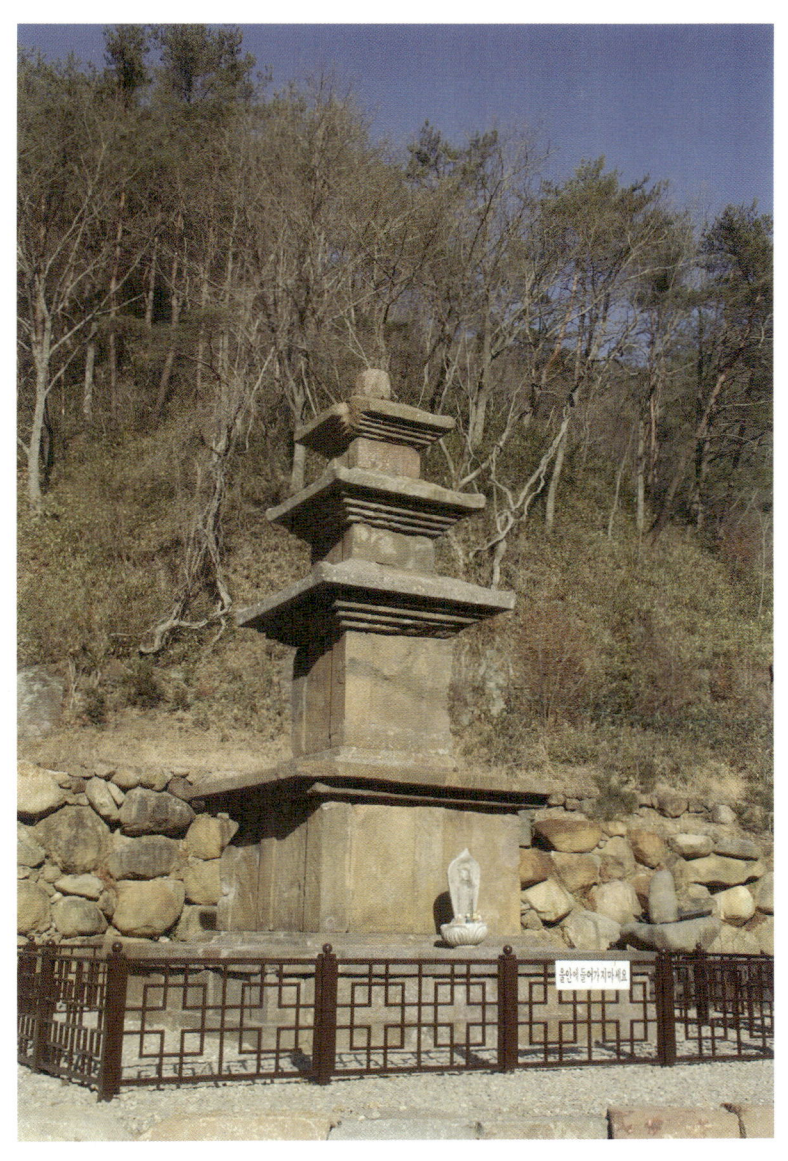

산청 대포리 삼층석탑

山淸大浦里三層石塔

보물 제1114호

소재지 경남 산청군 삼장면 대포리 576

이 탑은 이중 기단(基壇) 위에 3층의 탑신(塔身)을 올린 모습이다.

지대석(地臺石)과 하층 기단의 면석은 같은 한 돌이고, 면석에는 2개의 탱주(撑柱)가 새겨져 있다. 탑신부(塔身部)는 몸돌과 지붕돌이 각각 하나의 돌로 이루어져 있다. 몸돌은 1층에 비해 2·3층은 눈에 띄게 줄어들었다. 각 층의 몸돌에는 우주(隅柱)가 새겨져 있다.

지붕돌은 밑면의 층급받침이 4단씩이고, 처마는 수평을 이루고, 네 귀퉁이에서 살짝 들려 있다. 상륜부(相輪部)는 남아 있지 않다.

1층 몸돌은 크게 파손되어 새로 만든 것이며, 3층 몸돌도 없던 부재를 만들어 새로 끼워 놓았다. 오랫동안 무너져 있던 것을 1989년 복원하였다. 조각수법으로 보아 통일신라 후기의 탑으로 추정된다.

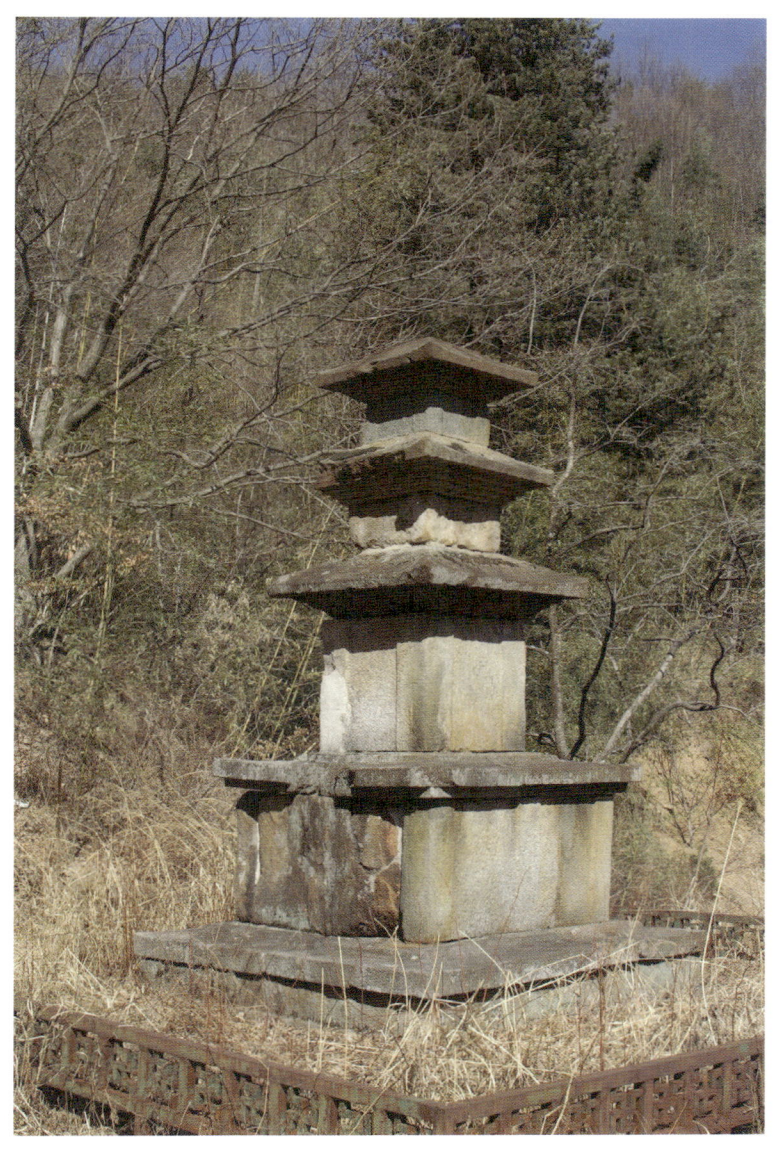

진양 효자리 삼층석탑

晋陽孝子里三層石塔

보물 제379호

소재지 경남 진주시 수곡면 효자리 448

이 탑은 이중 기단(基壇) 위에 3층 탑신(塔身)을 올린 형태로 기단에는 탱주(撑柱)와 우주(隅柱)가 새겨져 있다. 상층 기단에는 2단의 괴임을 두어 몸돌을 받치게 하였다. 탑신부(塔身部)는 몸돌과 지붕돌이 한 돌로 되어 있다. 1층 몸돌은 2·3층에 비하여 지나치게 높다. 각 층 몸돌에는 우주(隅柱)를 새겼는데, 1층의 몸돌 정면에는 창살이 있는 두 짝의 문 모양[門扉形]에 두 개의 고리가 새겨져 있다. 지붕돌은 두꺼운 편이며, 밑면 층급받침은 1·2층이 4단, 3층은 3단으로 줄어들었다. 처마선은 위아래가 모두 수평을 이루다가 네 귀퉁이에서 살짝 들려 있다. 상륜부(相輪部)는 남아 있지 않다. 조각수법으로 보아 고려시대 건립된 것으로 추정된다.

이곳은 예전부터 탑골로 불렸으며, 주변에는 석등 부재와 주춧돌, 석주 등 석조물이 남아 있다.

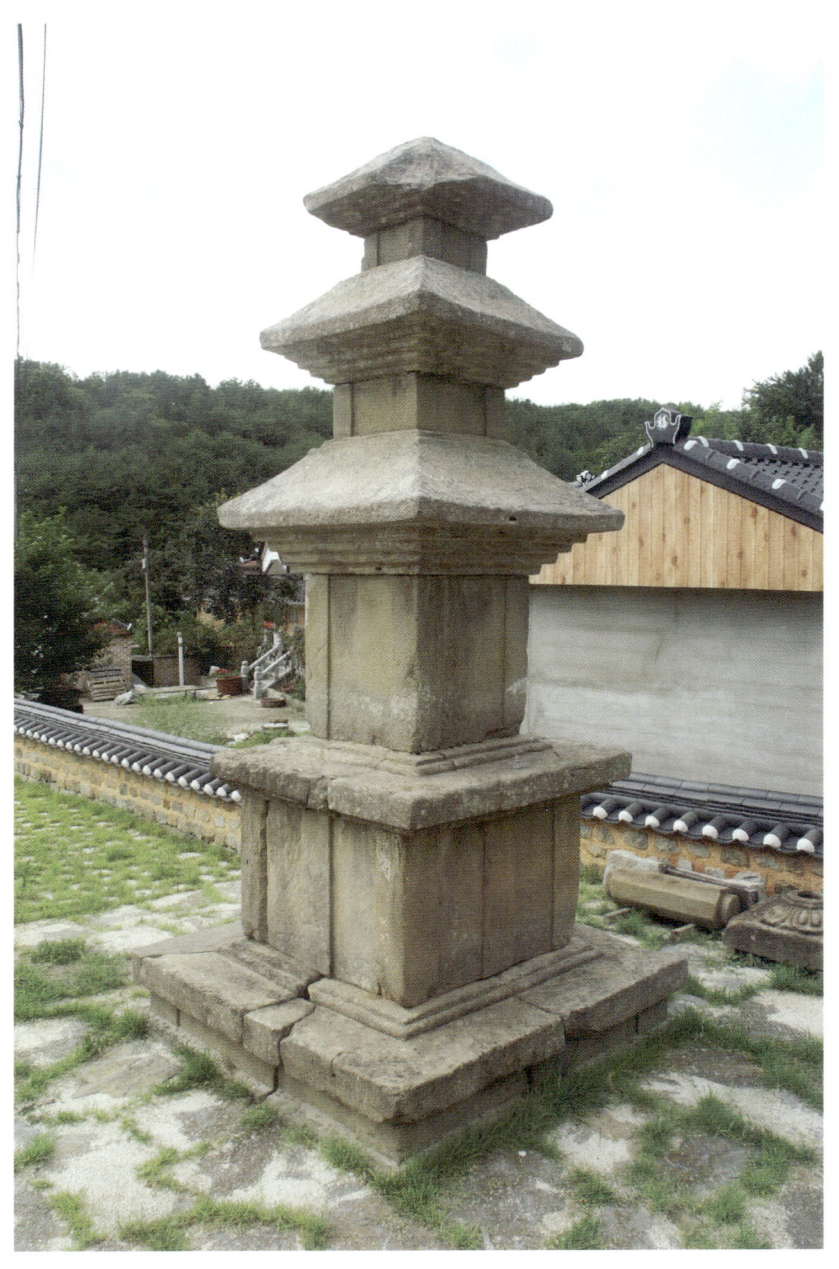

술정리 서삼층석탑
述亭里西三層石塔

보물 제520호

소재지 경남 창녕군 창녕읍 술정리 309-1

이 탑은 이중 기단(基壇) 위에 3층의 탑신(塔身)을 올린 모습이다.

하층·상층 기단을 8개의 돌로 구성하였는데, 하층 기단은 바닥돌과 한 돌로 붙여서 돌을 짜 맞추었고 면석 각면에는 2개의 탱주(撐柱)와 우주(隅柱)가 새겨져 있다. 상층 기단은 각 면마다 중간에 작은 널돌을 한 장씩 끼웠으며, 4면에 2개씩의 커다란 안상(眼象)을 조각하였다. 남쪽 면의 중간에는 후대에 문짝모양(門扉)을 새겨 넣어 특이하다.

탑신부(塔身部)는 몸돌과 지붕돌이 각각 하나의 돌로 구성되어 있고, 몸돌에는 네 모서리에 우주(隅柱)를 새겼다. 지붕돌은 밑면 층급받침이 5단씩이고, 네 귀퉁이가 치켜 올려져 있어 매우 경쾌한 느낌이다.

상륜부(相輪部)는 네모난 노반(露盤) 위로 복발(覆鉢)

이 남아 있다. 전체적인 조각수법으로 보아 통일신라 9
세기의 탑으로 추정된다.

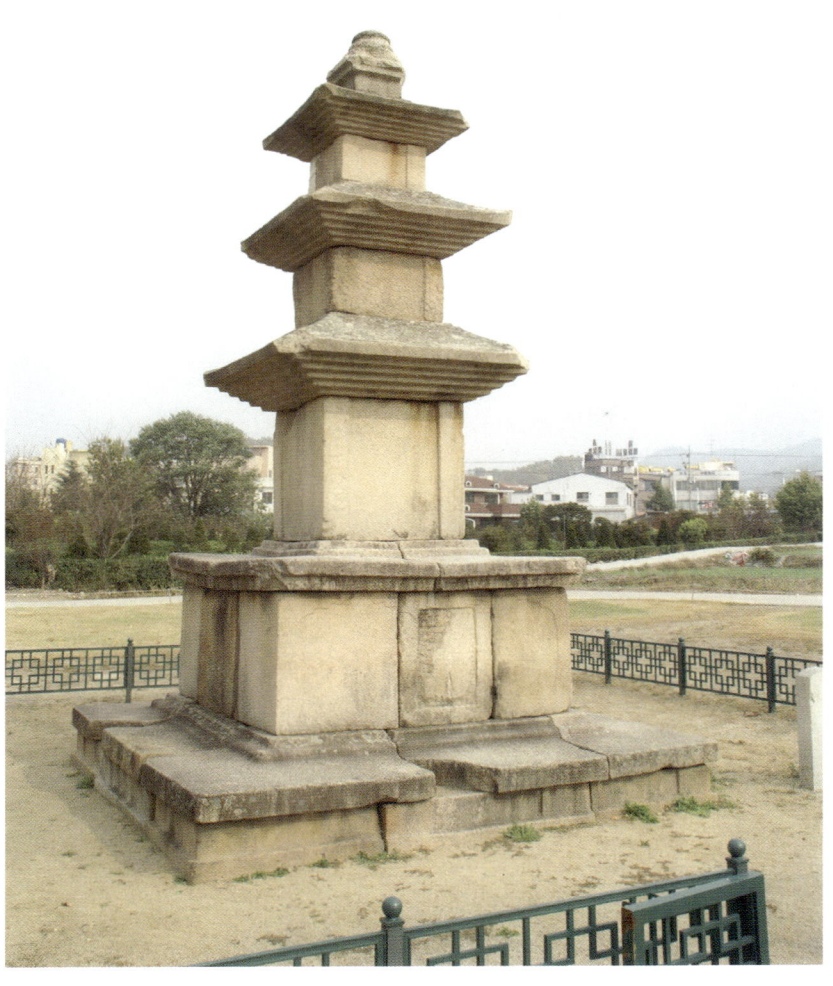

승안사지 삼층석탑
昇安寺址三層石塔

보물 제294호

소재지 경남 함양군 수동면 우명리 263

이 탑은 이중 기단(基壇) 위에 3층의 탑신(塔身)을 올린 모습이다.

기단의 각 면에는 탱주(撐柱)와 우주(隅柱)가 새겨져 있다. 상층 기단에는 보살, 공양상, 비천(飛天)의 모습을 조각하였다. 또한 맨 윗돌 갑석(甲石)에는 복련(覆蓮)의 연꽃조각을 새겨 놓아 특이하다.

탑신부(塔身部)는 몸돌과 지붕돌이 각각 하나의 돌로 이루어져 있다. 몸돌에는 우주(隅柱)를 조각하였고, 1층의 몸돌에는 각 면마다 사천왕상(四天王像)을 조각하여 놓았다. 2층부터는 몸돌의 크기가 줄어들고 있다. 지붕돌은 몸돌에 비해 넓고, 밑면 층급받침은 4단이다. 경사는 다소 급하고, 처마는 네 귀퉁이가 들려 있지 않아 둔중한 느낌이다.

상륜부(相輪部)는 노반(露盤) 위에 복발(覆鉢)과 앙화

(仰花)가 남아 있다. 통일신라 석탑 양식을 이어받은 고려 시대 초기의 탑으로 추정된다. 이 탑은 원래 위치에서 옮겨졌는데, 1962년 탑을 옮길 당시 1층 몸돌에 있던 사리공에서 홍치칠년(弘治七年)의 묵서명과 함께 사리장엄구가 발견되어 처음 탑을 옮겨 세운 시기가 조선 성종 25년 (1494)인 것을 알 수 있다. 발견된 사리장엄구는 현재 국립경주박물관에 소장되어 있다. 탑의 높이는 4m이다.

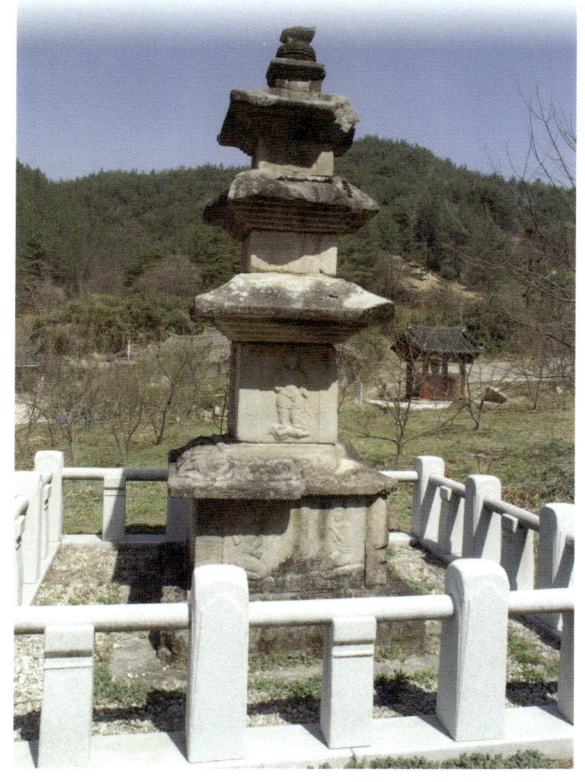

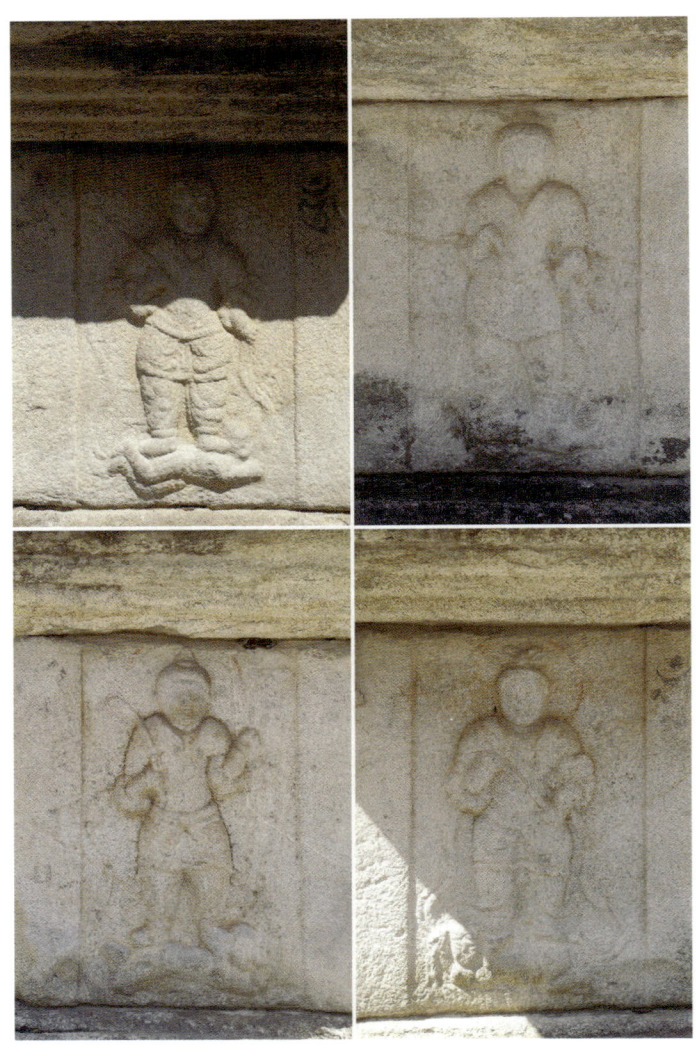

사천왕상(四天王像)

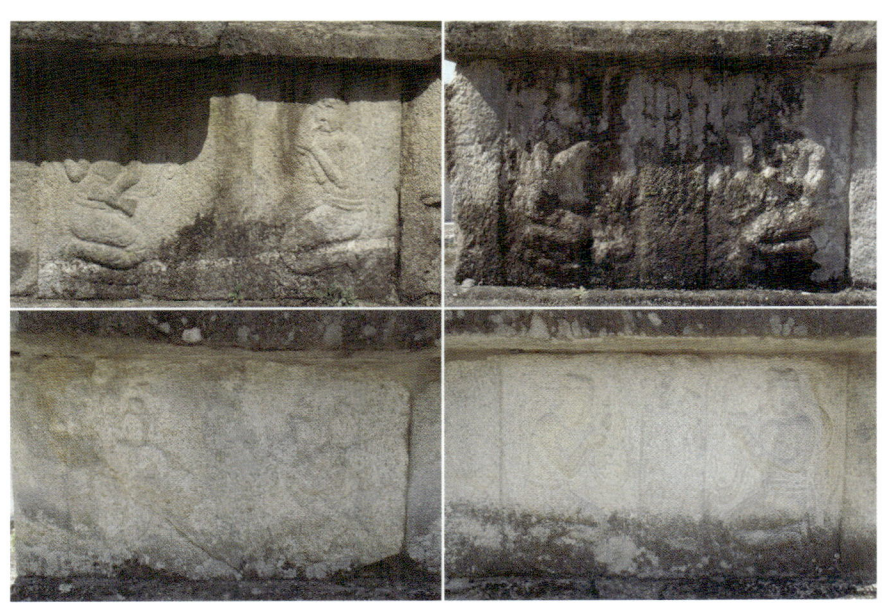

기단부의 장엄 조각

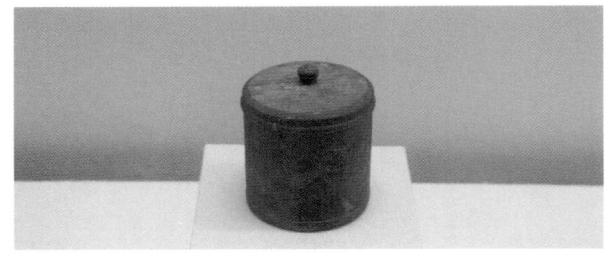

원통형 청동 사리합(국립경주박물관 소장)

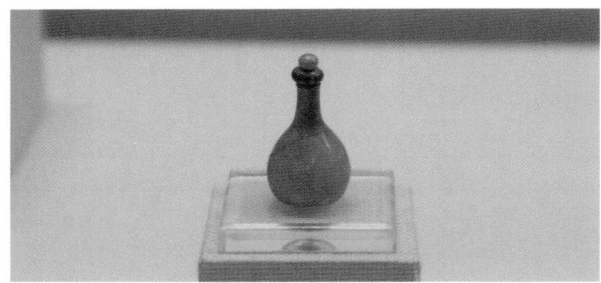

녹유리 사리병(국립경주박물관 소장)

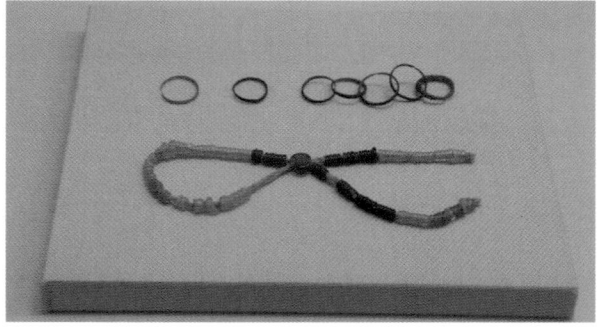

은제 및 동제 반지(국립경주박물관 소장)

벽송사 삼층석탑

碧松寺三層石塔

보물 제474호

소재지 경남 함양군 마천면 추성리 산18-1 벽송사

이 탑은 이중 기단(基壇) 위에 3층 탑신(塔身)을 올린 형태로 통일신라시대 석탑 양식을 보이고 있다.

상층 기단 면석 각면에 우주(隅柱)와 탱주(撐柱)가 새겨져 있다. 탑신부(塔身部)는 몸돌과 지붕돌이 한 돌로 구성되어 있고, 몸돌에는 우주(隅柱)가 새겨져 있으며, 지붕돌은 추녀가 얇고 반듯하며 윗부분은 경사가 급하고 살짝 치켜져 있다. 밑면 층급받침이 1·2층은 4단씩이고, 3층은 3단이다. 상륜부(相輪部)는 노반(露盤)과 복발(覆鉢)만 남아 있다.

벽송사가 조선 중종 15년(1520)에 창건한 사찰로 보아 이 탑도 조선시대 작품으로 추정된다. 2007년 주변 정비되었다.

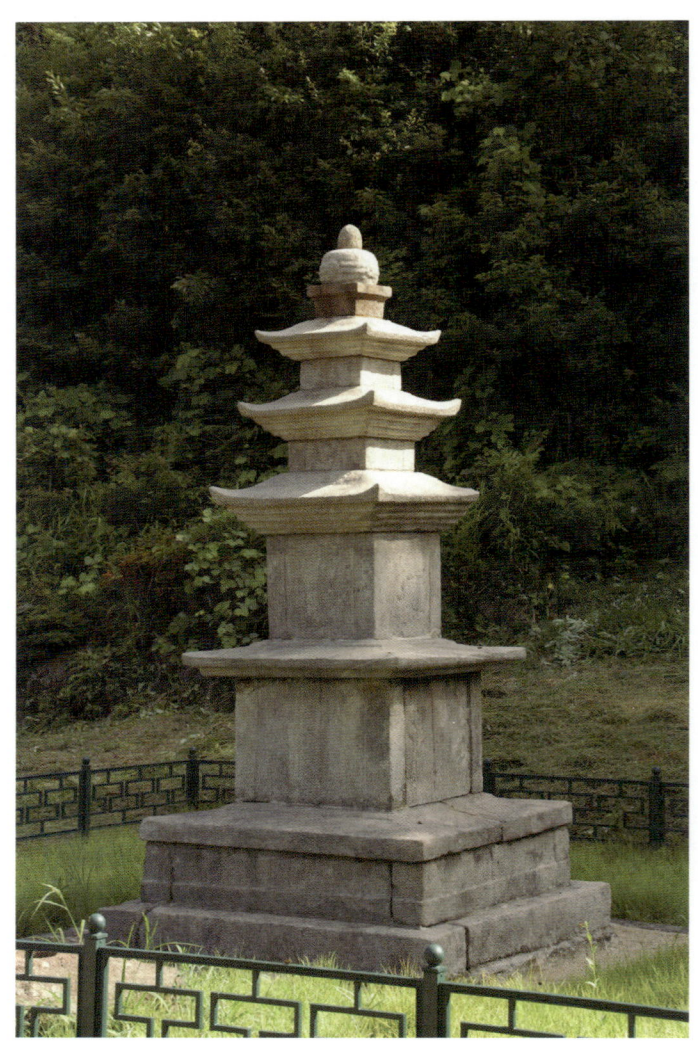

월광사지 삼층석탑

月光寺址三層石塔

보물 제129호

소재지 **경남 합천군 야로면 월광리 369**

　이 탑은 동·서로 세워진 쌍탑으로, 이중 기단(基壇) 위에 3층 탑신(塔身)을 올린 모습이다.

　기단에는 각 면에 탱주(撑柱)와 우주(隅柱)를 조각해 두었다. 탑신부(塔身部)는 몸돌과 지붕돌이 한 돌로 구성 되어 있고, 몸돌에는 우주(隅柱)가 새겨져 있으며, 지붕돌 은 밑면의 층급받침이 5단씩이다. 전체적으로 볼 때 두 탑이 거의 비슷하지만, 탱주 수가 기단 각 면의 서탑은 2 개이고, 동탑은 1개인 것이 차이점이다. 각 부분의 구성 방양식이 약간 다른 점을 보이고 있어, 만들어진 연대가 조금 차이가 난다. 서탑 상륜부(相輪部)는 없어졌고, 동탑 (東塔)에만 노반(露盤)이 남아 있다. 서탑은 무너진 것을 복원한 것이며, 통일신라 후기 작품으로 추정된다. 현재 이곳에는 1970년에 세운 월광사가 있으며, 대가야국의 태 자 월광이 창건했다고 해서 월광사터라 불리고 있다.

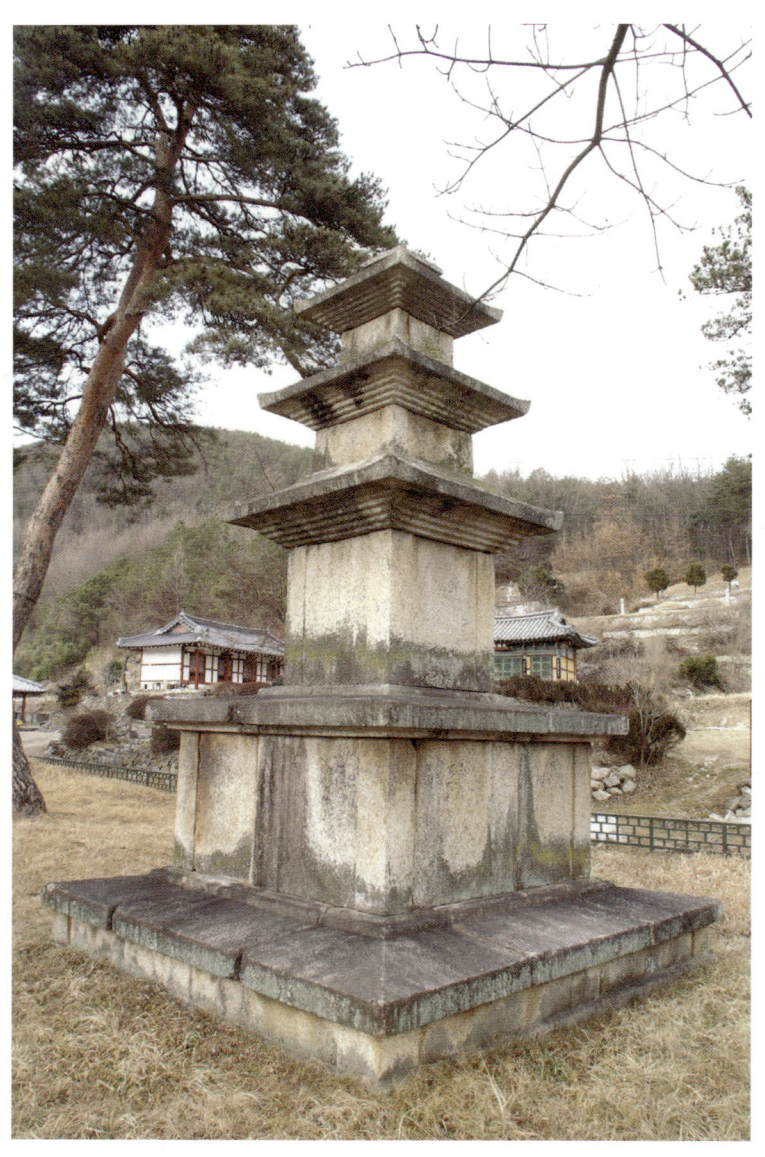

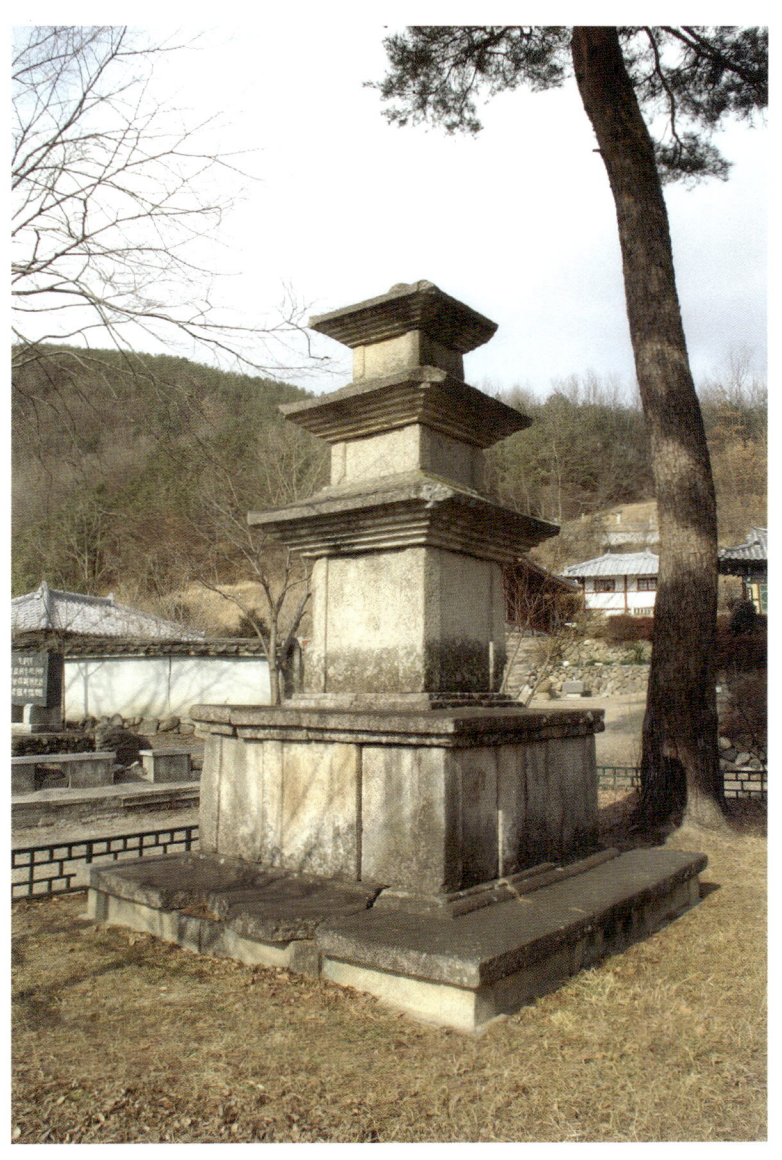

청량사 삼층석탑

清凉寺三層石塔

보물 제266호

소재지 경남 합천군 가야면 황산리 973

이 탑은 청량사 대웅전 앞에 서 있으며, 이중 기단(基壇) 위에 3층의 탑신(塔身)을 올린 모습이다. 바닥돌 위의 하층 기단은 가운데 돌을 한 돌로 하여 4매의 석재로 되어 있다. 하층 기단·상층 기단에는 탱주(撐柱)와 우주(隅柱)를 조각하였다. 탑 주위에는 넓게 탑구(塔區)가 형성되어 있다. 탑신부(塔身部)는 몸돌과 지붕돌이 각각 한 돌로 구성되어 있다.

몸돌에는 모서리마다 우주(隅柱)를 새겨 놓았다. 지붕돌은 네 귀퉁이가 경쾌하게 치켜 올라가 있고 밑면 층급받침은 5단이다. 상륜부(相輪部)는 노반(露盤)만 남아 있다.

1958년 수리할 때 3층 지붕돌에서 사리를 두던 둥근 공간이 있음을 확인하였다. 조각수법으로 보아 통일신라시대 9세기에 작품으로 추정된다. 현재 석등(보물 제253호)과 석조 석가여래좌상(보물 제265호)이 남아 있다.

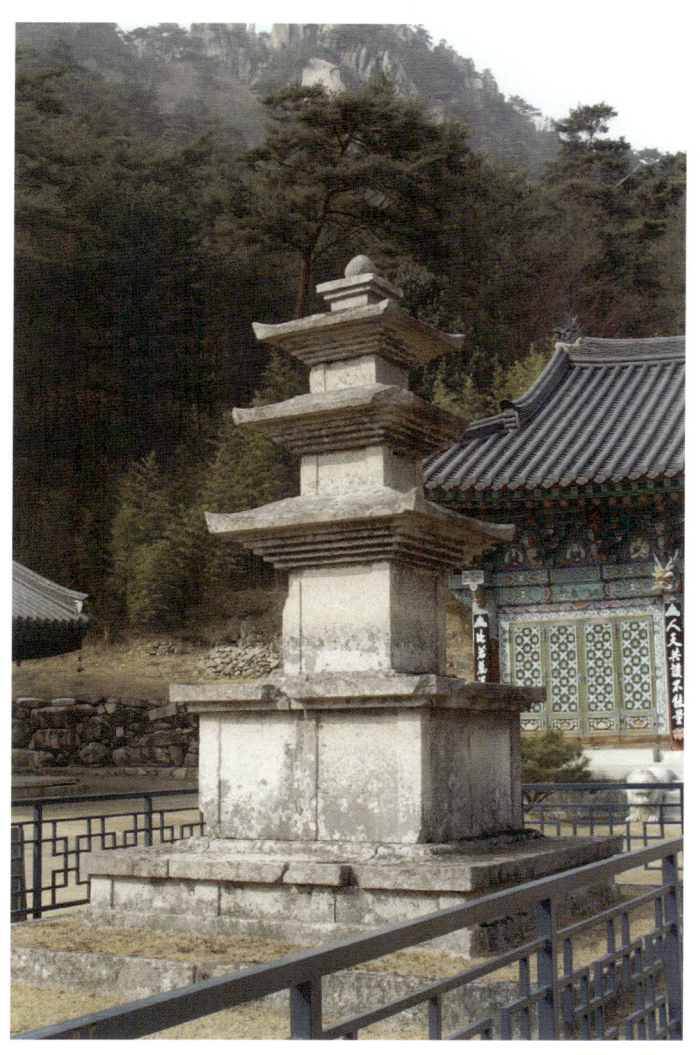

해인사 원당암 다층석탑 및 석등
海印寺願堂庵多層石塔·石燈

보물 제518호

소재지 경남 합천군 가야면 치인리 10

해인사에서 가장 먼저 세워진 암자인 원당암 보광전 앞에 있는 다층 석탑과 석등이다. 점판암으로 만든 청석탑(青石塔)이다.

단층으로 된 기단 밑면에는 돌아가며 연꽃무늬를 장식하였고, 윗면은 네 모서리에 대리석 돌기둥을 세웠으며, 맨 윗돌에도 연꽃무늬를 새겼다. 몸돌은 현재 남아 있지 않으며 지붕돌만 10층이 쌓여 있다.

9층과 10층은 비례가 맞지 않아 그 사이에 또 다른 지붕돌이 없어진 듯이 보인다. 지붕돌 처마는 네 귀퉁이에서 위로 살짝 들려 올라갔다. 상륜부(相輪部)에는 낮은 노반(露盤)이 있고, 복발(覆鉢)로 보이는 것을 올려놓았다.

청석탑은 대체로 고려시대에 지역별로 유행하지만 이 석탑은 통일신라 말기에 만들어져 청석탑 중에서도 시기가 빠르다고 할 수 있다.

옆의 석등도 탑과 동일한 통일신라시대 하대 작품으로 보이며, 지붕돌이 점판암으로 되어 있고 다른 부재는 화강암이어서 탑의 부재로 추정된다. 현재 석등에서 중요한 화사석(火舍石)은 남아 있지 않다.

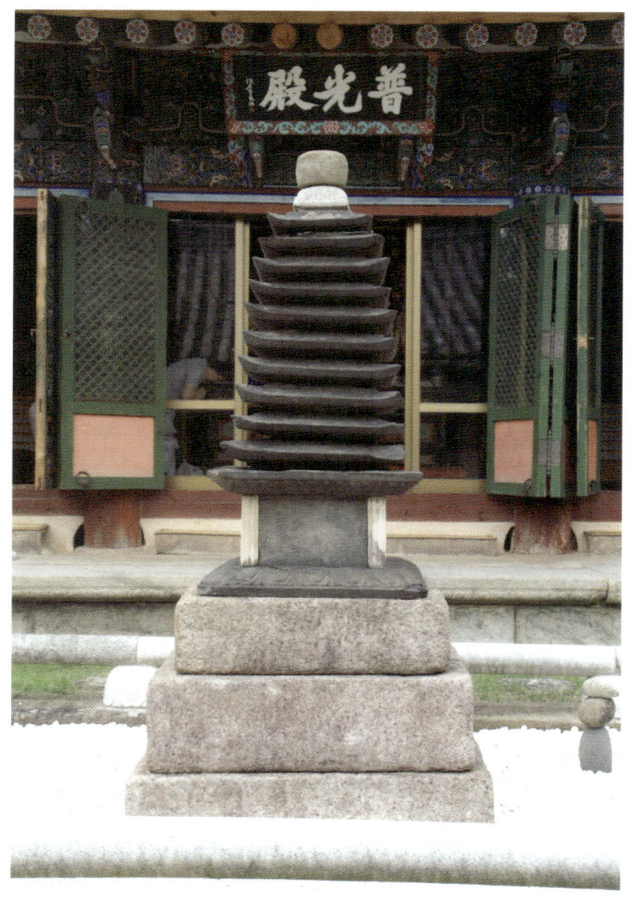

해인사 길상탑

海印寺吉祥塔

보물 제1242호

소재지 경남 합천군 가야면 치인리 10

이 탑은 해인사 일주문에서 남쪽으로 약 70m 지점에 있다. 이중 기단(基壇) 위에 3층 탑신(塔身)을 올린 모습이다. 일반적인 탑과는 다르게 상층 기단이 하나의 돌로 이루어져 있다. 기단부는 낮고 넓어서 안정된 느낌이다. 탑신부(塔身部)는 몸돌과 지붕돌을 하나의 돌로 조성하였으며, 몸돌은 1층 몸돌이 2·3층의 몸돌보다 크며, 모서리에는 우주(隅柱)를 조각해 놓았다. 지붕돌은 밑면 층급받침 수가 각 층 모두 5단이며, 처마는 네 귀퉁이에서 뚜렷하게 치켜 올려져 있어 경쾌한 느낌이 든다. 상륜부(相輪部)는 노반(露盤)만 남아 있다.

1966년 탑 안에서 탑지 4매와 157기의 소탑(小塔) 등 석탑의 공양품이 나와 현재 국립중앙박물관에 소장되어 있다. 탑지(塔誌) 4매의 기록은 통일신라 후기 당시 대문장가인 고운 최치원이 작성한 것으로 유명하다. 이 글에는 신라 진성여왕 9년(895)을 전후한 7년에 걸친 통일신라 후기의 혼란 속에서 도둑들로부터 절의 보물을 지키려다 희생된 스님들의 영혼을 달래기 위해서 탑을 건립했다는 내용이 담겨 있어 당시 사회상과 경제 상황을 알 수 있는 중요한 자료로 평가된다. 전형적인 통일신라 후기 9세기의 작품으로 추정되며 높이는 3m이다.

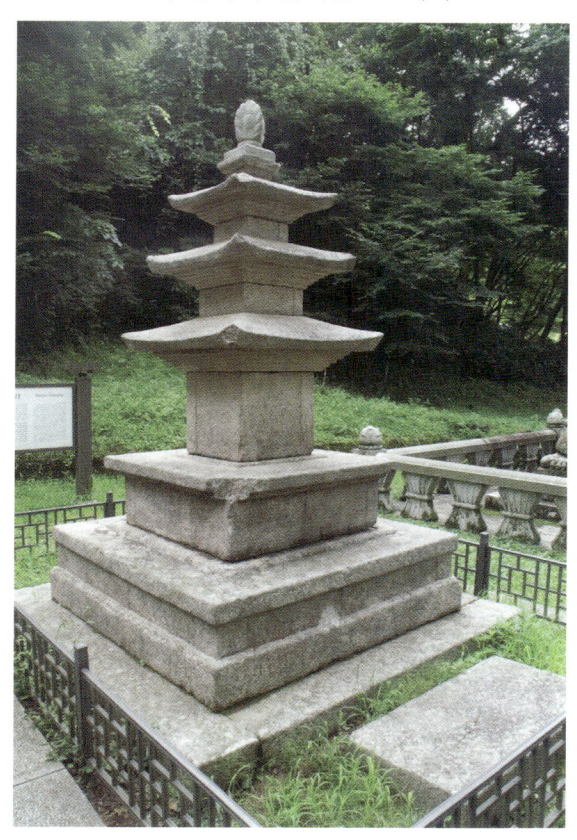

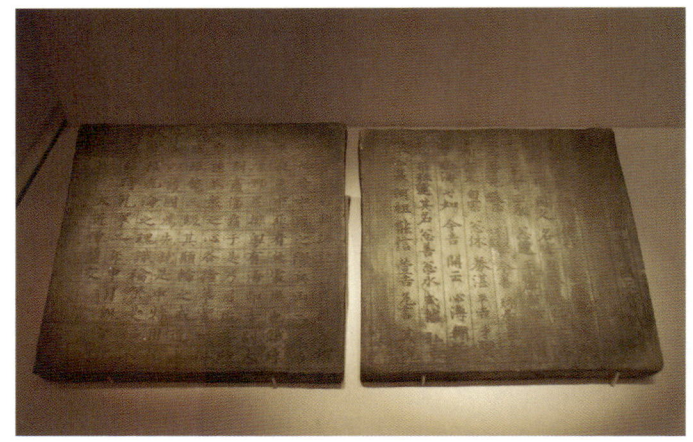

탑지(塔誌: 국립중앙박물관 소장)

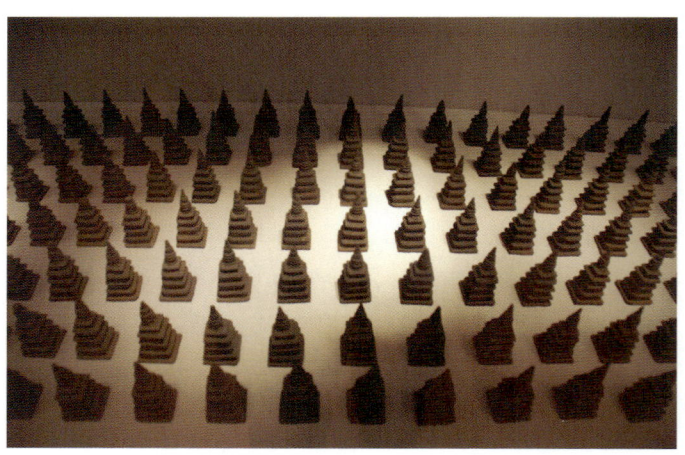

소탑(小塔: 국립중앙박물관 소장)

영암사지 삼층석탑

靈岩寺址三層石塔

보물 제480호

소재지 경남 합천군 가회면 둔내리 1659

　이 탑은 무너져 있던 것을 1969년에 복원한 것으로
이중 기단(基壇) 위에 3층 탑신(塔身)을 올린 형태이다.
　기단에는 탱주(撑柱)와 우주(隅柱)가 새겨져 있다. 탑
신부(塔身部)는 몸돌과 지붕돌이 각각 한 돌로 구성되어
있고, 몸돌에는 모서리에 우주(隅柱)를 새겼다. 1층 몸돌
은 높은 편이며 2·3층은 크게 줄었다. 지붕돌은 밑면
층급받침이 4단씩이고, 처마 밑은 수평이며 경사가 완만
한 곡선으로 네 귀퉁이에서 살짝 치켜 올라가 있다. 상
륜부(相輪部)는 모두 없어졌다. 조각수법으로 보아 건립
시기는 통일신라 9세기의 작품으로 추정된다.
　영암사는 절의 창건연대는 알려지지 않았으나 1014년
에 적연선사(寂然禪師)가 이곳에서 입적했다는 기록이
있어 그 이전에 세워진 것으로 보이며, 절터에는 쌍사자
석등(보물 제353호), 귀부(보물 제489호)가 있다.

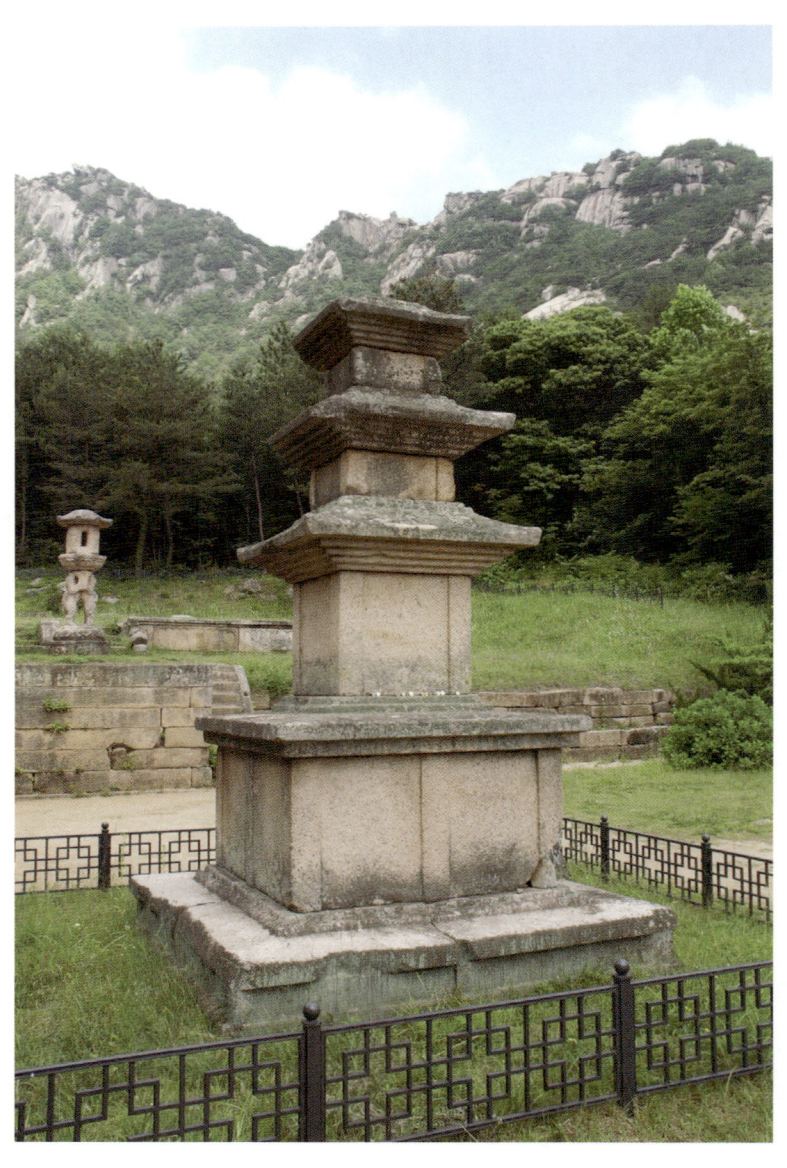

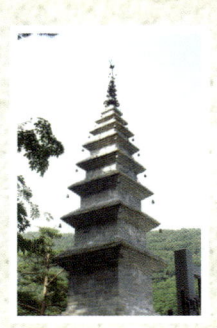

강원도

신복사지 삼층석탑

神福寺址三層石塔

보물 제87호

소재지 강원도 강릉시 내곡동 403-2

신복사의 옛터에 남아 있는 탑으로 이중 기단(基壇) 위에 3층의 탑신(塔身)을 올린 형태이다. 기단부는 지대석 상면에 복련(覆蓮)을 새겼고, 하층 기단의 4면에는 안상(眼象)을 3개씩 새겨 넣었다.

탑신부(塔身部)는 몸돌과 지붕돌이 각각 하나의 돌로 이루어져 있다.

1층 몸돌에는 감실(龕室)의 조각이 있다. 1층의 몸돌에 비해 2·3층은 그 크기가 줄어들었고, 지붕돌은 밑면의 층급받침 수가 3단이다.

상륜부(相輪部)는 노반(露盤), 복발(覆鉢), 앙화(仰花), 보륜(寶輪), 보주(寶珠)가 남아 있다. 탑의 앞쪽에는 보살석상(보물 제84호)이 있다. 이러한 모습은 월정사 팔각 9층석탑(국보 제48호)과 비슷하다.

조각 양식과 수법으로 보아 고려 전기의 작품으로 추

정된다. 신복사는 통일신라시대 범일국사(梵日國師)가 창
건한 절이다.

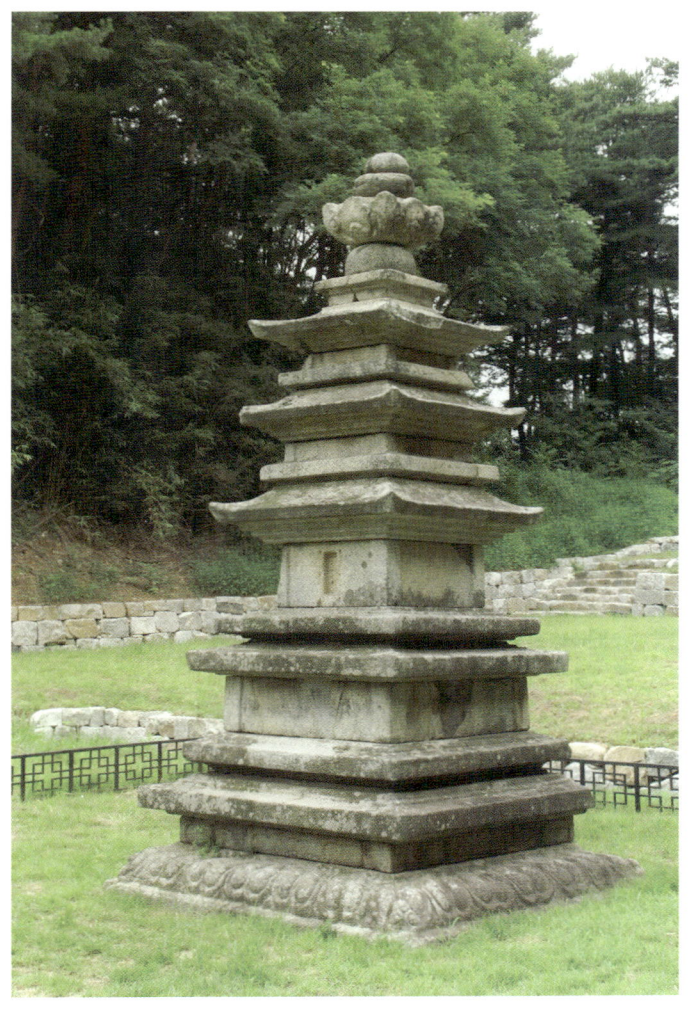

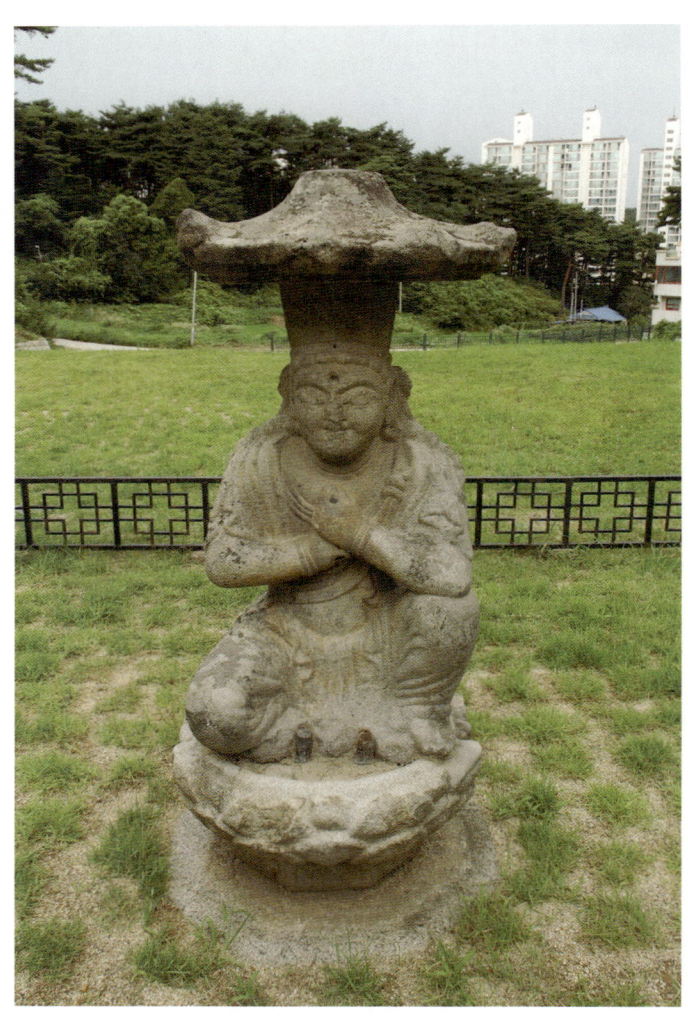

동해 삼화사 삼층석탑

東海三和寺三層石塔

보물 제1277호

소재지 강원도 동해시 삼화동 산172

이 탑은 이중 기단(基壇) 위에 3층 탑신(塔身)을 올린 형태이다.

4매의 장대석으로 짜인 지대석 위에 높은 하층 기단을 올렸으며, 면석에는 1주의 탱주(撐柱)와 우주(隅柱)가 새겨져 있다. 상대 갑석 위에 별석을 두어 그 위에 탑신을 받치고 있다.

탑신부(塔身部)는 몸돌과 지붕돌이 각각 하나의 돌로 이루어져 있다.

몸돌은 1층에 비해 2·3층의 높이가 줄어들었고, 각 면에는 우주(隅柱)가 새겨져 있다. 지붕돌의 층급받침은 4단이다.

상륜부(相輪部)는 노반(露盤)과 복발(覆鉢)이 놓여 있고, 그 위에 찰주(擦柱)가 꽂혀 있다. 찰주(擦柱)에는 보주(寶柱)가 남아 있다.

1997년 4월 25일 대웅전 앞에서 현재의 자리로 옮기면서 해체하여 복원하였는데, 이때 상층 기단 안에서 나무 궤짝이 발견되었다. 그 안에는 곱돌로 만든 소형 탑 25기와 청동제 불대좌 조각 2점, 철 조각 6점, 문서를 기록한 종이 1매 등이 들어 있었다.

조각수법으로 보아 통일신라 9세기 후반에 조성된 것으로 추정되나 고려시대 초기의 작품으로도 보고 있다.

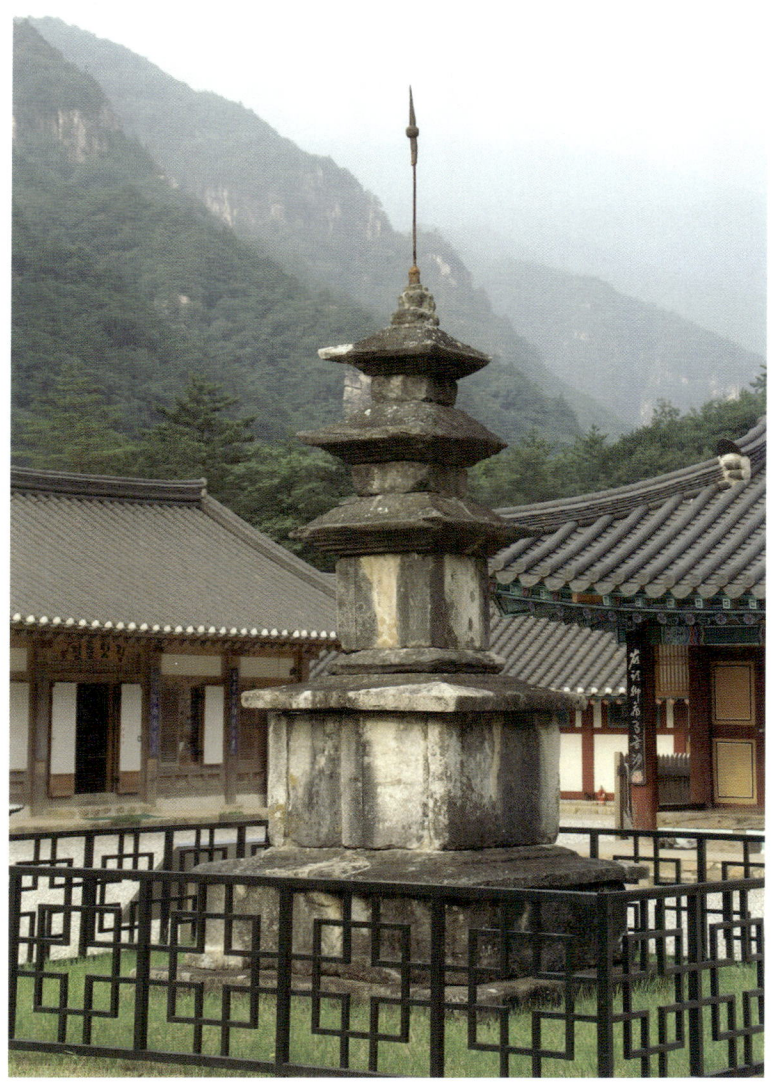

향성사지 삼층석탑

香城寺址三層石塔

보물 제443호

소재지 강원도 속초시 설악동 산11-2

　설악동 어귀에 있는 이 탑은 이중 기단(基壇) 위에 3층의 탑신(塔身)을 세운 형태이다. 하층 기단과 상층 기단에는 2개의 탱주(撑柱)와 우주(隅柱)를 새겨 놓았다.

　탑신부(塔身部)는 몸돌과 지붕돌이 각각 하나의 돌로 이루어져 있다.

　몸돌에는 우주(隅柱)를 새겼을 뿐 다른 장식은 없다. 지붕돌은 두께가 약간 두꺼워 보이며 밑면의 층급받침 수는 5단이다. 네 귀퉁이에 풍탁(風鐸)을 달았던 작은 구멍이 있고, 상륜부(相輪部)는 없어졌다.

　1966년 해체·보수공사를 하였는데, 이때 3층 몸돌의 가운데에서 정사각형으로 된 사리공을 찾아냈으나 사리 장치나 유물은 이미 없었다.

　통일신라시대의 일반적인 탑 양식으로 보아 9세기 말에 만들어진 작품으로 추정된다.

사적비에 의하면 향성사의 전신은 선정사(禪定寺)로
신라 애장왕 때 창건되었다고 한다.

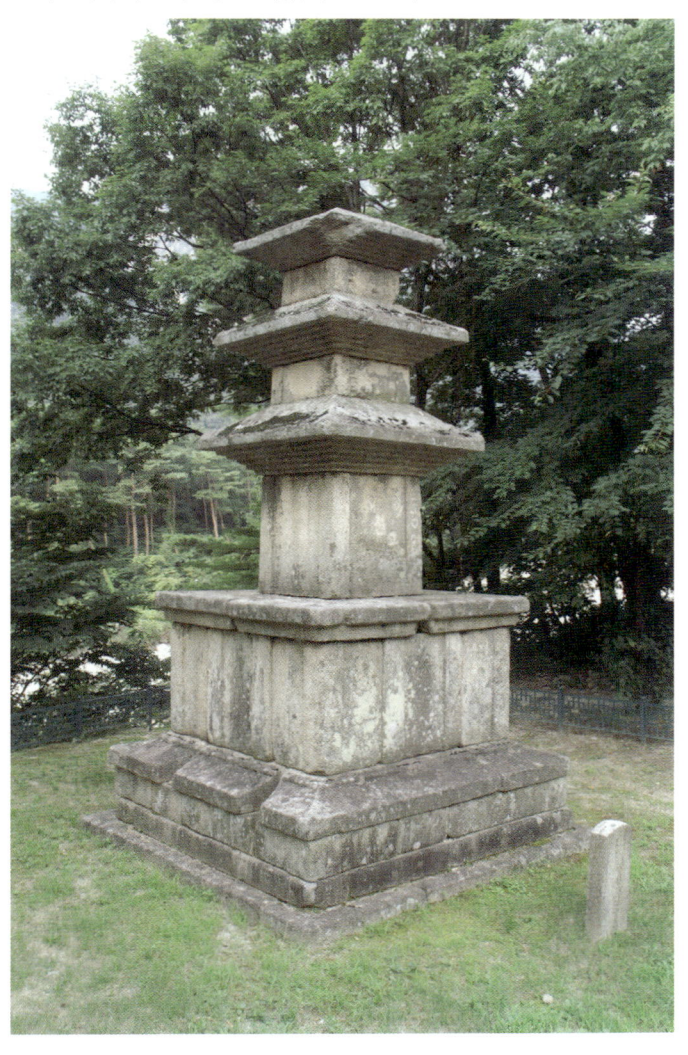

선림원지 삼층석탑

禪林院址三層石塔

보물 제444호

소재지 강원도 양양군 서면 황이리 424

이 탑은 이중 기단(基壇) 위에 3층의 탑신(塔身)을 세운 형태이다.

지대석은 6장의 판석으로 짜 맞추고 하층 기단 면석은 대체로 각면 2매씩 8매의 장대석으로 구성하였다. 갑석(甲石)은 6매로 조립하여 덮었다. 상층 기단 면석은 각면 2매씩 8매의 판석으로 구성하여 양 우주(隅柱)와 탱주(撑柱)로 구획하여 팔부중상(八部衆像)을 1구씩 새겨 놓았고 갑석은 4매의 판석으로 덮었다.

탑신부(塔身部)는 몸돌과 지붕돌이 각각 한 돌로 구성하였고, 1층 몸돌은 다소 높은 편이며, 2층 몸돌은 반으로 줄어들었고, 각 몸돌의 모서리에는 우주(隅柱)가 새겨져 있다. 지붕돌은 넓고 지붕의 경사가 급하게 내려오다가 처마의 네 귀퉁이에서 살짝 들려 있다. 밑면 층급받침은 5단이다.

상륜부(相輪部)는 노반(露盤)이 있고, 그 위에 보주(寶珠)가 놓여 있으나 후대의 것으로 보인다. 조각수법으로 보아 통일신라 9세기 후기에 것으로 추정된다. 1965년 보수 당시 기단부에서 소탑(小塔) 60여기와 동탁(銅鐸) 1개가 발견되어 현재 동국대학교박물관과 국립춘천박물관에 소장되어 있다. 1948년에는 정원 20년 명문(銘文)이 있는 신라 범종이 발견되어 주목되었다.

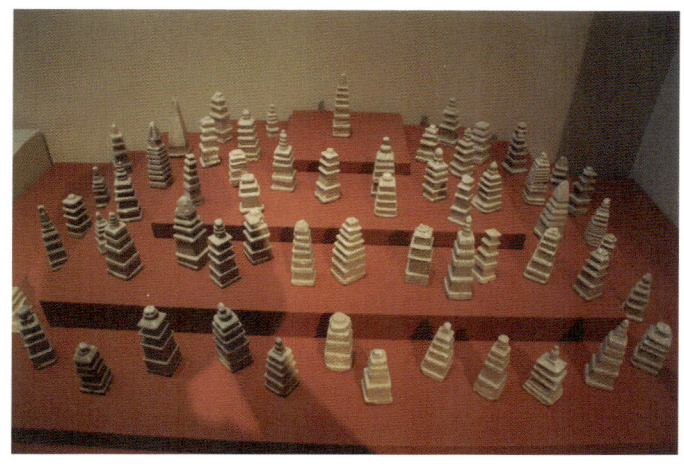

소탑(小塔: 국립춘천박물관 소장)

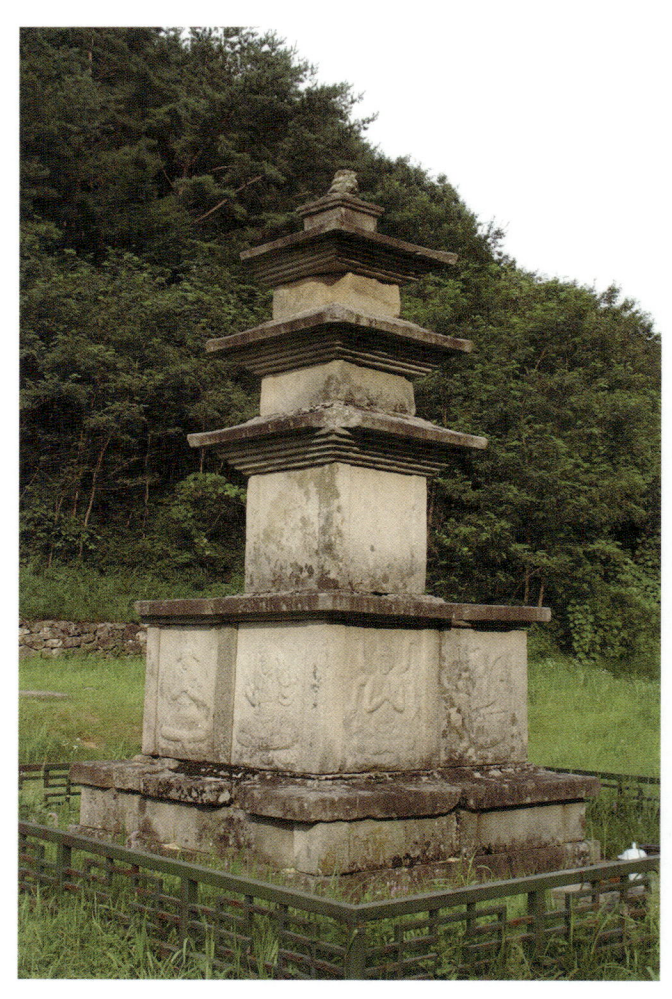

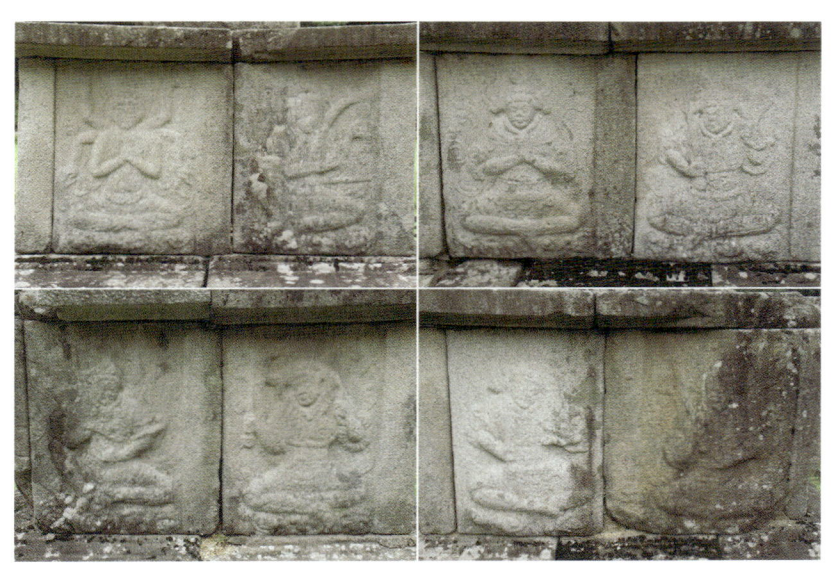

팔부중상(八部衆像)

양양 오색리 삼층석탑
襄陽五色里三層石塔

보물 제497호

소재지 강원도 양양군 서면 오색리 산1-21

성국사(城國寺:五色石寺)터로 전해지는 곳에 있는 이 석탑은 원래 동서로 있던 쌍탑 중 서탑이다. 이중 기단 (基壇) 위에 3층의 탑신(塔身)을 올린 형태이다. 기단에 는 탱주(撐柱)와 우주(隅柱)를 새겼다.

탑신부(塔身部)는 몸돌과 지붕돌이 각각 하나의 돌로 이루어져 있다.

각 층의 몸돌에는 모서리마다 우주(隅柱)를 조각하였 다. 지붕돌은 네 귀퉁이에서 살짝 들려 있어 경쾌한 느 낌을 주며, 층급받침은 4단으로 모서리에는 풍탁(風鐸)을 단 4개의 작은 구멍이 남아 있다.

상륜부(相輪部)는 없어졌고 높이는 5m이다. 완전히 무 너져 있던 것을 1971년에 복원한 것으로, 복원 당시 1층 몸돌 상면 가운데에서 길이 32㎝, 깊이 8.5㎝인 네모난

사리공(舍利孔)이 발견되었다. 조각수법으로 보아 통일신
라 9세기 후반의 작품으로 추정된다.

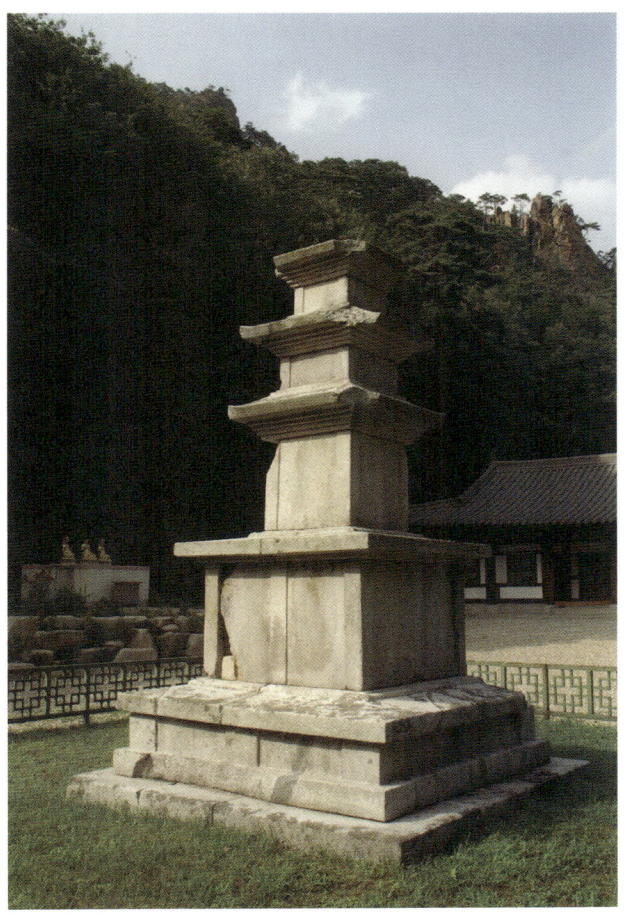

낙산사 칠층석탑

洛山寺七層石塔

보물 제499호

소재지 강원도 양양군 강현면 전진리 55 낙산사

이 탑은 조선 세조 13년(1467)에 이르러 현재의 7층으로 조성한 것이다. 이때 수정으로 만든 염주(念珠)와 여의주를 탑 속에 봉안하였다고 한다.

단층 기단(基壇) 위에 세워져 있으며, 기단부는 정사각형의 바닥돌 위로 밑돌을 놓았는데 윗면에 24잎의 연꽃무늬를 새겼다.

탑신부(塔身部)는 몸돌과 지붕돌이 각각 하나의 돌로 구성되어 있다. 각 층의 몸돌 아래로는 몸돌보다 넓고 두꺼운 괴임이 1단씩 있어 특징적이다. 지붕돌은 네 귀퉁이의 들림이 있으나 파손 상태가 다소 심하며 3단의 층급받침을 하고 있다. 상륜부(相輪部)에는 청동으로 만든 복발(覆鉢)과 보륜(寶輪), 보주(寶珠)가 청동제 찰주(擦柱)에 꽂혀 있는데, 그 형태가 중국 원(元)나라 시대의 라마탑을 연상하게 하고 있다.

고려시대 석탑 양식을 이어받고 있으며, 인근 강릉 지역의 탑들과 비교해 볼 수 있는 작품이다.

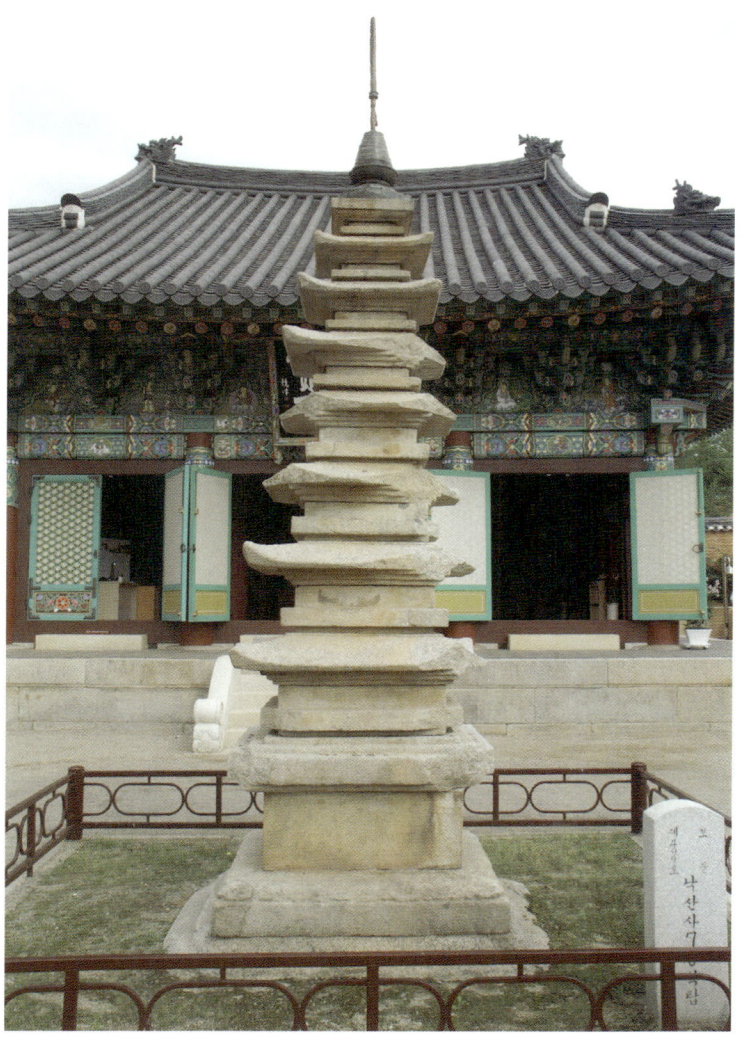

흥법사지 삼층석탑

興法寺址三層石塔

보물 제464호

소재지 강원도 원주시 지정면 안창리 517-2

이 탑은 이중 기단(基壇) 위에 3층 탑신(塔身)을 쌓아 올린 형태이다. 하층 기단 각 면에는 우주(隅柱)와 탱주(撑柱)가 없이 3구씩의 안상(眼象)이 조각되어 있고, 안에는 귀꽃이 솟아 올라 새겨져 있다.

탑신부(塔身部)는 몸돌과 지붕돌이 각각 하나의 돌로 구성되어 있다.

각 층의 몸돌에는 모서리마다 우주(隅柱)를 새겨 놓았으며, 1층 몸돌에는 문비(門扉)가 새겨져 있고, 문비 안에는 문고리 장식이 남아 있다.

지붕돌은 윗부분이 두꺼우며 경사가 가파르고, 추녀 끝이 약간 치켜 올려져 있다. 아래 밑면 층급받침은 4단으로 되어 있다.

상륜부(相輪部)는 노반(露盤)만 남아 있다. 조각수법으로 보아 고려 전기에 만든 작품으로 추정된다.

흥법사터에는 현장에 진공대사탑비 귀부 및 이수(보물 제463호)가 남아 있으며, 전흥법사염거화상탑(국보 제104호) · 흥법사진공대사탑부석관(보물 제365호) 등이 국립중앙박물관에 옮겨져 있다.

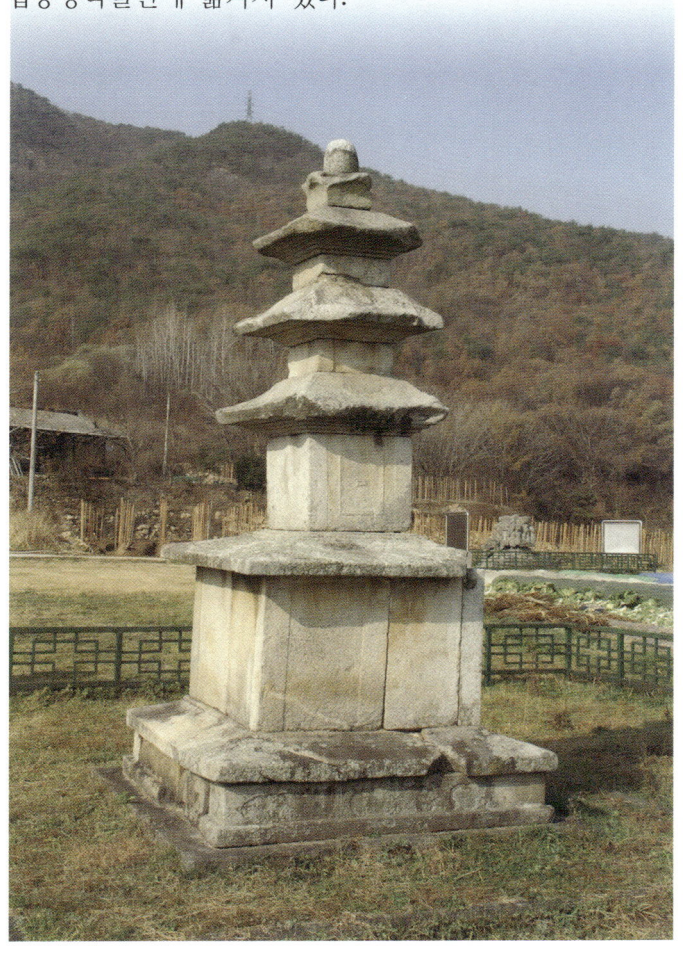

거돈사지 삼층석탑
居頓寺址三層石塔

보물 제750호

소재지 강원도 원주시 부론면 정산리 188

이 탑은 이중 기단(基壇) 위에 3층 탑신(塔身)을 올린 모습이다.

하층 기단과 상층 기단에는 탱주(撑柱)와 우주(隅柱)를 새겨 놓았다.

탑신부(塔身部)는 몸돌과 지붕돌이 각각 하나의 돌로 이루어져 있다.

몸돌에는 우주(隅柱)를 새겼을 뿐 다른 장식은 없다. 지붕돌은 5단의 밑면 층급받침을 두었고, 두꺼우면서 경사면의 네 모서리가 곡선을 이루며 처마는 끝부분에서 살짝 들려 있다.

상륜부(相輪部)에는 노반(露盤)만 남아 있었으나 그 위에 연꽃 모양의 보주(寶珠)를 최근 얹어 놓았다.

조각수법으로 보아 탑의 조성연대는 통일신라 9세기 후기 작품으로 추정된다.

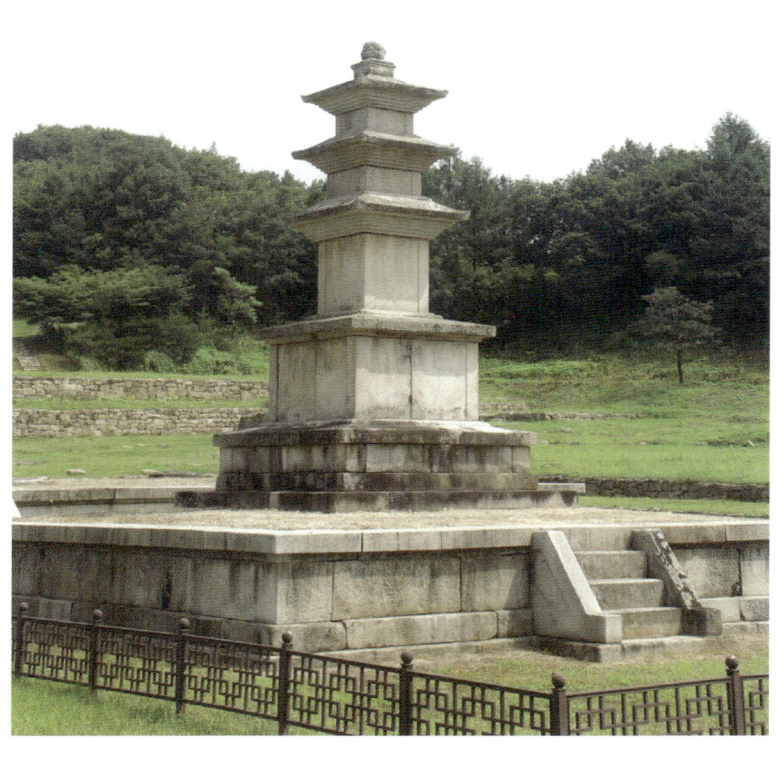

한계사지 남삼층석탑

寒溪寺址南三層石塔

보물 제1275호

소재지 강원도 인제군 북면 한계리 90-4

이 탑은 조금 떨어진 위치에 또 다른 탑이 있어 쌍탑
으로 보기도 하나, 위치 문제와 기단과 지붕돌의 조각수
법에서도 차이를 보이고 있어 시대가 같더라도 만든 장
인이 다른 것으로 추정된다. 이중 기단(基壇) 위에 3층의
탑신(塔身)을 세운 모습이다. 하층 기단에는 안상(眼象)
을 3구씩 얕게 조각하였고, 상층 기단에는 우주(隅柱)와
탱주(撑柱)를 새겨 놓았다.

탑신부(塔身部)는 몸돌과 지붕돌이 각각 하나의 돌로
이루어져 있다.

몸돌에는 우주(隅柱)를 새겼을 뿐 다른 장식은 없다.
지붕돌은 밑면의 층급받침 수가 1·2층은 5단, 3층은 4
단으로 줄어 있으며, 처마는 수평을 이루다 끝부분에서
살짝 들려 있다. 네 귀퉁이에는 풍탁을 달았던 작은 구
멍이 남아 있다. 상륜부(相輪部)는 없어졌으나 최근에 얹

은 돌이 있다. 통일신라시대 일반형 석탑으로, 9세기 후기에 만들어진 작품으로 추정된다.

1984년에 강원대학교 박물관에서 금당지(金堂址) 일대에 대한 발굴조사를 하였다. 현재 절터에는 건물의 주춧돌과 불상 대좌, 배례석(拜禮石) 등 많은 석조물이 남아 있다.

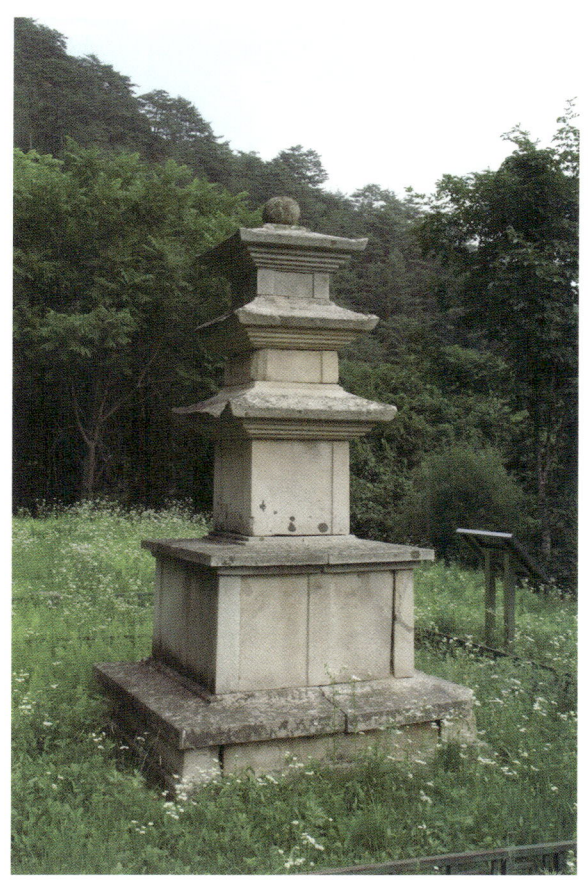

한계사지 북삼층석탑

寒溪寺址北三層石塔

보물 제1276호

소재지 강원도 인제군 북면 한계리 산1-67

이 탑은 동부산장 서쪽 뜰에 옮겨져 복원되어 있던 것을 1985년 강원대학교에서 절터를 발굴 조사한 후 현재의 위치에 복원하였다.

금당지로부터 서북쪽에 떨어진 구릉 위에 세워져 있으며, 이중 기단(基壇) 위에 3층의 탑신(塔身)을 올린 모습이다. 하층 기단과 상층 기단에는 우주(隅柱)와 탱주(撑柱)를 새겨 놓았다. 기단부 덮개돌은 2단으로 받침을 새기고 그 위에 탑신부를 받치고 있다.

탑신부(塔身部)는 몸돌과 지붕돌이 각각 하나의 돌로 이루어져 있다.

몸돌에는 우주(隅柱)를 새겼을 뿐 다른 장식은 없다. 지붕돌은 밑면의 층급받침 수가 4단이다. 네 모서리에는 작은 종을 달았던 흔적이 남아 있다. 상륜부(相輪部)는 노반(露盤)만이 남아 있는데, 중앙에는 원형의 찰주공(擦

柱孔)이 관통되어 있다.

　통일신라시대 일반형 석탑양식을 따르고 있어, 9세기 초에 만들어진 것으로 추정된다. 일부 부재는 새로 보완되었으나 상태는 양호하다.

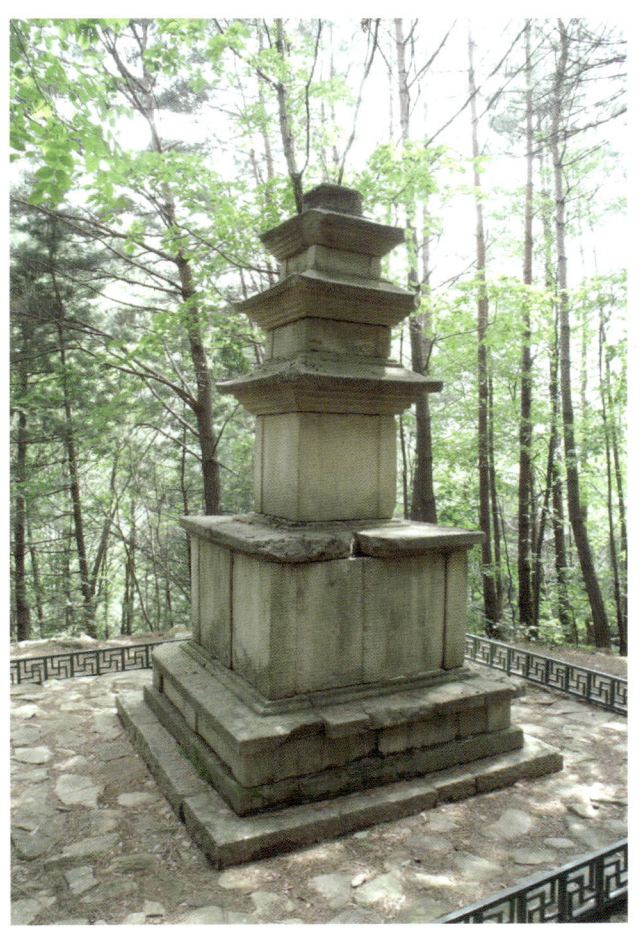

정암사 수마노탑

淨岩寺水瑪瑙塔

보물 제410호

소재지 강원도 정선군 고한읍 고한리 산214

    정암사 적멸보궁 뒤에 세워진 7층의 모전석탑으로 화강암으로 6단의 기단(基壇)을 쌓고 탑신부를 받치기 위해 2단의 받침을 두었다.

    탑신(塔身)은 회녹색 수성암질(水成岩質) 석회암으로 쌓았는데, 정교하게 잘 정돈하였다. 1층 몸돌의 남쪽 면 중앙에는 감실(龕室)을 마련했으며, 1장의 판석돌을 세워 문을 만들고 그 가운데에는 철로 만든 문고리를 달았다. 지붕돌은 추녀 너비가 짧고 추녀 끝이 살짝 들려 약한 반전을 보이며 풍령(風鈴)이 달려 있다. 지붕돌 밑면의 받침 수는 1층이 7단이고, 1단씩 줄어들어 7층은 1단이며, 지붕돌 윗면도 1층이 9단, 1단씩 줄어들어 7층은 3단으로 되어 있다.

    상륜부(相輪部)에는 화강암제의 노반(露盤) 위에 청동제 상륜이 있는데, 화형(花形) 투각의 5륜(輪)과 수연(水

煙)이 있고, 풍령이 달려 있으며 철쇄(鐵鎖)가 4층 옥개까지 늘어져 있다. 대체적으로 고려시대 작품으로 추정된다.

1972년 11월 해체·복원되었는데, 이 과정에서 탑을 세운 이유를 담은 탑지석(塔誌石) 5개와 금·은·동으로 만들어진 사리구가 발견되어 조선 후기에 이르기까지 여러 차례 보수되었음을 알 수 있다.

전해지기로는 신라시대 자장율사가 당나라 오대산에 들어가 소도하고 본국으로 귀국할 때(643) 서해 용왕이 자장율사의 불도에 감화되어 용궁에 들어가서 용왕으로부터 수마노석을 받아 쌓아 올린 탑이라 한다. 사적기(史蹟記)에 신라 자장율사(慈藏律師)의 창건이라 전하나, 조선 영조 46년(1770), 정조 2년(1778), 고종 11년(1874) 등 여러 차례의 보수를 거쳤다. 1995년에도 해체 수리가 있었다.

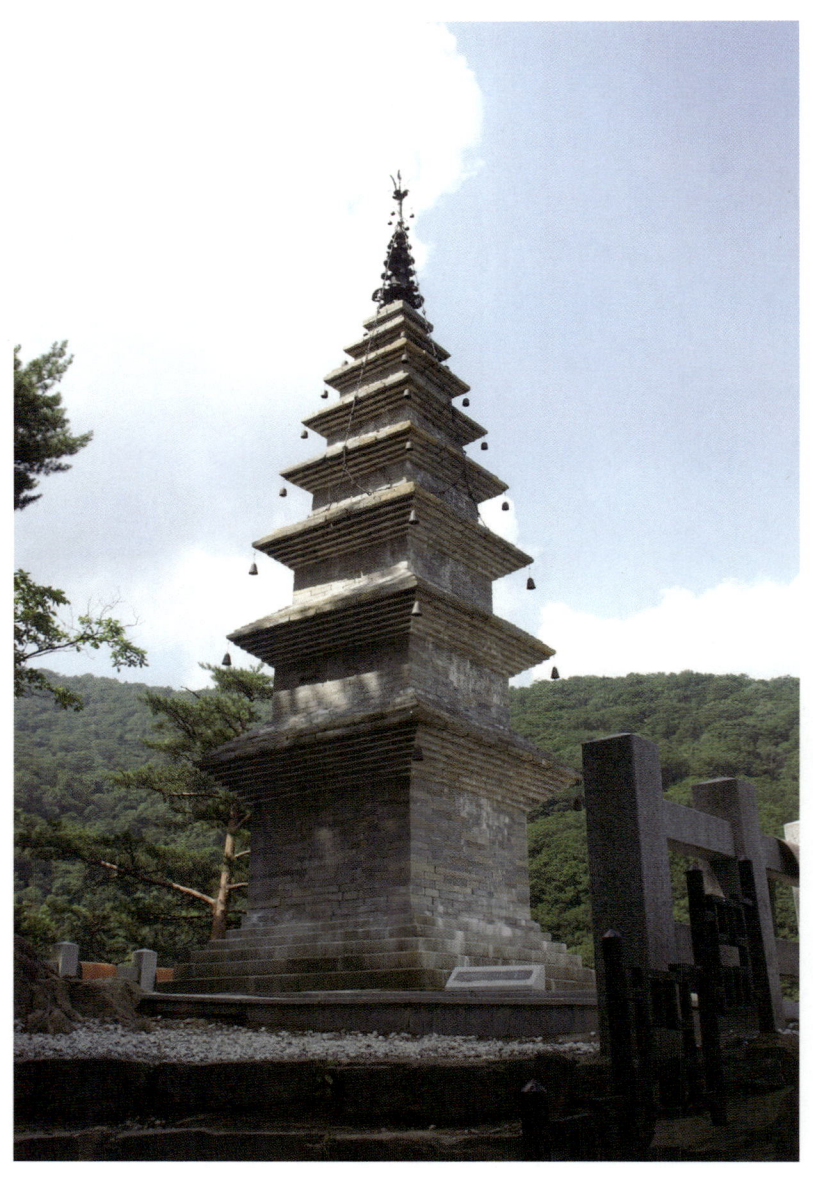

도피안사 삼층석탑

到彼岸寺三層石塔

보물 제223호

소재지 강원도 철원군 동송읍 관우리 450

이 탑은 이중 기단(基壇) 위에 3층 탑신(塔身)을 올린 모습이다.

기단은 그 구조가 특이한데 8각 모양의 돌로 높게 2단을 쌓았다. 하층 기단 8면에는 안상(眼象)이 조각되어 있다. 이 기단의 맨 윗돌에는 상층 기단을 괴기 위한 8각의 괴임돌이 놓여 있는데, 이곳에는 연꽃무늬의 조각이 새겨져 있다. 상층 기단은 매우 높다.

탑신부(塔身部)는 몸돌과 지붕돌이 각각 하나의 돌로 구성되어 있다. 각 층의 몸돌에는 모서리에는 우주(隅柱)가 새겨져 있을 뿐 다른 장식은 없다. 지붕돌은 밑면 층급받침이 1층은 4단, 2·3층은 3단이며, 네 귀퉁이는 위로 살짝 들려 있다.

탑을 만든 시기는 대적광전 안에 모셔진 철조비로자나불상에 기록된 내용을 통해, 통일신라 경문왕 5년(865)

절을 건립할 당시 불상과 함께 만들어졌을 것으로 추정
하고 있어 통일신라 9세기의 작품으로 보인다.

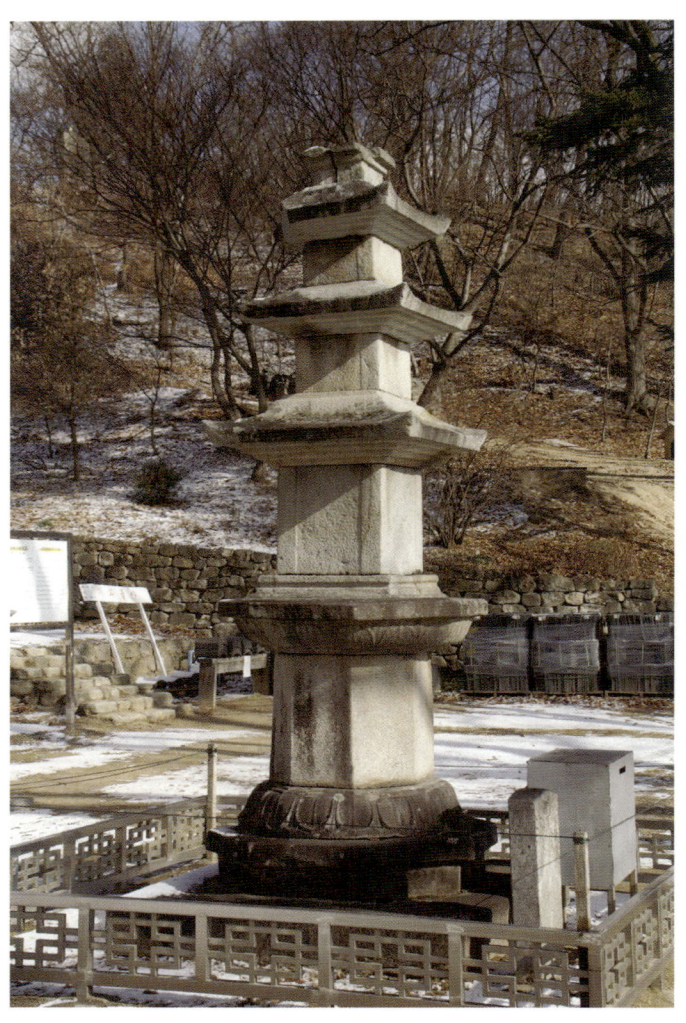

춘천 칠층석탑

春川七層石塔

보물 제77호

소재지 강원도 춘천시 소양로 2가 162-2

이 탑은 1955년 화재로 큰 피해를 입었으며, 이중 기단(基壇) 위에 7층 탑신(塔身)을 올린 모습으로 석탑의 기단부 전체가 땅속 지하에 파묻혀 있던 것을 1999년 발굴 조사하였고, 2000년 5월에 해체·복원하면서 올려놓아 기단부의 제 모습을 찾게 되었다. 하층 기단면석에 우주(隅柱)와 탱주(撑柱)가 각 두 개, 상층 기단면석에는 우주(隅柱)가 두 개, 탱주(撑柱)가 한 개이다. 하대 갑석의 끝을 모죽임하고 상대 갑석과 1층 몸돌 사이에 연꽃무늬가 새겨진 괴임돌[別石]이 있다.

지붕돌의 층급받침은 1층부터 3층까지는 6단이고 4층부터 7층까지는 5단을 이루고 있으며, 네 귀퉁이가 살짝 들려 있다. 1층부터 4층까지는 아래층 지붕돌과 위층 몸돌이 하나의 돌로 만들어졌다. 이것은 강원도 지역에서 고려시대부터 많이 보이는 양식이다. 5층부터는 지붕돌과 몸돌이 각각 하나의 돌로 만들어졌다. 상층 면석 이상의 부재는 모두 원래의 것이고, 하층 기단부 갑석 일부와 면석의 버팀기둥 일부만이 원래의 부재이고 나머지는 새로 만들어 넣은 것이다.

1층 몸돌에 사리공 구멍이 있고, 5층과 7층 지붕돌에 네모진 구멍이 있다. 충원사(忠圓寺)라는 절이 있던 곳의 탑이라 한다. 전체적인 조각수법으로 보아 고려시대 중기에 만들어진 것으로 추정된다.

이 탑은 춘천 읍서 칠중석탑(1912년), 춘천 요선당리 칠층석탑(1944) 등으로 불렸다.

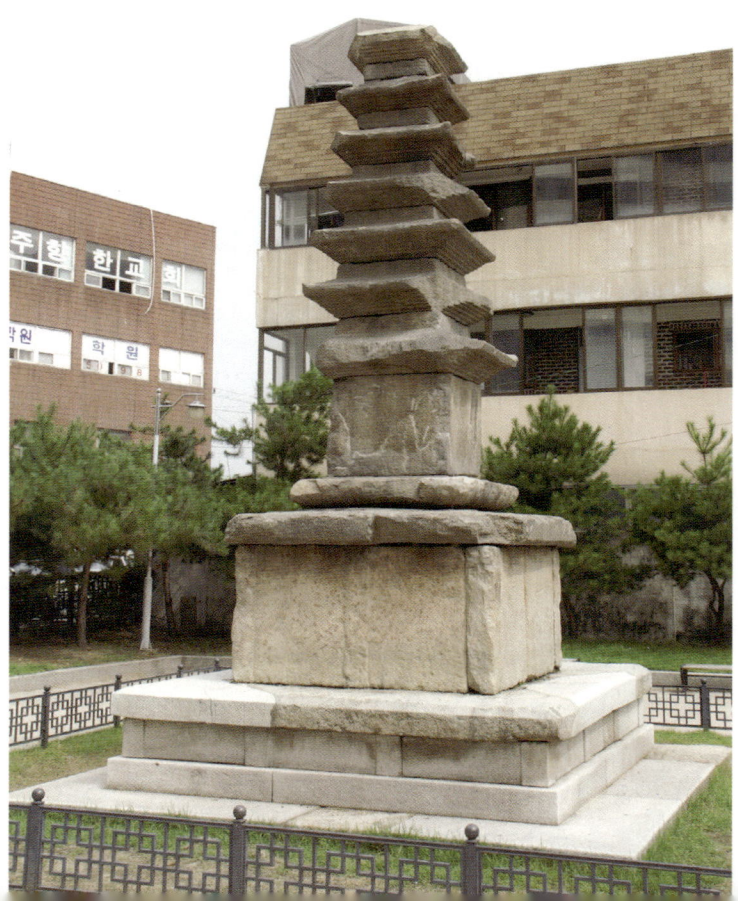

홍천 희망리 삼층석탑

洪川希望里三層石塔

보물 제79호

소재지 강원도 홍천군 홍천읍 희망리 151-7 읍사무소

이 탑은 단층 기단(基壇) 위에 2층 탑신(塔身)을 올린 모습으로 고려시대의 일반적인 석탑이다. 원래는 홍천초 등학교 뒤에 있던 것을 1950년 홍천 교육청으로 이전하 였다가 1957년 6월 현재의 위치로 옮겨 놓았다. 여러 차 례 이전 보수되면서 지금의 형태는 다소 변형이 된 것이 다. 탑신부(塔身部)는 각 층의 몸돌과 지붕돌이 각각 하 나의 돌로 이루어져 있다. 몸돌에는 모서리에 우주(隅柱) 를 조각하였다. 3층 몸돌은 있었다고 하나 지금은 없다. 지붕돌 층급받침은 1층과 2층은 4단, 3층은 3단이어서, 3층 지붕돌이 원래 것인지 알 수 없다. 상륜부(相輪部)는 없어졌다.

이 탑은 탑신에 비해 기단부가 너무 크게 되어 비례가 맞지 않는 등 조각수법으로 보아 고려 중기에 조성된 것 으로 추정된다.

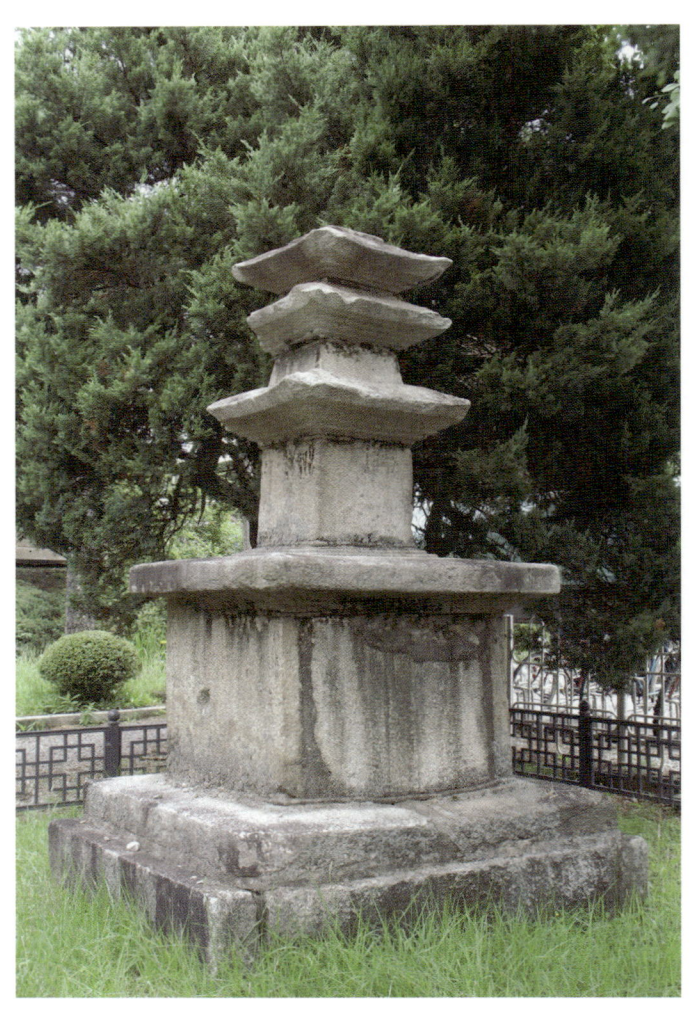

홍천 괘석리 사사자삼층석탑

洪川掛石里四獅子三層石塔

보물 제540호

소재지 강원도 홍천군 홍천읍 희망리 151-4 읍사무소

이 탑은 원래 두촌면 괘석리에 있던 것으로, 1969년 12월 30일 현재의 위치로 옮겨 세웠다. 이중 기단(基壇) 위에 3층 탑신(塔身)을 올린 형태로, 하층 기단의 각 면에는 2개의 안상(眼象)이 조각되어 있는데, 그 안에 꽃무늬조각이 장식되어 있으나 현재 묻혀 잘 보이지 않는다.

상층 기단에는 각 모서리에 돌사자 1마리씩 4마리가 넓적한 윗돌을 받치고 있다. 상대 갑석의 1층 몸돌 받침은 매우 높고 연꽃잎은 윤곽만 새겨져 있다.

탑신부(塔身部)는 몸돌과 지붕돌이 각각 하나의 돌로 구성되어 있다. 1층 몸돌에는 우주(隅柱)가 조각되어 있고, 지붕돌은 밑면 층급받침이 3단이고, 네 귀퉁이는 살짝 올라가 있다. 상륜부(相輪部)는 노반(露盤)과 복발(覆鉢)이 남아 있다. 4마리의 돌사자가 있어 4사자탑이라 불리며, 조각 수법으로 보아 고려시대 석탑으로 추정된다.

이러한 사자탑 양식으로는 전남 구례 화엄사 사자삼층
석탑(국보 제35호), 원통전 앞 사자석탑, 충북 제천 빈신
사지 석탑, 경남 함안 주리사지 석탑, 전남 순천 선암사
화산대사 부도에서 볼 수 있다.

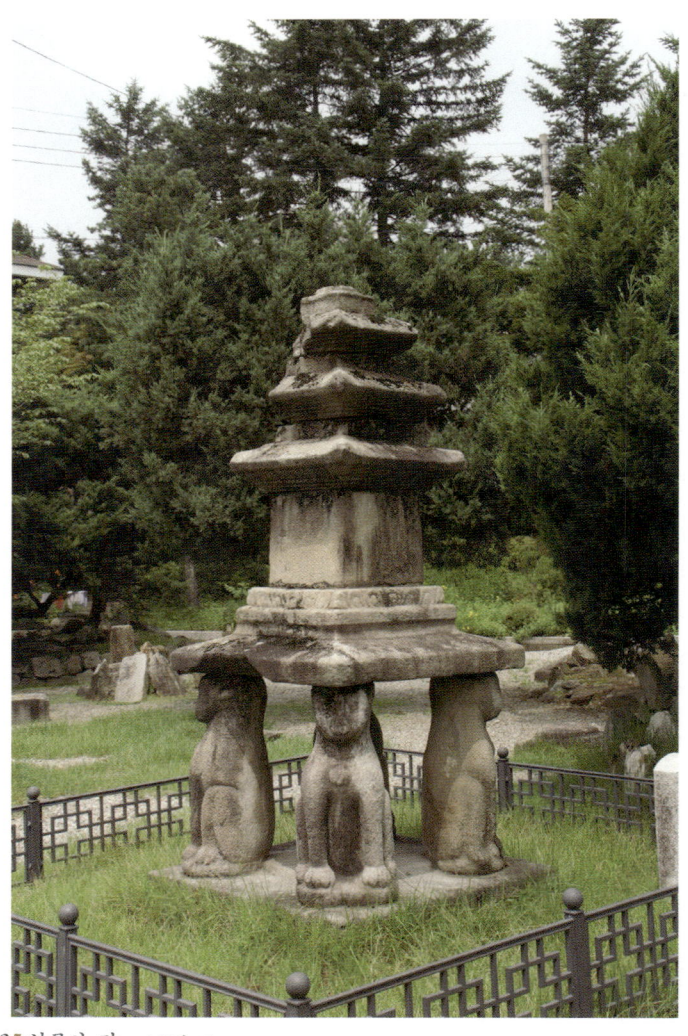

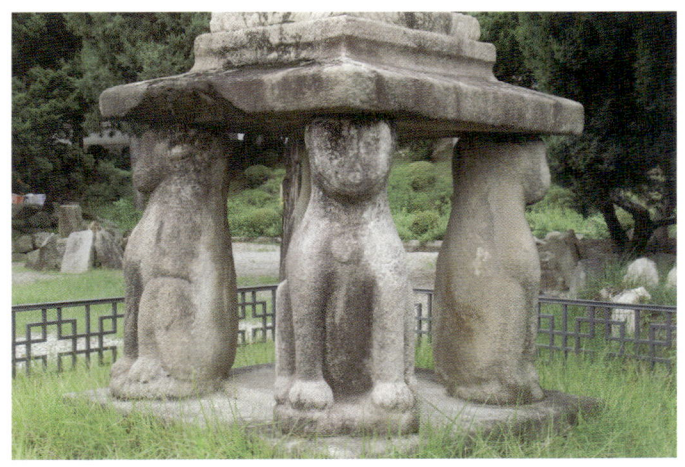

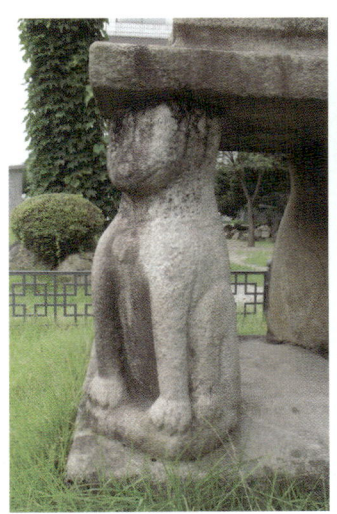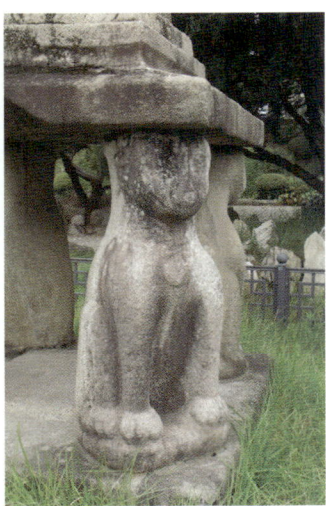

홍천 물걸리 삼층석탑
洪川物傑里三層石塔

보물 제545호

소재지 강원도 홍천군 내촌면 물걸리 589-1

이 탑은 홍양사지(洪陽寺址)로 전해지는 곳에 있으며 동창탑(東倉塔)이라고도 한다.

이중 기단(基壇) 위에 3층 탑신(塔身)을 올린 모습이다. 기단 각 면에는 우주(隅柱)와 탱주(撐柱)가 새겨져 있다.

상층 기단 갑석에는 부연(副椽)이 있으며, 윗면에는 2단의 괴임 받침이 마련되어 있다.

탑신부(塔身部)는 몸돌과 지붕돌이 각각 하나의 돌로 구성되어 있다.

몸돌에는 모서리마다 우주(隅柱)가 새겨져 있을 뿐 아무런 조각은 없다. 3층 몸돌 윗면에는 사리 구멍이 있으며, 지붕돌은 밑면의 받침이 1·2층은 5단, 3층은 4단으로 줄어들었다. 경사면은 완만하며 처마는 수평을 이루다가 살짝 반전되어 있다.

상륜부(相輪部)는 노반(露盤)만 남아 있는데, 노반에는 중앙에 찰주(擦柱)를 세웠던 원형 구멍이 남아 있다.

전체적인 조각 수법과 절터에 남아 있는 석조여래좌상과 석불대좌, 광배(光背)와 같이 통일신라 하대 9세기 후반의 작품으로 추정된다.

2003년 국립춘천박물관에서 발굴조사 하였다.

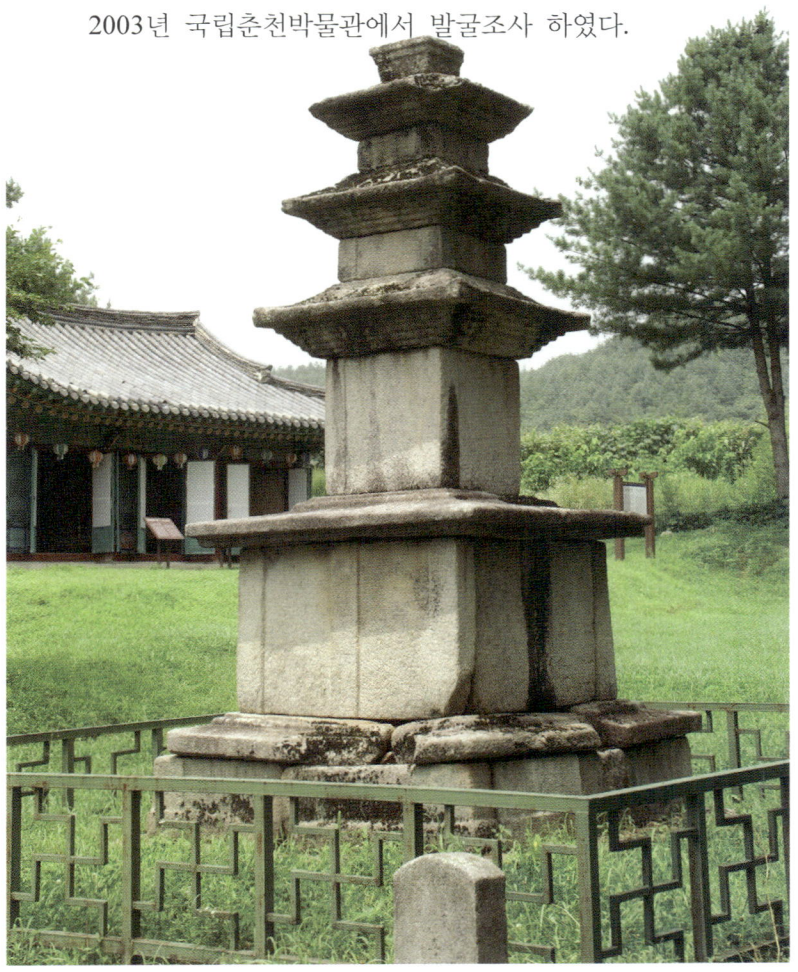

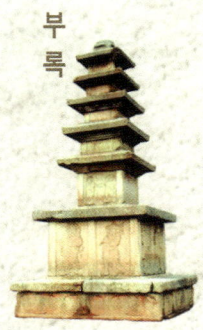

한국 탑(塔)의 시대적 흐름

한국 탑塔의 시대적 흐름

우리나라는 중국을 통해 불교를 수용한 이후 처음에는 다층의 누각 형식을 본받아 다층 목탑을 지은 것으로 추정된다.

고구려 소수림왕 2년(372)에 진왕 부견이 승려 순도와 함께 경전과 불상을 보냈고, 374년 아도 스님이 들어왔고, 375년에는 초문사와 이불란사를 지었다. 현재 남아 있는 목탑은 하나도 없으나 『삼국유사』, 『법원주림』에 광개토대왕 때 요동성 가까이에 7층의 목탑을 세웠다는 기록이 있어 아마도 4세기 말에는 우리나라에 이미 목탑이 건립된 것으로 추정된다. 현재 고구려의 목탑지로 평양 청암리의 금강사 팔각기단 목탑지, 대동군 임원면 상오리 절터, 중화군 진파리 정릉사터, 평원군 원오리 절터 등이 있다. 발굴조사에 따르면 이들 목탑지는 모두 사찰의 중심이 되는 곳에 자리 잡고 있었고, 기단은 팔각형으로 중국의 오성좌식 가람배치의 영향을 받은 것으로 보이며 탑이 법당보다 더 중요한 위치에 있는 가람배치로 추정된다.

석탑에 대한 학자 간의 견해차는 일부 있으나 대체로 삼국시대 말 600년경 전후로 나타난 것으로 보인다.

삼국시대의 탑

고구려시대에는 기록으로만 전하는 목탑이 있고 현재 남아 있는 탑은 없다. 백제시대에는 목탑이 고구려의 목탑과는 달리 정사각형의 평면으로 된 목탑 기단지가 확인되었고, 위치도 중문, 목탑, 법당, 강당을 일직선으로 연결하는 자리에 놓여 있었다.

목탑지로는 부여 군수리 사지, 부소산 산허리의 절터, 사천왕사지, 익산 제석사지 등이 있다. 석탑의 시원이라 할 수 있는 현존 최고의 것으로 전북 익산 미륵사지 석탑(국보 제11호)과 충남 부여 정림사지 5층 석탑(국보 제9호) 2기 모두는 목탑 형식을 취한 것으로 되어 있는데, 미륵사지 석탑은 목탑에서 석탑으로 옮겨 온 초기의 탑으로 건립연대는 백제 무왕 때로 추정하고 있다.

정림사지 5층 석탑은 같은 목탑형식을 따른 것으로 미륵사지 석탑에서와 같이, 낮은 기단을 나타내고 있음은 목탑의 형식을 취하고 있는 좋은 예이며, 뿐만 아니라 우주가 엔타시스식으로 되어 있는 점도 미륵사지 탑과 같은 수법에 속하는 목탑에서 나타나는 좋은 예로 체감률이 알맞고, 옥개석이 얇고 직선인 것도 백제탑의 한 특색이다.

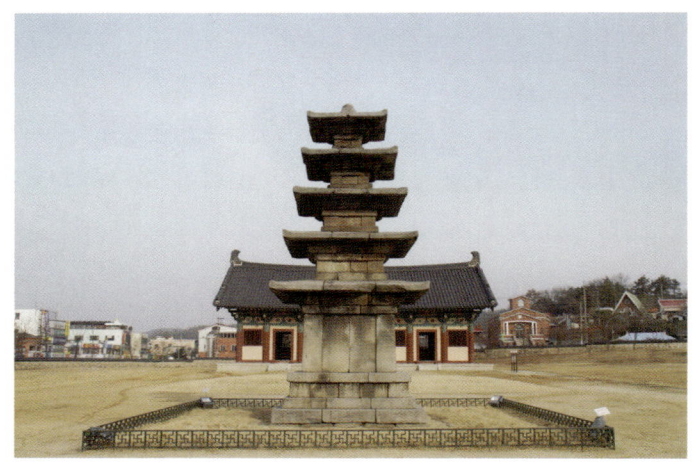

신라시대도 흥륜사 목탑을 시초로 황룡사 9층 목탑, 천주사, 영묘사에 목탑이 알려져 있으나, 현존하지는 않는다. 결국 고구려, 백제, 신라 모두 불교가 전래되고 초기에는 목탑을 세우다가 석탑으로 옮겨 간 것을 알 수 있다. 신라는 초기에 목탑을 사용하다가 전탑의 형식을 따르는 모전석탑에 다시 석탑으로 옮겨 간 것으로 보인다.

백제는 목탑을 모방한 석탑을 만들었고, 신라에서는 전탑을 모방한 돌을 마치 벽돌 크기로 잘라 탑을 세운 것이 차이점이라 하겠다.

　현존하는 신라 탑으로 가장 오래된 것은 선덕여왕 3년
(634)에 건립된 것으로 보이는 경주 분황사 석탑(국보 제
30호)이다. 분황사 석탑 이후 의성 탑리 5층 석탑을 들
수 있다.

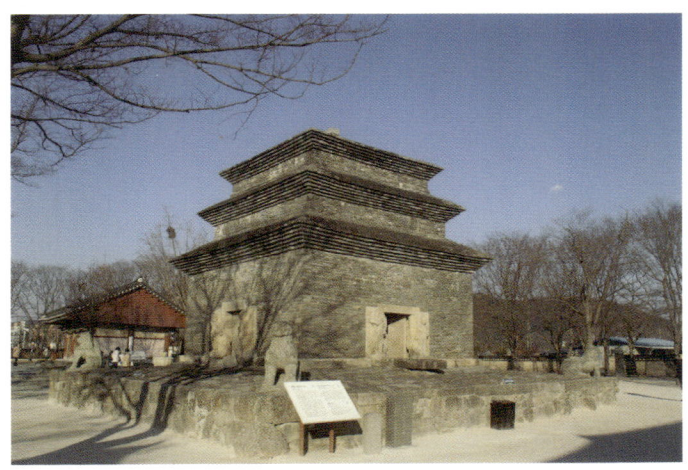

　백제 석탑 양식과 신라 석탑 양식을 비교해 보면 백제
석탑은 기단은 낮고 좁은 단층 기단이다. 옥개석은 평판
석이고 끝이 조금 반전한다. 판석으로 목조건축의 가구
형식을 모방했다.

　목탑 양식을 그대로 석탑화한 것이다. 많은 소석재를
사용하여 조립하여 목조건물에 충실했다. 5층을 기본으

로 3층 석탑도 만들었다.

신라 석탑은 기단은 넓고 높은 상, 하 이중 기단이다. 1층 몸돌이 현저히 높다. 기단의 폭은 탑신의 높이와 같다. 중국 전탑을 모방하여 모전석탑이 나타난다. 3층을 기본으로 5층, 7층 석탑도 만들었다.

통일신라시대 탑

통일신라시대 목탑지로는 사천왕사, 망덕사, 보문사 등이 있는데, 모두 쌍탑으로 건립되었다. 쌍탑 가람의 시원이 되는 전형적인 양식의 석탑으로 감은사 3층 석탑이 나타나고, 크기나 조각 수법도 거의 같은 고선사 3층 석탑이 나타난다(이 두 탑의 선후 관계는 학자 간의 견해차가 있다.). 감은사 석탑, 고선사 석탑 등은 지붕돌받침이 모두 5단의 규칙적인 층형을 이루고 있는데, 신라 최전성기의 탑 형식을 잘 보여 주고 있다. 이후 통일신라 말이나 고려시대에는 4단, 3단으로 지붕돌의 층급받침이 줄어든다.

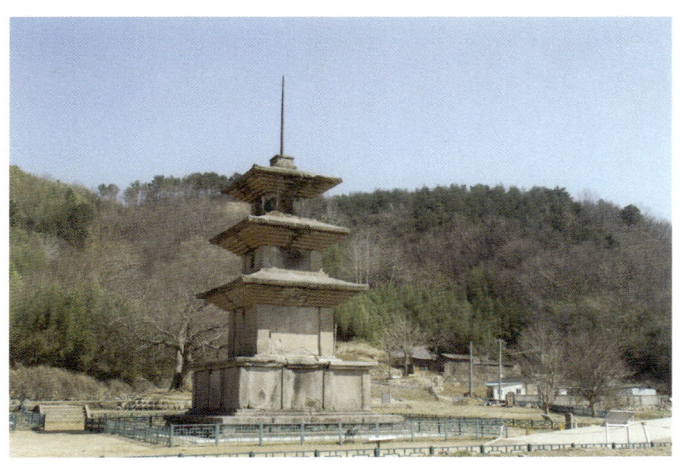

　우리나라 석탑은 연대가 내려옴에 따라 석재 조립 수
효가 적어지는데, 이것은 석탑의 규모가 축소됨에 따른
것이다. 7세기 탑들은 탱주가 3개, 우주가 2개 일반적으
로 기단에 나타난다. 통일신라 중기에 접어드는 8세기
중엽이 되면 석탑 표면에 여러 가지 불교상을 조각하여
장엄하는 일이 시작되고 9세기 이후에는 크게 유행한다.

　장엄을 가하는 위치는 주로 상하 기단이 주가 되고 초
층 탑신에 조각하는 예도 있다. 불, 보살, 사천왕, 팔부
중, 인왕, 십이지, 사자와 같은 수호신과 비천상, 주악상
등을 조각한다. 8세기의 전성기 탑으로는 불국사 3층 석
탑, 청도 봉기동 3층 석탑이 대표적인 예이다.

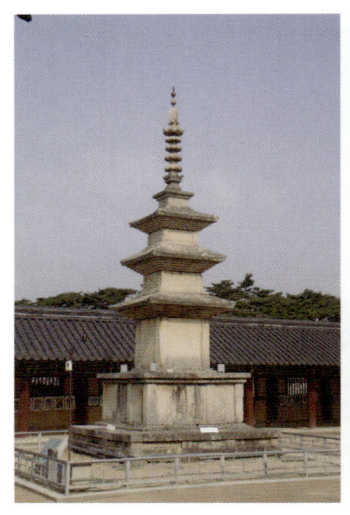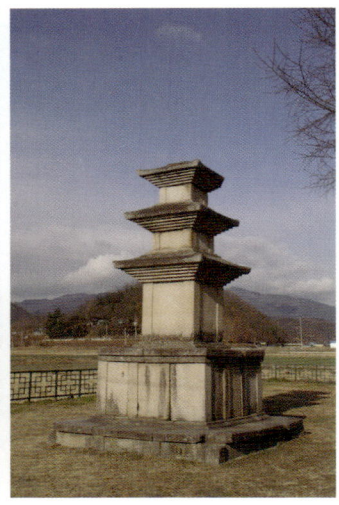

　통일신라 하대 9세기 후반에 들어서면 석탑은 세부구
조 면에서 약간의 변화가 생기고 크기도 전체적으로 작
아지는 경향을 보인다. 예를 들어 지붕돌받침이 5단에서
3, 4단으로 줄어들거나 기단부 면석의 탱주가 2주에서 1
주로 줄거나 전혀 없어지기도 한다. 또 지붕돌 정상면의
탑신 굄도 2단에서 1단으로 작아지고 각형에서 호형으로
변하였으며 전체적인 규모도 거대하였던 것이 중형, 소
형 탑으로 줄어드는 경향을 보인다. 8세기 후반에서 9세
기에 걸친 일반형 석탑 이외에 전혀 다른 양식의 이형석
탑이 출현하는데, 대표적인 예로 구례 화엄사 4사자 3층
석탑과 경주 불국사 다보탑, 안강 정혜사지 13층 석탑

등을 들 수 있다.

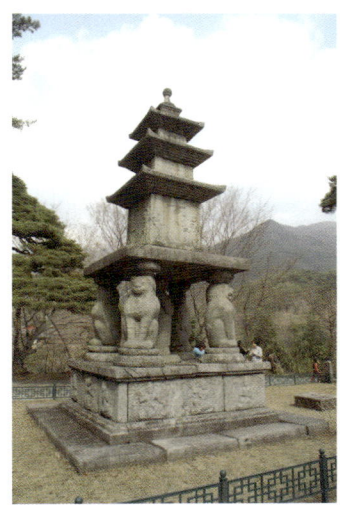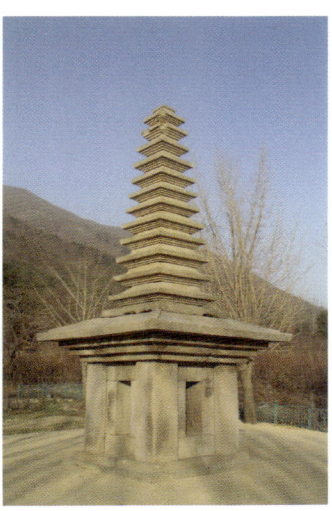

고려시대 탑

고려시대에는 왕실을 중심으로 불교가 번성하였기 때문에 불교는 더욱더 확산되어 대중화의 길로 접어들었다. 개경에 7층탑, 서경에 9층탑을 세우고, 동경에 황룡사 탑을 보호하는 등 조탑 사업을 일으켰으며, 국도 안에 10찰을 조영하는 등 불력에 의한 국가 수호를 기원 하였다. 고려 석탑의 특징은 토착화에 따라 지방적 특색이 가미

되었다는 점과 통일신라 하대에 지방적 차별상이 별로 보이지 못한 것과는 대조적이라 할 수 있다. 고려 탑의 분포는 크게 세 지역으로 나눌 수 있는데 왕도 개경을 중심으로 한 지역과 그 북부지역, 신라의 옛 땅인 경상도 지역, 백제의 옛 땅 충청. 전라도 지역으로 구분된다.

고려 탑은 이전 시대에 비해서 훨씬 다양한 양식으로 변화하고 그 모습도 바뀐다. 대체로 단층기단이 많아지고, 높은 별석의 탑신 받침이 생겨나며, 평박한 지붕돌에 3단으로 줄어진 개석 받침과 직선적인 낙수면 처마가 이제는 곡선화되어 지붕 전체가 반전한 느낌을 주고 탑신이 낮아지는 한편 하층 기단에 안상(眼象)이 나타나는 특징을 지닌 다각 다층탑이 유행하는 등 백제 신라 양식의 변형과 개성을 중심으로 한 새로운 양식이 나타난다.

고려시대의 대표적인 탑으로는 개풍군 현화사 7층 석탑, 영변 보현사 8각 13층 석탑, 부여 무량사 5층 석탑, 월정사 8각 9층 석탑, 경북 예천 개심사지 5층 석탑 등이 있다.

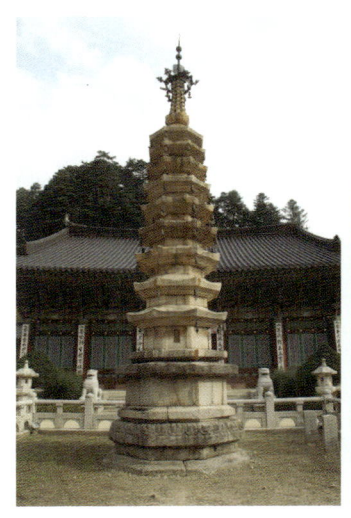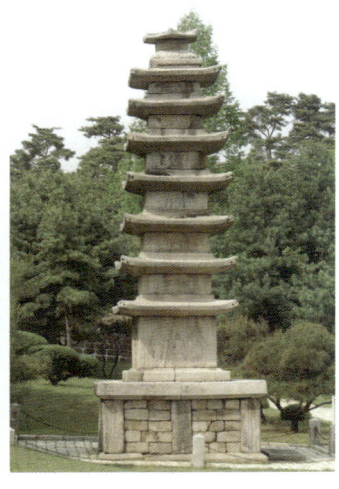

조선시대 탑

조선시대에는 예배의 대상이 불상이 안치된 법당 중심
으로 변한 탓인지는 모르나 전 시대보다 규모가 더욱 더
축소되어 간략하고 단순한 형태의 다층 소탑으로 장식품
이나 하나의 부분품 같은 느낌이 드는 탑이 만들어졌다.
경천사지 탑을 직접 모방한 원각사지 10층 석탑이나 높
은 별석 받침이 있는 낙산사 7층 석탑, 상하 기단에 각
각 운룡문이 있는 여주 신륵사 다층탑, 신라 양식을 잘
계승하고 있는 함양 벽송사 3층 석탑 등이 있다. 목조

탑 형식의 귀중한 예를 보여 주는 것으로 속리산 법주사 팔상전이 있다. 이외 이형탑으로 수종사 8각 5층 석탑이 있다. 조선시대의 석탑은 독창적인 양식을 창출하지 못하고 전대 석탑의 한 부류로서의 모방만 한 작품들이 많다.

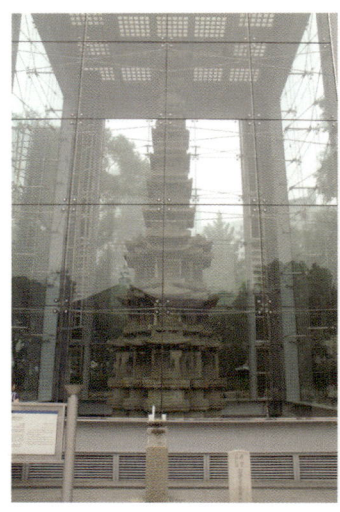
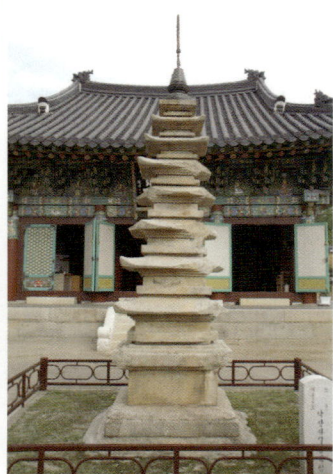

논문·단행본·보고서

崔孝軾, 金吉雄, 「天龍寺塔址 發掘調査報告書」, 『新羅文化』7, 東國大學校 新羅文化研究所, 1990.

손신영, 「송림사 5층전탑에 대한 고찰」, 『강좌미술사 27집』, 한국불교미술사학회(구한국미술사연구소), 2006.

李喆洙, 「淨兜寺石塔造成形止記의 吏讀」, 『한국학연구 6·7』, 仁荷大學校 韓國學研究所, 1996.

서성희, 「高麗 初 예천지역 세력과 開心寺 석탑 건립」, 『釜大史學』25·26, 부산대학교 사학과, 2002.

김희경, 『塔』, 열화당, 1980.

강우방, 신용철, 『탑』, 솔, 2003.

박경식, 『KOREAN ART BOOK 10(탑파)』, 예경, 2001.

박경식, 『우리나라의 석탑』, 역민사, 1999.

박경식, 『한국의 석탑』, 학연문화사, 2008.

정영호, 『석탑』, 대원사, 1999.

장충식, 『韓國의 塔』, 一志社, 1989.

경상북도 문화재 연구원, 『안동 조탑리사지』, 2007.

대구대학교 박물관, 『聞慶 內化里 三層石塔 實測調査報告

　　書』, 2001.

서수용, 『安東의 文化遺産』, 학문사, 2000.

안동시, 『지정문화재편람』, 안동문화원, 1993.

慶州市, 『慶州 南山 茸長寺址 三層石塔 實測 調査 및 修
　　理 報告書』, 우리건축사 사무소 편, 2001.

江原文化財研究所, 『江陵 神福寺址』, 2007.

國立慶州文化財研究所, 『慶州 石塔 및 石造物文化財 補修
　　整備 報告書-서악리 삼층석탑 보존처리·주변정비
　　및 분석 결과-』, 경주시, 2005.

國立慶州文化財研究所, 『天龍寺址 發掘調査報告書』, 1998.

慶州市, 『慶州 遠願寺址 東西三層石塔 修理報告書』, 2002.

상주시, 『尙州 上五理 七層石塔 實測調査報告書』, 2003.

의성군, 『義城 觀德洞 三層石塔 解體·實測 調査 및 修理
　　報告書』, 2001.

國立昌原文化財研究所, 『山淸 斷俗寺址-發掘調査報告書-』,
　　2002.

襄陽郡, 『襄陽 五色里 三層石塔 實測調査報告書』, 2000.

동해시, 삼화사 『삼화사 삼층석탑 실측 조사 보고서』, 2000.

국립춘천박물관, 『洪川 物傑里寺址 學術調査 報告書』, 2007.

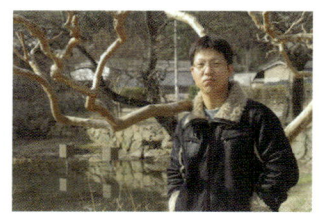

김환대

　경북 경주 출생.
대학에서 고고미술사학을 공부하고
대학원에서 역사교육을 전공하였다.
문화재청 행정모니터, 문화유적답사회장,
관광칼럼니스트, 문화재 전문 해설사 등
문화유적답사와 관련된 단체에서 활동하고 있다.
현재 삼국유사 현장기행 답사를 진행하고 있으며,
전국의 문화유적을 찾아 답사하고 있다.

저서
『신라왕릉』, 『경주의 불교문화유적』
『경주남산』, 『한국석탑 장엄조식』

김성태

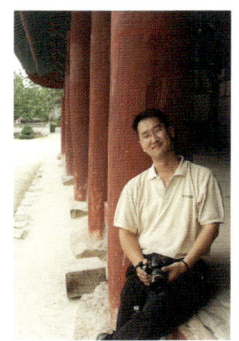

경남 마산 출생
전공과 상관없이 옛것이 좋아 답사를 다니
다가 탑의 멋에 빠져 탑을 보고 찍으러 다
닌다.
인터넷 동호회 활동을 하며 지금도 전국의
탑을 찾아 헤매고 있다.

탑파시리즈 ② 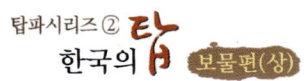 한국의 보물편(상)

초판인쇄 | 2009년 1월 30일
초판발행 | 2009년 1월 30일

지은이 | 김환대·김성태
펴낸이 | 채종준
펴낸곳 | 한국학술정보㈜
주 소 | 경기도 파주시 교하읍 문발리 513-5 파주출판문화정보산업단지
전 화 | 031) 908-3181(대표)
팩 스 | 031) 908-3189
홈페이지 | http://www.kstudy.com
E-mail | 출판사업부 publish@kstudy.com

등 록 | 제일산-115호(2000. 6. 19)
가 격 | 37,000원

ISBN 978-89-534-0968-2 93900 (Paper Book)
      978-89-534-0969-9 98900 (e-Book)